种粮主体行为变化对粮食安全的影响及对策研究

——以四川为例

虞 洪 著

中国财经出版传媒集团

经济科学出版社

Economic Science Press

图书在版编目（CIP）数据

种粮主体行为变化对粮食安全的影响及对策研究：以四川
为例/虞洪著 . —北京：经济科学出版社，2017. 2
ISBN 978 - 7 - 5141 - 7794 - 7

Ⅰ. ①种… Ⅱ. ①虞… Ⅲ. ①粮食 - 问题 - 研究 -
四川②粮食政策 - 研究 - 四川 Ⅳ. ①F326. 11

中国版本图书馆 CIP 数据核字（2017）第 038612 号

责任编辑：李 雪 李 建
责任校对：靳玉环
责任印制：邱 天

种粮主体行为变化对粮食安全的影响及对策研究

——以四川为例
虞 洪 著
经济科学出版社出版、发行 新华书店经销
社址：北京市海淀区阜成路甲 28 号 邮编：100142
总编部电话：010 - 88191217 发行部电话：010 - 88191522
网址：www. esp. com. cn
电子邮件：esp@ esp. com. cn
天猫网店：经济科学出版社旗舰店
网址：http：//jjkxcbs. tmall. com
北京中科印刷有限公司印装
710 × 1000 16 开 18. 75 印张 230000 字
2017 年 2 月第 1 版 2017 年 2 月第 1 次印刷
ISBN 978 - 7 - 5141 - 7794 - 7 定价：58. 00 元
（图书出现印装问题，本社负责调换。电话：010 - 88191510）
（版权所有 侵权必究 举报电话：010 - 88191586
电子邮箱：dbts@ esp. com. cn）

序

"王者以民为天，而民以食为天"。粮食既是城乡居民的基本生活资料，也是关系国计民生的重要战略资源；既是实现社会稳定的基础，也是实现国家安全的基础，当今世界三大经济安全问题中粮食安全问题也首当其冲。虽然粮食问题是世界性难题，但粮食问题对于拥有13亿人口的中国而言是更为重要的全局性战略问题，解决好吃饭问题始终是中国治国理政的头等大事。习近平总书记多次强调，"中国人的饭碗任何时候都要牢牢端在自己手上"。

2004～2015年，我国粮食生产实现了"十二连增"，可以说是创造了中国乃至世界粮食史上的奇迹，为消除饥饿与贫困做出了巨大贡献。但必须引起高度重视的是，这样的增长是以高投入的生产模式实现的，面临着持续性的挑战。从总体上来看，我国粮食安全形势依然十分严峻，并且呈现出一些新特征：粮食总产增长与进口品种和数量激增并存，粮食总量紧平衡与部分品种阶段性过剩并存，粮食生产比较效益低与国内外粮价倒挂并存，粮食规模化经营与土地非农化和非粮化并存，增加粮食产量与提高品质和提升效益需求并存。2016年的统计数据表明，全国粮食产量较2015年略有下降，我国粮食产量的连增态势已经结束，可以说，我国保障粮食安全的难度日益加大，正处于矛盾全面爆发的前期，如何破解这些矛盾、应对这些挑战是作为"三农"研究者必须肩负的职责。

四川自古享有"天府之国"的美誉，是全国13大粮食主产区之一，集农业大省、产粮大省与人口大省、粮食消费大省、粮食调入大省五重身份于一身，因此，就粮食安全问题而言，四川在全国31 个省市区中既具有典型性，也具有代表性。在新常态下，四川粮食需求持续增长趋势难以逆转、粮食供给稳定增长趋势难以为继、粮食供需平衡紧张态势难以改变，保障粮食安全的任务异常艰巨。

虞洪博士长期关注粮食安全这一重大问题，在这一研究领域辛勤耕耘，成果丰硕。《种粮主体行为变化对粮食安全的影响及对策研究——以四川为例》一书，是虞洪博士的新作。本书不仅瞄准了粮食安全这个既是现实性热点问题又是长期性难点问题的重要研究领域，而且选择了种粮主体行为变化这个既具可观测性又具可塑造性的微观研究视角，更以四川为样本，深入基层进行问卷调查、深度访谈等实地调研。该书以问题为导向，紧紧围绕主题，循序展开分析，生动展现了粮食安全面临的严峻形势，清晰勾勒出了种粮主体行为产生的深刻变化，系统分析了对保障粮食安全带来的重大影响，框架比较合理、逻辑比较严密、论证比较严谨、资料较为详实，提出的应对建议对于优化种粮主体行为和提高粮食安全保障能力具有较强的针对性和可操作性，从总体上来看，该书不仅具有较强的可读性，而且具有一定参考性；不仅具有一定的理论性，而且具有较强的实践性。可以说，既体现出深入基层扎实调研的作风，又体现出理论联系实际的文风；既体现出对社会现象敏锐的观察能力，又体现出对民生问题执着的赤诚情怀。

诚然，粮食安全问题是一个永恒的话题，也是需要长期关注和持续研究的重大课题，希望作者能以此为基础，肩负起作为一名专职科研人员的历史使命和时代责任，在新的起点上，深入研究，再添成果！

郭晓鸣[*]

2017 年 2 月 26 日

---

[*] 郭晓鸣，四川省社会科学院副院长、研究员、博士生导师。

前　　言

　　粮食既是城乡居民的基本生活资料，也是关系国计民生的重要战略资源；既是实现社会稳定的基础，也是实现国家安全的基础。虽然国内外专家学者对于中国粮食安全形势的判断存在分歧，但较为一致的观点是，我国粮食安全处于"紧平衡"状态。即使在2004~2015年我国粮食总产量实现"十二连增"，创造了中国乃至世界粮食史上的奇迹，但是，仍然不可掉以轻心，而且必须正视粮食生产量、库存量、进口量"三量齐增"造成的困局，以及由此而付出的生态环境恶化、财政压力加大、粮食质量下降"三大代价"。

　　保障粮食安全涉及粮食生产、流通、消费以及进出口等多个领域，但是，众多研究表明，作为粮食消费大国，可以利用国际粮食市场，而不能依赖也依赖不了国际粮食市场。因此，立足国内自有粮食供给能力才是保障粮食安全的出路所在。就需求与供给来讲，随着经济社会的发展和人口的增加，粮食刚性需求特征极为明显，虽然不合理的消费模式造成部分粮食浪费，但导致粮食不安全的问题主要来源于供给侧的总量不足和结构失衡，而且改变需求的难度远大于改变供给的难度。因此，粮食安全的核心是生产安全，在新常态下迫切需要加强粮食供给侧结构性改革。而且，在新常态下，粮食安全不仅包括数量安全，更包括质量安全，还包括生态安全等方面的内容，粮食供求的主要矛盾已经开始由总量矛盾转向结构矛盾。

　　作为国家粮食供给基础的种粮主体，已经不仅仅只有传统意义上的农户，在国际粮价的冲击和国内生产成本上升的压力下，种粮积极性受到极大削弱，加上新常态下经济社会结构的深刻变化，导致种粮主体的耕地利用、粮食种植以及技术选择和储粮、售粮等行为正在发生着极大的变化，对粮食数量安全、质量安全以及可持续发展均形成重要影响。因此，在新常态下，迫切需要客观、深入、系统地分析种粮主体行为变化的原因和对粮食安全的作用机理及现实的、潜在的影响，重新评价以往研究结论的适用性、政策建议的合理性，以便提供调整优化国家粮食政策的充分依据，从而调动种粮主体的积极性，优化其行为模式，防止粮食产能过快流失并有效挖掘粮食安全保障能力的提升空间。

　　为了充分把握新常态下种粮主体的行为变化及其对粮食安全的影响，并提出具有针对性和可操作性的应对之策，本书在综合考虑粮食生产情况、地形地貌、地理位置和经济发展水平四大因素基础上选择四川省的成都新津县、德阳广汉市、自贡荣县、广元苍溪县、宜宾筠连县五个县（市）进行实地调查，并结合宏观数据和已有研究成果进行分析。可能具有以下创新：

　　一是从种粮主体行为变化的微观视角研究粮食安全问题。已有文献主要从耕地、水资源，生产、储藏技术以及收购、补贴制度，国际市场和流通机制等视角研究粮食安全问题，即使从主体分化或者行为变化的角度研究粮食安全问题的文献也很少将两者结合起来。本书研究发现，种粮主体是实现粮食安全的微观基础，若抛开微观基础来研究宏观政策容易导致缺乏基础支撑，提出的政策建议往往难以"接地气"。因此，本书在宏观分析基础上，将种粮主体分化与行为变化结合起来重点从微观层面分析粮食安全问题，有利于防止得出片面的结论，也有利于提高政策建议的针对性和可操作性。

　　二是比较效益对种粮积极性的影响比绝对效益更大。本书研究发现，种粮主体的行为决策依据主要不是会计成本和绝对成本，而是机会成本和相对成本。因此，本书认为，要提高种粮主体的积极性，不仅要提高粮食生产的绝对效益，更重要的是提高其比较效益，在风险不变的情况下，即使粮食生产的绝对效益提高，只要比较效益下降，种粮主体的积极性仍将下降。因此，至少要保持粮食生产的比较效益才能保证粮食生产的积极性。

　　三是合理的激励约束政策是实现个体理性促进集体理性的关键。本书认为，在现有资源、制度和市场环境约束下，种粮主体分化和行为变化是必然的，也是合理的，但个体理性决策却可能导致集体非理性，尤其是鉴于粮食安全问题的公共属性，因此，需要由政府主导改变资源、制度以及市场环境等约束条件，从而引导种粮主体分化及其行为优化，进而实现个体理性与集体理性的一致性，共同增强粮食安全保障能力。

　　四是综合运用粮食数量指标、质量指标和生态指标才能全面反映粮食安全真实状态。本书在运用粮食安全预警评价法对粮食安全情况进行评价时，将化肥、农药利用率和中央储备粮质量达标率、宜存率等反映粮食质量及生态安全的指标纳入评价范围，在一定程度上弥补已有粮食安全评价方法局限于对粮食数量安全进行评价，而粮食质量和生态安全方面评价指标缺乏的不足。

　　五是运用多学科理论对种粮主体进行综合分析。农户分化以及行为变化虽然是一种经济行为，但又不仅仅是经济行为，仅利用经济理论对其进行分析远远不够。因此，本书综合运用农户行为理论、期望理论、前景理论、社会认知理论等对种粮主体分化及其行为变化进行分析，更加全面和客观地认识其分化和变化的缘由和机理。

　　虽然本书可能存在上述创新，但受个人能力及资料限制，本书可能存在以下不足之处：一是在问卷调查中，由于大户和合作社调研点位有限，数据的代表性有待进一步提高。二是文中利用调研资料进行定性和定量分析，但建模分析尚显不足，理论分析有待进一步深入。不足之处，敬请读者指正。

虞洪

2017 年 2 月

目　　录

1

导　　论

1.1

选题背景

1.1.1　研究背景

粮食既是城乡居民的基本生活资料，也是关系国计民生的重要战略资源；既是实现社会稳定的基础，也是实现国家安全的基础。在《汉书·郦食其传》中就曾做出"王者以民为天，而民以食为天"的论述。20世纪70年代，美国国务卿基辛格指出"谁控制了粮食，谁就控制了人类"（If you control the grain, you control the all people）①。国外一些专家学者认为，城镇化进程的加快、耕地面积的减少、土壤的退化、水资源短缺、人口的增加等都是影响中国粮食安全的重要因素，虽然部分专家认为中国有能力养活自己，不会对世界粮食安全造成威胁，但部分专家却认为，中国的大额粮食需求会危及世界粮食市场的安全，其中，最具代表性的是1994年美国学者莱斯特·布朗（Lester Brown）在《谁来养活中国》一文中

---

① 威廉·恩道尔. 粮食危机 [M]. 北京：知识产权出版社，2008：62.

的观点。国内专家学者对于粮食安全形势的判断虽然存在差异，但较为一致的观点是：我国粮食安全处于"紧平衡"状态。与其他粮食主产国相比，我国粮食安全水平较低[①]，虽然我国的粮食安全问题没有布朗所预测的那么严重，但绝不可忽视其严峻性和制约性[②]，即使在实现粮食总产量"十二连增"的情况下，仍然不可掉以轻心。

粮食安全问题长期以来都是学术界研究的热点问题。为了提高粮食安全保障能力，国内专家学者积极建言献策，提出从保障耕地资源、加强农田水利基础设施建设、发展粮食科技等方面提高粮食综合生产能力，从改革粮食价格形成机制、完善农业补贴政策、构建粮食主产区特殊扶持政策等方面调动粮食主产区及种粮主体的积极性，从加强粮食市场调控、改善国际粮食贸易环境等方面增强粮食综合保障能力。未来面临着耕地非粮化、水资源短缺、环境恶化等长期性因素的制约，除此之外，种粮主体分化、行为变化对中国的粮食安全带来深刻影响，既带来了严峻的现实挑战，也蕴含着重大的转型机遇。

保障粮食安全涉及粮食生产、流通、消费以及进出口等多个领域，但是，众多研究表明，作为粮食消费大国，可以利用国际粮食市场，但不能依赖也依赖不了国际粮食市场。因此，立足国内才是保障粮食安全的出路所在。从哲学的角度来看，矛盾有主要矛盾和次要矛盾之分，立足国内增强粮食安全保障能力面临的矛盾主要是生产的矛盾，也就是说，粮食安全的核心是生产安全[③]；矛盾又分为主要方面和次要方面，在新形势下，粮食安全在生产上的矛盾既有总量不足的矛盾，也有结构失衡的矛盾，相对而言，当前可以利用国际市场弥补总量不足的缺口，因此，结构失衡是矛盾的主要方

---

① 田甜，李隆玲，武拉平. 新形势下中国粮食安全问题及与其他粮食主产国的比较 [J]. 世界农业，2015（12）：196 - 201.

② 丁声俊. 中国粮食能否自给自足的探讨——简评布朗《谁来养活中国》[J]. 高校社会科学研究和理论教学，1996（9）：29.

③ 杜志雄，王永春，张梅林. 我国粮食生产困境及解决思路 [J]. 中国党政干部论坛，2015（3）：98.

面。姜长云（2006）对改革开放以来历次重大粮食供求失衡的研究结果也表明，我国粮食总量问题对于供求平衡的影响呈显著减弱趋势，而粮食结构问题的影响则呈显著增强趋势①。结构失衡主要体现在两个方面：一是品种结构失衡，二是品质结构失衡，品种和品质结构失衡是多方面因素综合作用的结果，但都与种粮主体的行为变化具有密切的关系。

中国经济已经进入新常态，粮食安全问题也面临着新的国内外形势，学术界已经关注到粮食安全问题发生的变化，但从总体上来看，从资源、技术以及制度、市场等宏观领域研究较多，对微观种粮主体在新形势下的行为变化研究相对较少。胡小平（2001）认为，国家宏观调控政策是粮食安全的决定性影响因素，农民生产粮食的积极性主要是通过国家实施的激励政策来调动的②。刘顺国（2011）对 1978 年以来粮食生产波动五个阶段的研究结果表明，粮食总产量波动都与粮农种粮积极性呈正相关③。可以说，以普通农户为主的种粮主体是国家粮食供给的基础，而种粮主体的行为正随着形势的改变而改变，这些行为的变化对保障粮食安全具有正面或负面的作用。因此，在新形势下，迫切需要客观、深入、系统地分析种粮主体行为变化的原因和对粮食安全的作用机理及现实的、潜在的影响，重新评价以往研究结论的适用性、政策建议的合理性，以便提供调整优化国家政策的充分依据，从而调动种粮主体的积极性，优化其行为模式，有效增强粮食安全保障能力。

1.1.2 实践背景

鉴于粮食安全的重要性，联合国系统内最早的常设专门机构之

---

① 姜长云. 改革开放以来我国历次粮食供求失衡的回顾与启示 [J]. 中国农村观察，2006（2）：8 - 11.

② 胡小平. 宏观政策是影响中国粮食生产的决定性因素 [J]. 中国农村经济，2001（11）：54 - 57.

③ 刘顺国. 对农民种粮积极性的分析与思考 [J]. 调研世界，2009（8）：34 - 35.

一就包括联合国粮食及农业组织（Food and Agriculture Organization of the United Nations），其宗旨在于提高人民的营养水平和生活标准，改进农产品的生产和分配，改善农村和农民的经济状况，促进世界经济的发展并保证人类免于饥饿。但是，20世纪70年代初、90年代初以及2008年3次世界性粮食危机的出现表明，粮食安全问题没有根除。而且，联合国粮农组织发布的资料显示，到2013年，全球仍有8.42亿人口处于粮食不安全的状态，这表明粮食安全问题依然存在并且形势严峻。

长期以来，我国高度重视粮食安全问题。1996年发布的《中国的粮食问题》白皮书第一次针对解决粮食安全问题明确提出了"立足国内资源，实现粮食基本自给"的基本方略，随后，确保粮食自给率95%以上成为主导我国粮食政策的基本遵循。进入21世纪以来，中央一号文件连续聚焦"三农"问题，粮食问题均位列其中。2012年中央一号文件《关于加快推进农业科技创新持续增强农产品供给保障能力的若干意见》第一条就提出，要"毫不放松抓好粮食生产"，2012年11月，党的十八大报告《坚定不移沿着中国特色社会主义道路前进　为全面建成小康社会而奋斗》指出，要"加快发展现代农业，增强农业综合生产能力，确保国家粮食安全和重要农产品有效供给。"此后，粮食安全问题一直摆在党中央和国务院相关会议及文件的重要位置。2013年中央一号文件《关于加快发展现代农业进一步增强农村发展活力的若干意见》在第一部分就提出"确保国家粮食安全，保障重要农产品有效供给，始终是发展现代农业的首要任务。"2013年12月23日至24日举行的中央农村工作会议认为，"解决好吃饭问题始终是治国理政的头等大事"，提出要"坚持以我为主，立足国内、确保产能、适度进口、科技支撑的国家粮食安全战略。"并强调，"中国人的饭碗任何时候都要牢牢端在自己手上。"至此，粮食问题上升为国家战略。2014年和2015年中央一号文件第一部分就是"完善国家粮食安全保障体系"，《国务院关于建立健全粮食安全省长责任制的若干意见》（国发〔2014〕69号）和《粮食安全省长责任制考核办法》（国办发〔2015〕80号）等让国家粮食安全新战略不断落实。第十二届全国人民代表大会常务委员会第十五次会议于2015年7月通过并实施的《中华人民共和国国家安全法》中第二十二条规定，"国家健全粮食安全保障体系，保护和提高粮食综合生产能力，完善粮食储备制度、流通体系和市场调控机制，健全粮食安全预警制度，保障粮食供给和质量安全。"这表明，粮食安全成为国家战略，并列入国家安全法予以保障。2016年中央一号文件《关于落实发展新理念加快农业现代化 实现全面小康目标的若干意见》提出了到2020年的粮食安全目标，"粮食产能进一步巩固提升，国家粮食安全和重要农产品供给得到有效保障"。

到2015年，中国粮食生产实现了"十二连增"，创造了中国乃至世界粮食史上的奇迹，但必须正视粮食生产量、库存量、进口量"三量齐增"造成的困局，以及由此而付出的生态环境恶化、财政压力加大、粮食质量下降"三大代价"。党的十八届五中全会于2015年10月29日通过的《中共中央关于制定国民经济和社会发展第十三个五年规划的建议》提出，"坚持最严格的耕地保护制度，坚守耕地红线，实施藏粮于地、藏粮于技战略，提高粮食产能，确保谷物基本自给、口粮绝对安全。"而2016年中央经济工作会议进一步指出，"要着力加强农业供给侧结构性改革，提高农业供给体系质量和效率，使农产品供给数量充足、品种和质量契合消费者需要，真正形成结构合理、保障有力的农产品有效供给。"这至少表明两层含义：一方面是供给侧结构性改革必须在保障国家粮食安全的基础上进行，另一方面是保障粮食安全在粮食产业内部也需要加强供给侧结构性改革。因此，提出了三条供给侧结构性改革的基本底线：一是保稻谷、小麦等口粮，二是保耕地、保产能，三是保主产区特别是核心产区的粮食生产。也就是说，供给侧结构性改革必须在"确保谷物基本自给、口粮绝对安全"的基础上进行，不能抛开粮食安全或者以牺牲粮食安全问题为代价实施供给侧结构性改革。

从党中央和国务院系列会议精神和政策文件不难看出，党和政府对粮食安全问题的重视程度不断提高。在经济新常态下，我国提出了粮食安全的新战略，即"以我为主、立足国内、确保产能、适度进口、科技支撑"，并不断完善国家粮食安全保障体系。但是，随着全球粮食能源化和金融化等发展趋势，维护粮食安全的形势将更为复杂；随着国内外粮食市场联系的密切化和对国际市场不断增强的依赖性，世界粮食格局对维护粮食安全的影响将更为深远；随着资源环境约束和土地非农化、耕地非粮化加剧，粮食增产将更为困难。而且，种粮主体在国际粮价的冲击和国内生产成本上升的双重压力下，种粮积极性受到极大削弱，加上经济社会结构的深刻变化，导致种粮主体的耕地利用、粮食种植以及技术选择和储粮、售粮等行为正在发生着极大的变化，对粮食安全造成极大的影响。

古今中外的历史表明，粮食安全与国家稳定、社会和谐息息相关①。而且，粮食安全问题在中国是一个永恒的课题，关系整个国家的长治久安②。习近平总书记强调，"我们的饭碗应该主要装中国粮"，而且"中国人的饭碗任何时候都要牢牢端在自己手上"。然而，提高国内粮食生产能力面临的自然环境限制改变难度极大，而且"藏粮于地"和"藏粮于技"战略必须通过种粮主体最终得以落实。尤其是在加强农业供给侧结构性改革的背景下，加强对种粮主体行为变化的研究，对于从根源上强化粮食供给侧结构性改革、提高粮食安全保障能力具有极为重要的现实意义。因此，优化种粮主体行为，对种粮主体行为进行有效引导和优化，既有利于改变

---

① 盛国勇，陈池波. 习近平国家粮食安全战略思想探析 [J]. 探索，2015（4）：13.

② 王大为，郑风田. 新形势下中国粮食安全的现状、挑战与对策——第五届中国经济安全论坛综述 [J]. 河南工业大学学报（社会科学版），2015（2）：18.

种粮主体不合理行为对粮食安全的不利影响，也有利于促进资源要素的科学配置和有效利用，是通过制度变革而激发粮食生产潜力的重要渠道，也是以最小的代价实现粮食供给侧结构性改革的有效途径。

1.2

选题价值

1.2.1　理论价值

（1）有利于提高农户行为理论的适用性。农户的行为不是传统理论分析所假设的"利润最大化"或者"成本最小化"等单一目标指向，而是基于多目标综合考虑的结果。而且，种粮主体已经不仅仅只有传统意义上的农户。因此，本书根据传统粮食经营模式趋于衰退、新型粮食经营主体不断发育和种粮主体行为约束条件及目标的多样性，摆脱农户行为理论中种粮主体单一性及行为目标单一性的假设条件制约，分析总结普通种粮农户、种粮大户以及粮食生产经营合作社等种粮主体的行为变化规律及其差异性，可能对拓展农户行为理论的适用范围产生一定的促进作用。

（2）力图构建种粮主体行为对粮食安全影响的框架。本书将结合粮食安全新战略，打破局限于粮食生产的研究桎梏，将研究范围拓展到对土地、技术的利用行为以及储粮、售粮行为方式，力图构建种粮主体行为对粮食安全影响的研究框架，并探索其行为发生机理和行为变化动机，有利于形成种粮主体的行为优化路径，探索构建新型粮食经营主体的行为优化模式。

（3）有助于破解"二难困境"。在新形势下，维护粮食安全面临着优化经济结构与提高粮食生产能力、适度利用国际粮食资源与进口粮食冲击国内市场、托底收购与部分品种阶段性过剩、提高粮食产量与提高粮食质量、集体理性选择与种粮主体个体理性选择等多重内在矛盾，往往导致陷入"二难困境"。鉴于经济社会作为复杂的统一体，而且种粮主体行为约束具有多样性，本书充分考虑经济目标与非经济目标、公共目标和私人目标、数量目标和质量目标、短期目标和长期目标，在多目标合一性指导下分析和优化种粮主体行为，从而有助于从根本上避免陷入"二难困境"。

1.2.2 应用价值

（1）可能有效挖掘粮食安全保障能力的提升空间。粮食安全已经上升为国家战略，并成为国家安全战略的重要组成部分。虽然耕地、水等资源和环境承载能力"硬条件"对粮食安全形成现实制约，但种粮主体的态度以及由此而形成的粮食生产经营模式等"软条件"是粮食安全的重要影响因素。促进国内粮食增产提质的路径除了改善粮食生产经营基础条件和加强科技创新外，主要就是提高种粮主体的积极性并优化其行为模式。从现状及未来的发展趋势看，种粮主体的不合理行为正是导致或者加剧资源环境承载能力降低的主要原因，而且，相对于改变耕地、水等资源和环境承载能力"硬条件"而言，优化种粮主体行为难度更小、成本更低，对提高资源环境科学配置利用效率并施加积极性影响也具有极为重要的作用，因此，通过优化种粮主体行为提高粮食安全保障能力具有相当大的潜力和空间。

（2）有助于防止粮食产能过快流失。新常态下粮食需求多元化和品质化、农村空心化和农业人口老龄化、耕地非农化和农业产业结构非粮化、农户收入来源多元化和农业经营收入占比微弱化等相互交织形成叠加效应，增产提质不易，而且非农化、非粮化的动机多、动力足。增强粮食安全保障能力，必须防止粮食产能流失和提高粮食产能"双管齐下"，但相对而言，防止产能过快流失比大幅提高产能更为迫切，也更具有现实意义，如果无法遏制产能过快流失势头，那么提高产能的努力将很难弥补产能的流失。因此，通过种粮主体行为变化及对比分析，针对以往政策的目标偏差、导向偏差进行调整，促进政策支撑体系重构，有利于引导种粮主体行为优化，从而对防止粮食生产能力快速萎缩、增强粮食安全保障能力具有重要的价值。

（3）以四川为例的研究结果具有较强的普适价值。四川集农业大省、产粮大省、人口大省、粮食消费大省、粮食调入大省五重身份于一体，因此，在全国内地 31 个省、自治区、直辖市中，四川在粮食安全方面既具有典型性，也具有代表性；同时，在地形地貌上，四川与全国类似，平原、丘陵、山地和高原等兼而有之，而且平原面积占比低，所以虽然四川与东北平原区的粮食发展具有很大的差异，却具有全国的一般性特征。此外，人地矛盾突出、农村转移人口多、经济结构变化大，种粮主体的行为变化具有显著性和丰富性，对粮食安全的影响极为深刻。因此，以四川为例，研究新常态下种粮主体行为变化对粮食安全的影响及应对之策，不仅有利于消除种粮主体行为变化对粮食安全带来的不利影响，通过优化种粮主体行为提高四川粮食安全保障能力；而且四川种粮主体行为变化及其应对思路和举措对于全国尤其是南方地区提高粮食安全保障能力具有重要的借鉴意义，因此对于调整优化政策导向和重构粮食生产经营微观主体，实现粮食安全新战略下的全国粮食安全稳定大局也具有重要的现实意义。

1.3
研究内容与方法

1.3.1　基本思路及主要内容

本书在对国内外种粮主体粮食生产经营行为文献进行综述基础

上，以农户行为理论、期望理论、前景理论以及社会认知理论等为
指导，根据国际国内以及四川粮食安全新形势，对普通农户、种粮
大户以及合作社等种粮主体的耕地利用、粮食生产、技术选择和储
粮售粮行为进行分析，总结其行为特征、剖析其行为变化及其对粮
食安全的影响，针对其粮食生产经营行为变化影响因素及差异化的
政策需求提出具体应对思路并细化政策建议。本书的逻辑思路及写
作框架如下（见图1-1）。

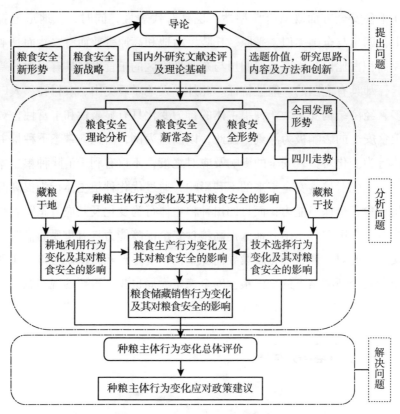

图1-1　研究思路及框架示意图

本书内容共有九章。

第1章为导论。主要介绍本书的选题背景、选题理论价值和应

用价值，研究的主要思路以及主要内容，以及研究方法及技术路线，本书可能形成的创新和可能存在的不足之处。

第 2 章为理论基础与文献综述。主要包括相关概念以及研究范围的界定，国内外关于种粮主体行为的研究现状梳理及评述，种粮主体行为研究理论基础，并分析种粮主体行为特征。

第 3 章为粮食安全的理论分析。从国内供需及国际市场对粮食安全问题的影响进行分析，并构建粮食安全评价体系，利用粮食安全系数法和粮食安全预警评价法对我国粮食安全状况进行定量分析。

第 4 章为全国粮食安全发展趋势与四川粮食安全走势分析。对全国粮食安全趋势进行研判，分析四川粮食安全现状、经济新常态对四川粮食安全的影响，并对四川粮食安全走势进行分析，阐述保障四川粮食安全面临的多重挑战。

第 5 章为耕地利用行为变化及其对粮食安全的影响。主要包括耕地的利用现状，种粮主体对耕地利用态度和方式的变化，对由此而形成的抛荒、粗放化耕作以及土地流转等行为进行分析，并分析种粮主体耕地利用行为变化对粮食安全造成的影响。

第 6 章为粮食种植行为变化及其对粮食安全的影响。主要包括粮食播种面积、产量现状以及种粮主体行为特征分析，并对种粮主体在劳动力配置、资金投入、社会化服务以及面积变化和政策效应等方面的内在机理进行分析，阐述粮食生产中不同主体的行为差异及其对粮食安全造成的影响。

第 7 章为技术选择行为变化及其对粮食安全的影响。主要包括对种粮主体的技术现状以及对新技术选择的态度和目的，需要的技术类型、获取渠道以及新技术使用中面临的制约因素进行分析，对技术选择的区域差异性、主体差异性等进行分析并阐述其对粮食安全造成的影响。

第 8 章为储粮售粮行为变化及其对粮食安全的影响。主要包括对储粮方式、比重以及粮食销售比例、渠道、信息来源及影响因素等进行分析，剖析种粮主体粮食储存销售行为变化的内在动因，并阐述其对国家粮食仓储以及粮食安全保障能力的影响。

第9章为种粮主体行为变化应对建议。对种粮主体行为进行经济分析并进行总体评价，在此基础上，结合粮食安全现状及走势，提出种粮主体行为变化的应对思路，并有针对性地提出细化政策建议。

上述内容中，第1章属于本书的综合性、概括性论述部分。第2章和第3章是本书研究的基础支撑。第4章是新常态下的粮食安全问题研究背景。第5～8章是本书研究的主要内容，立足于藏粮于地和藏粮于技两大战略分析耕地利用行为变化和技术选择行为变化，以上两大行为变化对粮食种植行为变化形成重要影响，并在粮食生产的基础上分析储粮售粮行为变化。总体而言，耕地利用行为是关系粮食安全的基础，技术选择是粮食安全的关键，粮食种植是影响粮食安全的核心，而储粮售粮行为是影响粮食安全的重要因素。第9章是本书研究的归宿，根据种粮主体行为变化及其对粮食安全的影响形成应对建议。

1.3.2　研究方法及技术路线

本书研究的主要方法包括：

（1）文献检索法。查阅国内外种粮主体行为研究相关文献，进行综合性的理论梳理和研究，为深入开展研究提供有效指引。收集国家尤其是四川在提高粮食安全保障能力、培育新型粮食经营主体、提高种粮主体积极性等方面出台的政策文件、实施方案，并进行归类分析，为分析种粮主体行为变化动因及提出具有针对性的政策建议提供方向。

（2）实地调研法。在长期开展农业基层调研积累资料基础上，在四川平原、丘陵和山区对普通农户、种粮大户以及合作社进行问卷调查和深度访谈，掌握种粮主体行为的一手资料，为分析种粮主体行为变化奠定坚实基础。

（3）比较研究法。对比分析平原、丘陵和山区不同区域之间种粮主体的行为差异，产粮大县和非产粮大县种粮主体之间的行为差异，普通农户、种粮大户、合作社等不同主体之间的行为差异，深刻认识种粮主体行为特征及其意愿差异，以此为基础提供具有针对性的应对思路和对策。

（4）实证分析法。以调研资料为基础，结合官方统计资料对种粮主体土地利用行为、粮食生产行为、技术选择行为、储粮售粮行为变化及其影响因素和对粮食安全的影响进行定性和定量分析，增强论证结果的说服力。

本书研究技术路线为以下步骤并循序深入：

（1）第一步，在梳理国内外研究文献基础上，结合四川的实践，对相关概念及研究范围进行界定，并构建研究框架。

（2）第二步，以官方统计数据为主，结合基层调研掌握资料，对我国粮食安全状况进行评价，并对国内外粮食安全宏观形势尤其是四川粮食安全形势及面临的挑战进行分析。

（3）第三步，对四川平原、丘陵和山区的普通农户、种粮大户、合作社进行问卷调查和访谈，获取种粮主体行为变化及其对粮食安全影响的一手研究资料。

（4）第四步，以调研数据为主，结合统计资料和理论基础，分析新形势下种粮主体耕地利用行为、粮食生产行为、技术选择行为、储粮售粮行为产生的变化，对其行为变化进行理论分析，并阐述种粮主体行为变化对粮食安全可能产生的影响。

（5）第五步，在以上分析基础上，结合国家粮食安全新战略和政策走向对种粮主体行为变化进行综合评价。

（6）第六步，根据种粮主体行为变化及不同区域、不同主体的差异性，有针对性地提出应对思路和政策建议。

1.4

本书创新之处及不足

1.4.1 本书创新之处

通过实地调研和理论分析，本书可能具有以下创新：

（1）从种粮主体行为变化的微观视角研究粮食安全问题。已有文献主要从耕地、水资源，生产、储藏技术以及收购、补贴制度，国际市场和流通机制等视角研究粮食安全问题，即使从主体分化或者行为变化的角度研究粮食安全问题的文献也很少将两者结合起来。本书研究发现，种粮主体是实现粮食安全的微观基础，若抛开微观基础来研究宏观政策容易导致缺乏基础支撑，提出的政策建议往往难以"接地气"。因此，本书在宏观分析基础上，将种粮主体分化与行为变化结合起来重点从微观层面分析粮食安全问题，有利于防止得出片面的结论，也有利于提高政策建议的针对性和可操作性。

（2）比较效益对种粮积极性的影响比绝对效益更大。本书研究发现，种粮主体的行为决策依据主要不是会计成本和绝对成本，而是机会成本和相对成本。因此，本书认为，要提高种粮主体的积极性，不仅要提高粮食生产的绝对效益，更重要的是提高其比较效益，在风险不变的情况下，即使粮食生产的绝对效益提高，只要比较效益下降，种粮主体的积极性仍将下降。因此，至少要保持粮食生产的比较效益才能保证粮食生产的积极性。

（3）合理的激励约束政策是实现个体理性促进集体理性的关键。本书认为，在现有资源、制度和市场环境约束下，种粮主体分化和行为变化是必然的，也是合理的，但个体理性决策却可能导致集体非理性，尤其是鉴于粮食安全问题的公共属性，因此，需要由政府主导改变资源、制度以及市场环境等约束条件，从而引导种粮主体分化及其行为优化，进而实现个体理性与集体理性的一致性，共同增强粮食安全保障能力。

（4）综合运用粮食数量指标、质量指标和生态指标才能全面反映粮食安全真实状态。本书在运用粮食安全预警评价法对粮食安全情况进行评价时，将化肥、农药利用率和中央储备粮质量达标率、宜存率等反映粮食质量及生态安全的指标纳入评价范围，在一定程度上弥补已有粮食安全评价方法局限于对粮食数量安全进行评价、而粮食质量和生态安全方面评价指标缺乏的不足。

（5）运用多学科理论对种粮主体进行综合分析。农户分化以及行为变化虽然是一种经济行为，但又不仅仅是经济行为，仅利用经济理论对其进行分析远远不够。因此，本书综合运用农户行为理论、期望理论、前景理论、社会认知理论等对种粮主体分化及其行为变化进行分析，更加全面和客观地认识其分化和变化的缘由和机理。

1.4.2　本书不足之处

受个人能力及资料获取所限，本书可能存在以下不足之处：

（1）在问卷调查中，由于大户和合作社调研点位有限，数据的代表性有待进一步提高。

（2）文中利用调研资料进行定性和定量分析，但建模分析尚显不足，理论分析有待进一步深入。

2

理论基础与文献综述

2.1

相关概念界定

2.1.1 粮食安全

联合国粮食及农业组织（FAO）于 1974 年 11 月在世界粮食大会上通过了《世界粮食安全国际约定》并将粮食安全界定为：粮食安全必须确保每一个人在任何地方都能获得为了生存和健康所需要的足够食品。1983 年爱德华·萨乌马（Edward Savu Ma）将购买力因素纳入粮食安全，将粮食安全定义为"确保所有人在任何时候既能买到又能买得起他们所需要的基本食物"。1996 年联合国粮食及农业组织在《粮食安全罗马宣言》中增加了对食物的营养、种类要求以及所有人对食物偏好的需求，认为粮食安全必须满足每一个人在任何时候都能够在物质上和经济上获得足够、安全且营养的粮食，从而满足每一个人积极和健康的生活膳食需要。万德娜·许娃（Vandana Shiva，1996）将文化因素融入粮食安全，他认为粮食安全中的食品应该是足够、安全、营养以及文化安全。这个概念拓展了粮食安全的内涵和外延。日本学者岸根卓郎（Ganne Takuro，

1999）认为粮食安全包括避免粮食危机、食生活稳定化、食生活的高级化和多样化①。史密斯（Smith，2000）认为，完整的粮食安全从宏观层次来看是全球及整个国家的食物获取能力，从微观层次来看是家庭的粮食获取能力及相应的全部收入。持续粮食安全概念于2001 年在波恩粮食大会上被提出，是在粮食安全基础上的进一步提升。粮食可持续安全强调为了保障任何人身体健康、精力旺盛的可持续从事生产生活活动，粮食安全需在任何条件、任何时候动态、充分满足现代及后代子孙的需求。该定义除了强调时间、条件、数量外，特别强调质量，保障居民身体健康及后代子孙的粮食需求。阿尔伯托·瓦尔德斯（Alberto Valdes，2002）认为粮食安全是指缺乏粮食的国家和地区或家庭能逐步满足他们对粮食的标准消费。

　　中国是拥有 13 亿多人口的农业大国，因而我们面临的粮食安全问题具有独特性。我国粮食安全的概念最早出现在 20 世纪 70 年代，主要是针对世界粮食危机提出的一项政策目标。1992 年，我国认为粮食安全应能够充分合理地提供给每一个人数量充足、结构完善、质量合格的各种粮食及食品。该定义同样强调了时间、条件、数量和质量，同时还界定了粮食结构的合理性，比粮食大会界定的粮食安全定义更进一步。与此同时，我国很多学者也对粮食安全给出了自己的界定。朱泽（1997）将粮食安全界定为：随着工业化进程的不断加剧，粮食安全应该满足人们对粮食日常需求及可能面临的风险带来的粮食需求。吴天锡（2001）认为，粮食安全基本要求是消除粮食危机，同时政府应制定相应措施保障粮食基本安全，将粮食安全从国家延伸到个人。娄源功（2003）则提出，我国的粮食安全主要包括两个方面的要求：一是价格方面的要求，即国家能够实现人民群众以合理价格获得直接消费和间接消费的粮食；二是风险防范能力要求，即国家具有抵御相关粮食风险的能力。雷

---

　　① 高帆. 中国粮食安全研究的新进展：一个文献综述 [J]. 江海学刊，2005（5）：82.

玉桃（2003）、张照新（2012）则认为粮食安全应该强调"有""买得起"和"买得到"三个方面的内容，粮食安全要考虑总量与质量并重，粮食品质结构合理等因素，要从重视总量过渡到量与质的结合。黄春燕（2013）认为，粮食安全的关注重点不仅仅是粮食供给能力，而应该向粮食获取能力方面转移。一部分国内学者将粮食安全观与可持续发展联系起来，并将农业持续发展能力纳入粮食安全的考虑范畴。闻海燕（2003）提出，粮食安全观不应该是静止的，也不是绝对的，因此不应该只重视在某一个时点或某一个时期拥有满足粮食安全所需的现实粮食数量，更应该具备现实和潜在的粮食综合生产能力以及食品替代能力。李敏（2005）认为片面强调粮食数量的粮食安全观念将导致对资源的粗放式利用，不仅导致对生态环境保护重视程度不足，而且对经济的可持续发展形成严重威胁①。倪国华等（2012）认为，长期以来，尤其是改革开放以后，大量施用化肥、农药以及动植物激素等导致粮食供需处于紧张平衡状态，虽然粮食安全问题在短时期内得到了一定程度上的缓解，但却让农业面源污染加剧，从而对可持续的粮食供给能力造成不利影响②。

本书认为，我国的粮食安全是指保证城乡居民在任何地方、任何时候都能在物质上和经济上获得了生存和健康所需要足够、安全和营养的食物，包括数量充足性、结构合理性、质量可靠性、获取经济性、生态友好性和发展持续性六个方面的要求，是实现经济发展、社会稳定和国家安全的重要基础。

2.1.2　种粮主体

本书所指种粮主体包括从事粮食生产的农户、法人或其他组

---

① 李敏. 论我国的粮食安全与可持续发展 [J]. 未来与发展, 2005 (5)：14 – 15.
② 倪国华, 郑风田. 粮食安全背景下的生态安全与食品安全 [J]. 中国农村观察, 2012 (4)：52 – 57.

织。传统农业以小农经济为主，种粮主体主要是普通农户。近年来，国家的"三农"政策扶持力度不断加大，尤其是对粮食生产的支持和补贴力度呈现出明显的上升之势，从而促进种粮大户与粮食生产合作社快速增长，成为新型种粮主体。吴定宪（1999）认为，农村经济大户是一种过渡性的农村经济组织，农村大户经济产生有其必然性，对农村经济发展、农业产业化发展以及农业经济效益的提高起到了积极的作用。陈洁（2012）认为，随着农村劳动力的减少，农业劳动人员老龄化现象的加重，粮食生产后继缺人，因而培养种粮大户和粮食生产专业合作社才能解决粮食安全问题[①]。李妍霏（2014）认为，新型种粮主体包括种粮大户、家庭农场和粮食生产专业合作社三大类型[②]。本书认为，当前的种粮主体主要包括三类，一是普通农户，二是包括家庭农场在内的种粮大户，三是专业从事粮食生产或以粮食生产为主的农民专业合作社。

（1）普通农户。

农户是农业社会最基本的经济组织。亚洲国家一般指普通农户，欧美国家指家庭农场。国外学者对农户定义的研究并不多，具有代表性的观点如下。恰亚诺夫（Chayanov，1925）认为农户及家庭农场，其生产过程劳动力主要来自家庭，而不需要雇佣劳动力。家庭农场生产的产品不以盈利为主要目的，而以满足家庭消费为根本目的。埃利斯·弗兰克（Ellis Frank，1988）认为，农民和家庭农场是有差异的，农民不能完全融入市场，家庭农场能够充分参与完善的市场。黑尔·罗伯特（Hare Robert，1991）认为，家庭农场是指非工资（家庭）劳动提供95%以上的劳动投入，过渡性农场是指非工资劳动提供50%～95%的劳动投入，非家庭农场是指家庭

①　陈洁. 加快培育新型种粮主体［J］. 中国党政干部论坛，2012（3）：24.
②　李妍霏. 农村新型种粮主体发展现状调查与思考［J］. 作物研究，2014（7）：844.

提供的劳动低于50%劳动投入的农场①。苏·海德利（Sue Dudley，1991）认为家庭农场是指家庭所有的农场，其拥有足以养活整个家庭的土地资源，但经营的面积又尚未超过依靠家庭劳动力可以耕种的范围。

从我国学者对农户概念与农户类型的研究来看，主要有以下观点。尤小文（1999）认为，农户是指家庭拥有剩余控制权，并且主要依靠家庭劳动力从事农业生产的一种组织形式②。韩明谟（2001）认为，农户是以家庭为基础的，农户就是农民家庭。农户是社会经济组织最小的单元。卜范达、韩喜平（2003）认为，农户指居住在乡下，在从事劳动生产时主要以家庭劳动力为主，其经济生活和家庭关系的紧密程度很高③。罗拥华（2012）认为农户大体与农民家庭是基本可以等同的概念，是以血缘关系和姻缘关系为基础，组合而形成的一种基本社会单位④。杨俊（2011）认为，农户为拥有农村户籍和农村土地承包经营权的家庭。也有学者从农户类型来研究农户的含义。史清华（1999）认为，农户有多重含义：一是职业农户；二是区位农户；三是身份农户。除了以上三层意思外，史清华认为农户作为社会经济系统中的基本单元，其还有另外一层意思：即中国集体农作制度解体后，家庭承包责任制实际上赋予了农户成为农业生产的基本单位⑤。白舒婕（2011）将农民分为三种类型：一类是所谓名义上的农民，第二类是兼业农民，第三类是专业农民，并认为一、二类型的农民都不以种粮为主要目的，粮

① Hill, B. 1991, Measuring Farmers' Incomes and Business Performance：Farm – Level (FADN) Data Analysis, Present and Future, Green Europe 3/91. Ames, Iowa State University Press.

② 尤小文. 农户：一个概念的探讨 [J]. 中国农村观察，1999（5）：19.

③ 翁贞林. 农户理论与应用研究进展与述评 [J]. 农村经济问题，2008（8）：94.

④ 罗拥华. 国家粮食安全的微观基础——农户种粮投入行为 [J]. 价格月刊，2012（8）：36.

⑤ 彭小辉. 农业政策变化与农户行为研究——以中国六省为例 [D]. 上海：上海交通大学，2014：6.

食生产重视程度减少，不再向社会提供商品粮。朱颖（2012）认为，农民种粮收入比较收益太低，农民收入也很低，造成大部分农民兼业经营，出现了许多兼业户①。综上所述，本书所指普通农户是以经营自有承包耕地为主或流转有耕地但尚未达到种粮大户标准的农户。主要原因有二：一方面是在家庭联产承包制下，农户一般拥有承包地，只有少部分新增的农户没有耕地，还有部分是以往有耕地但由于征占等因素而失去耕地的农户，由于没有耕地而失去了粮食生产的基本资源，因此这些属于比较特殊的农户，不在本书所研究种粮主体中的普通农户之列。另一方面是在农村地区，包括邻里互换、代耕以及出租、入股等方式在内的土地流转现象已经较为普遍，无论是流出部分土地还是流入少量土地进行小规模经营，实质上不对其土地经营产生实质性的影响，而粮食生产达到大户标准的则不属于普通农户范围，应该划分到种粮大户之列。

（2）种粮大户。

罗光强（2009）认为所谓新型种粮主体是指从事粮食生产的农户需要具备"有文化、懂技术、会经营"三项基本素质。新型种粮主体的出现标志着我国粮食生产进入了新时期②。种粮大户作为新型种粮主体，学术界和实践中对其概念和特征研究较多。陈军（2008）、吴建兵（2011）在对安徽种粮大户进行分析后认为，种粮大户是指户主文化水平较高、土地规模化程度比较大、机械化普及范围较广且效率高、经济效益十分显著、从事粮食生产的主力是中年人。张软斌等（2010）对山西种粮大户进行分析后认为，种粮大户是指接受新事物的能力较强、经济实力较好、机械作业程度较高、辐射带动作用较强的种粮主体。姚增福（2011）认为，种粮大户是指在家庭承包经营基础上，生产经营方式主要依靠雇佣劳动力

---

① 白舒婕. 对种粮行为发生变化的思考［N］. 新农村商报，2011 - 08 - 03.

② 罗光强，刘纯阳，刘白石. 新型粮农行为对粮食生产安全影响的研究——基于湖南的调查［J］. 调研世界，2009（11）：6.

和购买或租赁先进机械，从事粮食生产的收入占家庭总收入 70% 以上，土地经营规模在 100 亩以上、具有一定带头示范作用的专业户[①]。程丹等（2014）认为种粮大户的界定主要以经营耕地面积为标准，而且对北方地区和南方地区具有不同的标准，前者面积在 6.67hm² 以上、后者面积在 3.33hm² 以上的则属于大户范围。同时，认为种粮大户需要具备以下特征：户主多为中年人，劳动力结构合理，且文化水平较高，并有一定的社会影响力；具有较高的农业科技水平；经营相对集中的较大规模土地[②]。在《四川省财政厅四川省农业厅关于印发〈四川省 2015 年种粮大户财政奖补制度实施方案〉的通知》中，将种粮大户定义为"承包或租种耕地达到一定规模，集中种植主要粮食作物的农户、法人或其他组织"，将种粮农户、家庭农场、农民专业合作社、土地股份合作社以及农业产业化龙头企业等类型均包含在内；同时对不同区域和主体应达到的粮食播种面积进行了界定，从主体来看分为种粮农户、土地股份合作社、家庭农场和农民专业合作社、农业产业化龙头企业四类，在一个县（市、区）区域内至少需达到的种粮面积要求分别为 30 亩、200 亩、300 亩和 500 亩，而且在区域上鉴于平原地区规模化经营能力更强的特征，因此在经营规模上提出了更高的要求，平原地区以上种粮大户分别要达到 50 亩、300 亩、500 亩和 1000 亩才属于种粮大户的补贴范畴。本书研究所指种粮大户是从事粮食生产、具有一定生产规模和专业水平的农户或其他个体，不包括合作社和龙头企业等组织。主要原因有二：一是本书将合作社单独作为一类，因此种粮大户主要是包括家庭农场和经营规模达到规模要求的种粮农户。二是在调研中发现，龙头企业流转土地并以粮食生产

---

① 姚增福. 黑龙江省种粮大户经营行为研究 [D]. 陕西：西北农林科技大学，2011：7.

② 程丹，崔晓，张彩坊，等. 种粮大户与粮食生产合作社促进我国粮食生产安全的分析 [J]. 河北农业科学，2014（6）：95－96.

为主的极少，即使是从事粮食生产的龙头企业，一般也成立了合作社，因此，不把龙头企业纳入研究范围，对于成立了合作社的龙头企业则将其归到合作社之中。

（3）粮食生产经营合作社。

目前理论界对粮食生产经营合作社的研究在概念和范畴上仍没有形成共识。很多理论或实践中将粮食生产经营合作社等同于农民专业合作社。依据《中华人民共和国农民专业合作社法》对农民专业合作社的界定，"农民专业合作社是在农村家庭承包经营基础上，同类农产品的生产经营者或者同类农业生产经营服务的提供者、利用者，自愿联合、民主管理的互助性经济组织。"[①] 黄珺（2009）认为，粮食专业合作社是在农业专业合作社定义的基础上延伸出来的，是粮食生产专业化的产物，较高的商品化程度是其形成的前提条件[②]。程丹、崔晓、张彩坋、李富忠（2014）认为，粮食生产合作社是指在家庭承包责任制下以农户为主体，社内实施粮食统一种植、农资统一供应和生产技术统一等自愿联合、民主管理，而社内成员拥有自主生产经营权的互助性经济组织[③]。张士杰（2008）认为，粮食生产合作社主要包含三大类型：一是以生产资料供应、收购加工、运输、销售等为基础的粮食流通领域合作社，二是以共同使用农业设备、信息、种子、技术等为基础的粮食服务合作社，三是粮食保险及信贷合作社[④]。王见和陈正华（2012）将粮食合作社分为四种类型：社企一体型、企业带动型、企业助动型与社企互联

① 新华网.中华人民共和国农民专业合作社法（全文）[EB/OL].http：//news.xinhuanet.com/fortune/2006-10/31/content_5273564.htm，2006-10-31.
② 黄珺.我国粮食专业合作社发展研究[J].中国行政管理，2009（9）：98.
③ 程丹，崔晓，张彩坋，等.种粮大户与粮食生产合作社促进我国粮食生产安全的分析[J].河北农业科学，2014（6）：96.
④ 张士杰.专业合作社：粮食产业化经营的现实选择[J].中央财经大学学报，2008（4）：83-84.

型①。综上所述，本书研究所指种粮主体中的合作社是粮食生产经营合作社，其从事粮食生产但不限于粮食生产。之所以做出以上界定，主要原因有三：一是农民专业合作社、土地股份合作社等以粮食生产经营为主要业务的合作社均应包括在研究范围，因此，在界定中并未区分合作社的类型。二是本书研究的不是一般意义上的合作社，也就是说不是全部的合作社，只是其中的一部分，即从事粮食生产经营活动的合作社。三是由于粮食的弱质性，许多从事粮食生产经营的合作社，还通过粮经轮作、种养结合的方式开展其他经营活动，这符合发展的规律也是合作社的常态，因此，并不要求其只从事粮食生产经营活动，只要其粮食生产经营规模达到相应的标准即视为粮食生产经营合作社。

2. 2
种粮主体行为研究理论基础

2.2.1 农户行为理论

目前主要有三大学派对农户行为进行理论研究，其主要观点如下。

（1）组织生产学派——以俄国恰亚诺夫为代表。

该学派注重家庭农场生产组织和农业经济结构等问题的研究。恰亚诺夫（Chayanov）通过研究发现，小农的生产目的以满足家庭消费为主，形成的是自给自足农业经济模式，它不追求利润最大化，而追求生产的低风险。因而当个体自身得到满足后农户就可能丧失继续进行生产投入的动力。所以，这种经济模式是低效率的，也是保守的和非理性的行为模式。在这种情况下，小农的最优化选

---

① 王见，陈正华. 粮食合作社带动粮食产业化发展的调查与思考［J］. 粮食科技与经济，2012（6）：15.

择就取决于劳动投入强度与自身的消费满足之间的平衡，并非收益大于或者小于成本。他提出，当边际收益低于市场工资时，资本主义农场就不会继续投入劳动力，而小农农场却不论边际收益是否已经低于市场工资，只要家庭消费没有得到满足，就会投入劳动力。组织生产学派强调小农经济存在具有合理性，对于发展中国家的影响深远。

（2）农户理性小农学派——以美国学者舒尔茨为代表。

该学派认为农业经济时期的小农同样是理性的。该学派认为只要外部条件具备了，农户自然会积极向上，并且对他们手中的资源进行合理和有效的使用及配置，以便能实现利益最大化的生产目标。理性小农学派的核心思想为：在传统农业时期，农户使用的各种生产要素、投资收益率基本是处于平衡状态。农户会完全理性地做出生产、投资等行为决策。因此，传统农业停止增长主要是因为边际收益递减，而不是自由市场竞争不足、农户缺乏上进心等因素导致的。一旦现代技术要素投入能保证农户获得利润，农户会立刻选择并成为利润最大化的引领者。以舒尔茨（Schulz）为代表的理性小农学派学者，其研究视角主要是将农户作为追求利润最大化的生产者，因此认为，农户出于对利润的追求，将根据市场信号做出符合经济学预期的正确反应，通过资源的理性配置让资源实现最优组合[1]。

（3）历史学派——以黄宗智为代表。

黄宗智进一步发展了恰亚诺夫（Chayanov）的小农经济学说，他依据中国农村劳动力过剩的特殊国情，结合农村长期以来形成的紧密血缘关系和地缘关系，认为剩余的劳动力不可能得到有效的解雇，因此形成了小农经济"过密化""内卷化"的理论[2]。他从不

---

① ［美］西奥多·W. 舒尔茨. 改造传统农业［M］. 梁小民，译. 北京：商务印书馆，1987：20 – 131.

② 黄宗智. 华北的小农经济与社会变化［M］. 北京：中华书局，1986：65 – 228.

同的角度对农户的经济行为提出了新的理解。他认为，小农在边际报酬非常低的情况下还继续投入劳动力，只是由于小农家庭没有相对于边际劳动投入的边际报酬。由于农户家庭劳动剩余过多，又缺乏良好的就业机会，所以劳动的机会成本几乎为零。该学派认为中国的农业是"没有发展的增长"和"过密型的商品化"。黄宗智（2007）在结合了中国农村实际状况后得出：一方面是劳动力长期从农村净流出，另一方面是农业生产种植结构中种植经济作物的比重增加，因此认为，我国农业在这种"去过密化"的过程中，通过"适度规模经营＋劳动资本双密集投入"而摆脱发展的困境。

2.2.2 期望理论

维克托·弗鲁姆（Victor H. Vroom）于 1964 年提出了期望理论，并作为激励理论中的一部分。该理论认为，人们采取某种行为的原因在于他首先要判断这种行为能否达到预想结果，且预想结果有足够的价值。所以激励水平的程度取决于预想结果对人的满足程度。因而，期望理论可以用公式表示：激励力量＝期望值×效价。即一个人对目标的把握程度越高，达到目标的可能性越高，激发起的动力越足，其行为的积极性也就显著。期望理论的应用领域相当广泛，也取得了很多有价值的结论。但需要注意的是，期望理论建立在一定的假设基础之上，其认为个体都是理性的人，既定目标都是明确的。因而在实际应用中需要充分考虑研究个体的具体情况。

2.2.3 社会认知理论

社会认知理论是 1977 年美国心理学家班杜拉（Bandura）提出的。社会认知理论重点是从社会心理学的视角进行行为研究，对行为主体认知过程中的影响因素及其对认知过程的影响进行分析。社会认知理论主要研究人的主观意识，该理论认为只有理解了人的认知过程，才可以了解人的行为。

社会认知理论的主要内容包括三个方面：一是三元交互决定论。三元交互是指环境与行为、环境与人、行为与人互为因果关系。其一，人通过自己的主观特征会引起不同的环境变化，环境变化也会影响人的信念、动机等。其二，人的信念、动机也影响或支配人的行为。其三，行为是纽带，受人的需要以及环境的双重制约。二是观察学习。观察学习也叫替代学习，是指某个人通过观察别人的行为并在行为强化中获得或者是产生新的反应，甚至纠正已经具有的某种行为反应特征。观察学习由注意过程、保持过程、产出过程、动机过程4个相互关联的子过程组成。三是自我效能。自我效能感是个体对自己与环境发生相互作用效验性的一种自我判断，自我效能感强的人能对新的问题产生兴趣并全力投入其中，能努力战胜困难，且自我效能也不断强化与提高，反之则相反。

2.2.4 前景理论

前景理论由卡尼曼（Kahneman）和沃特斯（Waters）提出，通过修正最大主观期望效用理论发展而来。前景理论基本原理有以下五个方面：一是确定效应。即人在面临两个选择，确定收益和赌一赌可能带来更大收益时，多数人选择确定收益。二是反射效应。即当一个人在面对两种选择都是损失时，他们宁愿采取冒险精神。在确定的损失和赌一赌可能减少损失时，多数人选择赌一赌。三是损失规避。即大多数人对损失和获得的满足程度不一致，而且获得收益带来的快乐感往往大大低于损失带来的痛苦感。四是小概率。前景理论认为人们对几乎不可能发生的小概率事件的看法是往往容易发生在自己身上。五是参照依赖。该理论认为多数人对得失的判断与满足程度主要是根据他们选择的参照物决定的。前景理论认为，在面临不确定性时，在个体心智水平、主观愿望、社会关系和知识水平等主观心理因素的作用下，个体不可能是完全理性的，只是"有限理性的"，而且对于风险的承担态度也存在较大的区别。

2.3

国外种粮主体行为研究动态

2.3.1　生产行为

国外学者对农户生产行为的研究主要有以下观点。威廉·福斯特和戈登·劳塞尔（William E. Foster and Gordon C. Rausser，1991）通过研究发现，大农场比小农场更符合严格的利益最大化，在没有失败风险的情况下，农户将会希望效用最大化。美国学者马若孟（Ramon H. Myer，1999）通过对中国山东和河北的调查，认为中国农村的竞争是激烈的，农户的生产行为尤其是土地利用行为是理性的，农户考虑的因素是较全面的。奈杰尔等（Nigel et al.，2000）通过研究发现，交易成本会影响农户生产行为。而考希克·巴苏（Kaushik Basu，2006）通过利用男女权力分配不对称的集体模型分析了农户生产行为决策与家庭成员之间的关系。部分学者研究了风险与农户生产行为之间的关系。罗森维和斯塔克（Rosenzeig and stark，1989）认为由于农业生产面临风险，农户在选择就业时更倾向较稳定的非农业就业岗位[1]。瓦德（Ayinde，2008）、克里希纳（Krishna，2009）通过分别对尼日利亚和印度农户的生产行为进行研究表明，农户生产种植农作物多元化是应对风险的重要措施。

---

① Rosenzweig Mark，R. Stark. Consumption Smoothing，Migration，and Marriage：Evidence from Rural India，Journal of Political Economy，1989（4）：905－926.

2.3.2 耕地利用行为

耕地利用行为研究目前在国外受到较多关注，表明从土地利用角度研究粮食安全问题是一种行之有效的研究方法。国外学者对耕地利用情况展开了如下研究。弗朗西斯科（Francisco，1996）等通过对厄瓜多尔地区的农户进行调查研究发现，土地利用模式的影响因素包括人口、社会经济特征等方面[①]。桑卡扬（Sankhayan，2003）通过对斯里兰卡农户种植橡胶树行为进行研究，分析了他们的土地利用行为。沃帕里斯（Wopereis）研究了土地集约利用程度与农户劳动投入之间的关联程度。麦克米伦（Macmillan）等建立了一个模拟原始农业社会的农民交易与耕种行为模型[②]。格尔里奇（Gellrich）对瑞士农户开展了研究，主要分析了其弃耕的土地利用行为。一部分学者对耕地变化的特点做了研究。雅克斯（Jacques，1999）通过研究发现，影响耕地变化最主要的因素是人口因素[③]。恒斯迪杰克（H. Hengsdijk，1999）根据投入产出理论，应用相关模型分析了耕地变化的程度与趋势[④]。埃里克·兰比纳（Eric F. Lambina，2001）认为宏观因素，如经济全球化也会影响耕地变化[⑤]。赫尔南兹等（Hernanz et al.，2002）通过研究发现，耕作等人为行为将影响土壤有机碳的形成，相对而言，较少的人为耕作行

---

① Francisco A, Jose M S, Carlos R. On Farmers' Objective: A Multi – Criteria Approach [J]. Uropean Journal of Operational Research, 1996 (96): 64 – 71.

② 冯艳芬. 农户土地利用行为研究综述 [J]. 生态经济, 2013 (11): 64.

③ Jacques Imbernon. Pattern and development of land-use changes in the Kenyan highlands since the 1950s. Agriculture, Ecosystems and Environment, 1999 (76): 67 – 73.

④ H. Hengsdijk, B. A. M. Bouman, A. Nieuwenhuyse, H. G. P. Jansen. Quantification of land use systems using technical coefficient generators: a case study for the Northern Atlantic zone of Costa Rica. Agricultural Systems, 1999 (61): 109 – 121.

⑤ Eric F. Lambina, B. L. Turner, J. Samuel. The causes of land-use and land-cover change: moving beyond the myths. [J]. Global Environmental Change, 2001 (11): 261 – 269.

为将有利于在土壤表层形成有机碳聚集，从而可以让其他物质与有机碳之间的循环转化效率提升。因此得出，在农作物种植过程中，保护耕地的有效方法就是采用免耕技术①。此外，还有学者对耕地生态安全进行了研究，其中卡斯曼等（Cassman et al.，1995）对粮食安全与生态平衡的关系进行了研究，并就保障粮食安全提出改善农业生态系统的措施②。

2.3.3 投资行为

国外学者对农户投资行为的研究主要集中在以下几个方面。一是农户投资不足及其原因。舒尔茨（Schulz，1987）认为，由于传统农业相比其他产业比较收益低，农户投资的积极性不高，也不愿意加强对农业的投资③。贝拉·优特赫提（Bela Ukhoti，1966）认为由于农业的弱质性，农业大户有更多、更有效的投资机会，且大户在贸易中处于垄断地位，因而他们会减少对农业的投资④。吉尔（Gill，1968）却不支持 Bela Mukhoti 的观点，与其观点相反。二是农户投资行为的主要影响因素。斯泰格姆（Steigum，1983）认为由于融资存在困难，因而限制了农户对生产的投资。伯勒·迈克尔和怀特·凯莱（Boehlje Michael D. and White T. Kelley，1969）通过研究发现农户投资多少与农业产出是相互关联的。萨丹·埃兹拉

---

① J. L. Hernanz，R. L. Pez，L. Navarrete，V. Sanchez – Giron. Long-termeffects of tillage systems and rotations on soil structural stability and organic carbon stratification in semiarid central Spain ［J］. Soil&Tillage Research 2002（66）：129 – 141.

② Cassman KG，Harwood RR. The nature of agricultural systems：Food security and environmental balance. Food Policy，1995（20）：439 – 454.

③ ［美］西奥多·W. 舒尔茨. 改造传统农业 ［M］. 梁小民，译. 北京：商务印书馆，1987：20 – 26.

④ Bela Mukhoti. Agrarian Structure in Relation to From Investment Decision. s and Agricultural Productivity in a Low-Income Country – The Indian Case，J. Farm Econ. 48：1210 – 1215，Dec. 1966.

（Sadan Eara，1970）认为农业风险同样会影响农户的投资行为[①]。德姆塞茨（Demsetz，1973）认为，地权稳定性能够使土地所有者增加土地长期投资[②]。里尔登，托马斯；克劳福德，埃里克；凯利，温兆伦（Reardon Thomas；Crawford Eric；Kelly Valarie，1994）认为，非农活动的增加会使农户减少对农业的投资，但有时农户也会利用非农业收入增加对农业的投资[③]。而雅各比（Jacoby，1995）、卡特（Carter，1996）认为地权稳定能为农户投资提供保障，土地转让的完善能降低土地租赁及买卖的费用[④]。格鲁伊特（Gruyter，1996）通过研究发现资产资本比、贴现率、投入品价格、产出品价格等都会影响农户投资，然而储蓄却对投资几乎没有影响。路易斯等（Lewis et al.，1988）认为影响农户投资最重要的因素是投资成本，而不是投资者的收入。

2.3.4 劳动力资源配置行为

国外学者对劳动力资源配置的研究文献较多，但从农户角度出发研究种粮主体劳动力资源配置的文献并不多。恰亚诺夫（Chayanov，1925）分析了俄罗斯农民在工作与闲暇之间的时间分配行为，提出了"劳动—消费均衡"论，舒尔茨（Schulz）认为影响劳动力资源配置最主要的因素是教育水平，所有高效率的劳动配置要依赖受过良好教育的人。盖里·贝克（Gary Becker，2008）认为家

---

① Sadan，Ezra，The Investment Behavior of a Farm Firm Operating Under Risk，J. Farm Econ. 52：494 – 504，Nov. 1970.

② A. Alchian，H. Demselz. The property rights paradigm［J］. Journal of Economic History，1973.

③ Reardon，Thomas；Crawford，Eric；Kelly，Valarie：Links Between Nonfarm Income and Farm Investment in African Households：Adding the Capital Market perspective J. Farm Econ. 76：1172 – 1176，December. 1994.

④ 马磊，余振华. 农户投资研究文献综述［J］. 西安财经学院学报，2008（11）：96.

庭成员的劳动力资源配置都是根据效用最大化、成本最小化的原则制定的，目的是使整个家庭效用最大化。一部分学者从非农就业角度研究了对粮食生产的影响。里尔登等（Reardon et al.，1994）认为，农户参加非农就业会使农户增强对农业风险的承受力，使农户种植粮食时倾向种植风险大，但收益高的农业、经济作物[①]。巴尔丹和尤迪利（Bardhan and Udiy，1999）认为农村富余劳动力的多少和农村劳动力市场的完善程度是影响农户非农就业的主要因素[②]。农村劳动力的转移对粮食安全的影响，不同学者有不同的观点。阿夫纳和阿亚尔（Avner and Ayal，2002）认为，农村劳动力的转移一定程度上能增加农业的资本投入，提高农村劳动生产率，所以劳动力外出转移是有利于粮食安全的[③]。吴和孟欣（Wu and Meng，1997）在对1993~1994年中国5个省份的农户抽样调查数据进行研究后认为，并不是非农就业增加就一定会带来粮食产量的减少，如果大量减少的劳动力中主要不是拥有丰富生产经验的农业劳动力，那么对粮食产量所带来的影响就不会很大[④]。罗泽尔等（Rozelle et al.，1999）认为，中国农村劳动力流失对粮食生产的消极作用大于非农就业的收入补偿作用，非农就业导致农户的玉米亩产水平降低[⑤]。夏洛特（Charlotte，2009）[⑥]

---

① Reardon，Thomas；Crawford，Eric；Kelly，Valarie：Links Between Nonfarm Income and Farm Investment in African Households：Adding the Capital Market perspective J. Farm Econ. 76：1172－1176，December. 1994.

② Bardhan，P. and Udiy，C.：Development Microeconomics，Oxford University Press，USA，1999.

③ Avner Ahituv，Ayal Kimhi. Off-farm Work and Capital Accumulation Decisions of Farmers Over the Life-cycle：the Role of Heterogeneity and State Dependence［J］. Journal of Development Economics，2002（2）：329－353.

④ Wu，Hany X. and Meng，Xin. The Direct of the Relocation of Farm Labor on Chinese Grain Production. China Economic Review 1997（2）：105－122.

⑤ Rozelle，S.；Taylor，J. E. and de Brauw，A.：Migration，Remittances and Agricultural Productivity in China，American Economic Review，1999（2）：287－291.

⑥ Charlotte Goodburn. Learning from Migrant Education：A Case Study of the Schooling of Rural Migrants Children in Beijing［J］. International Journal of Educational Development，2009（5）：495－504.

和曼恩里等（Maneinelli et al. ，2010）[①] 则认为教育水平越高，劳动力向城市转移，会导致农村人力资本的下降，因而不利于粮食安全。

2.3.5 技术选择行为

国外学者对农户技术选择的研究源于20世纪60年代。哈里伯格（Hi-berg，1974）、霍夫曼（Huffman，1978）、阿德西纳（Adesina，1993）认为，影响农户采用新技术的因素主要包括：农户自身、农户所处的外部环境特征和技术自身特征。国外学者主要围绕这三个方面进行了理论与实践的研究。菲德尔和欧文（Feder and Ervin，1982）认为，农户受教育水平与农户接受新技术行为呈正相关的关系。格哈特（Gerhart，1975）通过调查发现肯尼亚农户的教育水平越高，农户利用现代技术的能力越强。田伟和王浩（Tian and Wang，2000）研究了教育水平对粮食生产技术效率的影响[②]，希克斯、速水、拉坦和宾斯旺格（Hicks，Hayami，Ruttan and Bin-swan-ger，1970）认为农户的收入与耕地禀赋会影响其对新技术的选择。当资源越紧缺，农户越愿意选择新技术[③]。凯贝德（Kebede，1992）认为如果存在非农收入，农户选择新技术的意愿就较弱，反之，则较强。卡利巴（Kaliba，1997）认为农户性别、年龄、家庭劳动力、土地规模等会影响农户对新技术的采纳。斯图尔德（Steward，1983）认为，土地所有权的不同会影响农户对新技术的选择。一般而言，在自有土地上更愿意采用精细的耕作技术，在租

① Mancinelli Susanna, Mazzanti Massimiliano, Piva Nora and Ponti Giovanni. Education, Reputation or Network? Evidence on Migrant Worker Employability [J]. Journal of Socio – Economics, 2010（1）：64 – 71.

② Tian W, Wang H. Technical Efficiency and its Determinants in China's Grain Production [J]. Journal of Productivity Analysis, 2000, 13（2）：159 – 174.

③ Lee, L. K., W. H. Stewart. Land Ownership and the Adoption of Minimum Tillage [J]. Amer. J. Agr. Econ, 1983, 65：256 – 264.

用的耕地上不愿意采用新技术。英格兰·伯顿，罗伯茨·罗兰，拉森·詹姆斯（Burton C. English, Roland K. Roberts, James A. Larson, 1999）认为预期农业收益会影响农户新技术的选择。伯顿·E·斯旺森（Burton E. Swanson 1989）认为地理、气候、人口密度、土壤以及利用技术的能力都会影响农户对技术的选择①。Liu 和 Huang（2013）分析了农户风险态度对新技术采用的影响，认为风险规避程度越低的农户，越倾向于率先选择利用新技术②。石头等（Stone et al., 2014）认为，农户在选择种子时，由于难以获得有效的信息，因此其选择行为常常受到其他农户的影响，从众心理较重引起羊群行为③。一部分学者认为农户规模与技术选择存在关系。霍奇登（Hodgdon, 1966）、多布斯和福斯特（Dobbs and Foster, 1972）认为农户规模偏小会阻碍现代农业技术的应用，而且对于模块化现代农业技术，大农户比小农户应用得更快。然而，阿尔维（Alviar, 1972）、格林（Greene, 1973）、范德和赫尔茨（Van der and Herdt's, 1978）、帕塔萨拉蒂和普拉萨德（Parthasarathy and Prasad, 1978）、布尔克（Burke, 1979）等认为农户规模越大，现代农业技术利用程度越低。

2.3.6 粮食储藏行为

国外学者对存粮的研究主要集中在存粮动机方面。萨哈和斯特劳德（Saha and Stroud, 1994）认为发展中国家农户粮食储藏的目的是满足自身消费需求。阿贝贝·H. 加布里埃尔（Abebe

① Leggesse David, Michael Burton, Adam Ozanne. Duration Analysis of Technological Adoption in Ethiopian Agriculture [J]. Journal of Agricultural Economics, 2004 (3).

② Liu, E. and Huang, J. Risk Preferences and Pesticide Use by Cotton Farmers in China [J]. Journal of Development Economics, 2013 (1): 202 –215.

③ Stone, G. D.; Flachs, A. and Diepenbrock, C. Rhythms of the Herd: Long Term Dynamics in Seed Choice by Indian Farmers, Technology in Society, 2014 (2): 26 –38.

H. Gabriel，2006）认为农户储粮的基本目的主要有两个：首先是满足家庭粮食消费需求的需要，其次是粮食消费风险防范的需要。威廉姆斯（Williams，1991）、帕克（Park，2006）等认为，农户储粮的根本目的是投机。柯（Ke，1996）和拉瓦雷（Ravallion，1987）认为农户储粮的主要目的是粮食安全。部分学者研究了农户储粮行为及其影响因素。玛丽亚·路斯·费理斯（Maria Luz C. Ferris，1986）认为期货价格与市场价格之间的差额会影响储备决策。库尔特斯（Coultex，1995）认为粮食储备设施，如金属仓的使用会使得农民储粮数量增加。玛丽亚·路斯·乔治（Maria Luz C. George，2011）发现，农户之所以会在粮食收获后粮食价格处于较低水平时就选择出售粮食，并不是主观上愿意采用这样的行为，而是农户由于缺乏科学的储粮技术和适当的储粮设施不得已而为之[①]。费理斯（Ferris，1986）把期货价格与市场价格之间的差额作为基本信息，认为生产者如果能合理分析并运用"基本信息"，那么降低风险和提高储备收益的双重目标是可以实现的。而且，鉴于粮食储藏等产后环节损失较大的状况，玛丽亚·路斯·乔治（2011）甚至认为，世界粮食问题的关注重点应该从生产和销售或市场反应转移到产后损失上来[②]。虽然该观点比较极端，但至少说明，粮食储藏等行为对粮食安全具有重要的影响。

2.3.7　粮食销售行为

对于国外粮食销售行为，部分学者从订单农业角度做了研究，主要集中在订单签订意愿和订单履约行为上。一是关于签订订单的意愿，拉吉列等（Lajili et al.，1997）对美国农户进行研究后认

①②　Maria Luz C. George. Effective Grain Storage for Better livelihoods of African Farmers Project ［R］. Completion Report，June 2008 to February 2011，Submitted to：The Swiss Agency for Development and Cooperation（SDC）May，2011.

为，订单签订意愿与农户的风险承受能力呈反向关系。瓦宁和凯（Warning and Key，2002）的研究成果也证明了这一点，通过非洲地区农户的花生种植行为进行研究后认为，贫困农户乐于签订订单。这主要是基于两个方面的考虑：一方面是贫困户的风险承受能力低，通过订单可以降低不确定风险；另一方面是贫困户的生产资本较为匮乏，通过订单可以在生产资本获取上得到必要的帮助和支持。在经营规模上，瓦宁和索菲（Warning and Soo Hoo，2000）认为，农户经营规模越小，签订订单的意愿更强。而企业基于自身利益的考虑，往往更愿意与大规模的农户签订订单。由此可以发现，潜在的订单签订双方之间的选择并不具有一致性。但是柯等（Key et al.，2003）的研究结果却与之相反，认为养殖场的经营规模与订单签订意愿呈正相关关系。同时，还认为从事生猪养殖产业的年限与签订订单的意愿之间具有反向关系。在外部环境上，坎波（Campo，1998）认为潜在的订单签订双方面临的交易环境不确定性与订单签订意愿之间呈正相关关系，不确定性越大，农户参与订单农业的可能性越高。二是关于履约的影响因素，已有研究成果表明，农户的履约行为受到多重因素的影响。路森（Rusten，1996）针对墨西哥的研究结果表明，签订契约的对象、订单合同条款和是否设立履约风险基金都将影响到农户的履约行为。泽贝斯蒂安和纳达利尼（Zylbersztajn and Nadalini，2003）认为经营规模大小与主体订单执行率的高低呈正相关关系，即规模越小的农户履约率越低[①]。特里格萨和温克（Tregurtha and Vink，1999）指出，不仅订单签订方彼此的信任程度与履约率之间呈正相关关系，而且在法律制度与信任关系之间，后者比前者在保证订单执行上具有更好的作用。

---

① 彭建仿，杨爽. 共生视角下农户安全农产品生产行为选择——基于407个农户的实证分析［J］. 中国农村经济，2011（12）：69.

2. 4

国内种粮主体行为研究动态

国内学者在粮食安全战略、种粮主体耕地利用行为、投资行为、劳动力资源配置行为、技术选择行为、粮食储藏行为、粮食销售和消费行为等方面的理论与实践进行了研究，成果颇丰。

2.4.1 粮食安全战略

美国学者布朗（Brown，1994）认为，中国会使世界饥饿，中国的发展会耗尽世界食物[①]。在1994年，他又提出"谁来养活中国人？"的问题。布朗（Brown）的观点引发了国内学者深入研究粮食安全问题的浪潮。邓大才（2005）认为，中国粮食问题主要是粮食供给问题，要更多关注粮食供给的条件、供给政策和供给可能性等。韩向华、牛颖颖（2008）提出，我国应改变满足于自给自足的粮食策略，尤其是应该针对运用粮食武器控制世界政治的西方强国，积极提升粮食战略，争取在保障国内粮食安全的同时在世界粮食安全问题上有所作为。陈春生（2010）认为，解决粮食安全问题的关键是对现有农户进行改造和培植，并重构完善的粮食产销调节机制。陈律（2012）指出，美国的粮食安全战略包括和平计划战略、粮食垄断化战略、粮食能源化战略、粮食金融化战略与粮食转基因化战略，通过上述战略达到攫取大量经济利益、遏制战略对手的目的，并提出从提高粮食安全战略地位、增强危机环境下粮食风

---

① 董巍. 我国粮食安全保障制度的变化与绩效评价：基于制度经济学视角的研究[D]. 东北财经大学，2011：9.

险抵御能力、提高我国粮食国际竞争力等方面应对美国粮食安全战略①。从粮食安全战略方面，杨军等（2013）分析了日韩粮食消费结构变化的特征，预测中国未来口粮消费会进一步下降并转向高附加值农产品的消费，认为国家应该改变未来的粮食安全战略②。陈锡文（2014）认为，中国粮食安全存在粮食增产后劲不足、城镇化工业化导致粮食需求增加、粮食自给产生生态破坏等负效应，提出要通过全球的贸易和促进全球农业资源更有效率地利用来满足中国粮食安全和多样化需求③。

2.4.2　粮食生产行为

我国学者对农户生产行为的概念进行了界定。康云海（1998）认为，农户行为是指农户作为经济行为主体，为了实现自身特定的经济利益而在一定的社会经济环境中作出的行为决策以及行为反应④。宋圭武（2002）认为农户行为即农户的生产经营行为，包括作物选择行为、生产要素投入行为、资源利用行为和技术选择行为⑤。黄祖辉、胡豹（2003）认为，农户生产行为是一种经营活动，即为了实现利益最大化而在特定环境中进行的以生产为基础的综合性活动⑥。刘清娟（2012）认为，种粮农户生产行为是指在一定的制度条件和市场需求条件下，种粮农户为了实现利润最大化或家庭效用最大化目标而对土地、资本、劳动力、技术等粮食生产要

①　陈律. 美国粮食安全战略对中国的影响及应对之策 [J]. 湖南人文科技学院学报，2012（4）：13－16.
②　杨军，程申，杨博琼，王晓兵. 日韩粮食消费结构变化特征及对我国未来农产品需求的启示 [J]. 中国软科学，2013（1）：25－30.
③　陈锡文. 粮食安全面临三大挑战 [J]. 中国经济报告，2014（2）：43－45.
④　康云海. 农业产业化中的农户行为分析 [J]. 农业技术经济，1998（1）：7.
⑤　宋圭武. 农户行为研究若干问题述评 [J]. 农业技术经济，2002（4）：60－64.
⑥　黄祖辉，胡豹. 经济学的新分支：行为经济学研究综述 [J]. 浙江社会科学，2003（2）：73－78.

素进行优化配置的综合性活动①。卫新、胡豹、徐萍（2015）认为，农户生产经营行为是指农户为达到一定的生产目标，在一定的资源结构、经济制度和技术约束条件下采取的一系列经济活动，包括生产的方向、规模和方式等方面的内容②。

在粮食生产行为选择方面，范东君、朱有志（2011）利用博弈论对农户粮食生产行为进行了分析，并认为农户与政府之间不同的目标函数以及不对称的信息导致农户在粮食生产上产生偷懒行为，而且种粮效益明显低于非粮产业强化了其偷懒行为③。姜长云（2015）认为，与以农为主和以农为辅两类普通农户相比较而言，新型农业经营主体容易出现较强的"非粮化"倾向④。吴珍彩、张军民（2015）认为，粮农的决策对粮食产量形成直接影响，而且与政府存在利益博弈，并将根据收益情况作出合理的粮食生产行为决策，生产粮食的投资收益与社会平均利润相比，如果前者高于后者时农民自然会生产更多的粮食，如果前者低于后者时农民将把资源分配到粮食生产以外的用途或是领域，此时就需要通过政策措施弥补粮农生产粮食遭受的利益损失⑤。

部分学者对不同种粮主体的粮食生产行为进行了比较研究。陈洁、罗丹（2012）认为，种粮大户不仅亩均产出水平高，而且在转变农业发展方式、建设现代农业过程中发挥了关键作用⑥。刘露霞

---

① 刘清娟. 黑龙江省种粮农户生产行为研究 [D]. 吉林：东北农业大学，2012：19.

② 卫新，胡豹，徐萍. 浙江省农户生产经营行为特征与差异分析 [J]. 中国农村经济，2015（10）：49.

③ 范东君，朱有志. 农户粮食生产行为的博弈论解释 [J]. 求索，2013（3）：32 - 33.

④ 姜长云. 农户分化对粮食生产和种植行为选择的影响及政策思考 [J]. 理论探讨，2015（1）：70.

⑤ 吴珍彩，张军民. 粮食生产中利益相关者之间演化博弈分析 [J]. 统计与决策，2015（22）：63 - 64.

⑥ 陈洁，罗丹. 种粮大户：一支农业现代化建设的重要力量 [J]. 求是，2012（3）：32 - 33.

（2014）对河南省 150 名种粮大户进行问卷调查研究后认为，在亩均生产成本减少和单产水平提高两项因素叠加作用下，从事粮食规模经营的大户比散户的亩均生产效率高 34.6%[①]。刘喜波（2015）等通过对辽宁省共 22 县 192 个村的调查研究发现，种粮大户在粮食生产中的机械化程度明显高于普通农户，而且随着粮食生产规模的增加，种粮大户的平均纯收入呈现增加趋势[②]。李立清、江维国（2015）认为，我国一些粮食生产经营合作社"失真"，其关注的主要不是粮食生产，而是在合作社外衣掩盖下追求个人或者利益集团的利益最大化，并导致耕地"非农化""非粮化"甚至是粮食发展支持资金被套取，从而对国家粮食安全造成威胁[③]。

2.4.3　耕地利用行为

20 世纪 90 年代中期以前是土地行为利用研究的初级阶段，我国学者对此研究甚少。20 世纪 90 年代中期以后是农户土地利用行为研究的发展阶段。我国学者对种粮主体耕地利用行为的研究主要集中在以下几个方面：欧阳进良等（2004）对土壤质量变化与农户土地利用行为之间的关系进行了研究[④]。钱贵霞和李宁辉（2005）认为，对农户而言，在农业生产过程中，土地既是最重要的劳动生产对象，也是最重要的投入要素，因此土地规模直接影响着农业生产绩效水平。冯艳芬（2013）认为，从农户角度出发，耕地的流转行为与预期具有紧密的关系，如果农户认为扩大生产规模有利，那

① 刘露霞. 河南种粮大户的现状与期盼 [J]. 调研世界，2014（1）：33.

② 刘喜波，张强，刘恩财. 辽宁省种粮大户发展现状与对策建议 [J]. 农业经济，2015（2）：28.

③ 李立清，江维国. 农民专业合作社"失真"问题研究：基于粮食安全视角 [J]. 中州学刊，2015（4）：40 - 45.

④ 欧阳进良，宋春梅，宇振荣，等. 黄淮海平原农区不同类型农户的土地利用方式选择及其环境影响——以河北省曲周县为例 [J]. 自然资源学报，2004（19）：1 - 11.

么就会产生土地流入行为；而如果农户预期耕作收益与需要付出的成本相比更低，那么就会产生放弃土地耕种的行为①。韩俊（1998）等主张中国农业走规模化、产业化道路②。刘晓霞、周军（2009）通过研究发现，耕地是农村最基本的生产资料，必须充分合理流动，才有可能提高土地的使用效率。邹伟、孙良媛（2011）认为，农村土地经营权流转效率的改进不仅具有资源配置效率意义，而且具有福利改进意义③。林毅夫（2000）、刘凤芹（2011）等则跳出土地资源进行思考，认为应该节约集约利用耕地，通过生化技术的进步和应用，从而实现内涵式的农业发展之路。

2.4.4　投资行为

目前国内外学者对农户投资研究较多，研究的角度各异。一部分学者对农户投资的内容进行了研究。陈铭恩（2004）指出，农户投资的衡量指标为生产的费用现金，主要包括短期投资与长期投资。短期投资主要包括家庭经营费用，长期投资包括购买生产类固定资产。辛翔飞、秦富（2005）指出，农户投资不仅仅包括现金投入，还包括为改善生产条件、扩大生产能力而进行的人力、物力和财力的投入④。朱民、尉安宁、刘守英（1997）⑤，黄季焜（2001），俞海、黄季等（2003）将农户投资划分为两类：一类是指与土地相关的投资；另一类是与土地不相关的投资。我国部分学者也认为农户投资与土地相关。姚洋（2000）认为土地调整就像一种随机税，

---

① 冯艳芬. 农户土地利用行为研究综述［J］. 生态经济，2013（11）：63 - 67.
② 韩俊. 从小规模均田制走向适度规模经营［J］. 调研世界，1998（5）：8 - 9.
③ 邹伟，孙良媛. 土地流转、农民生产效率与福利关系研究. 江汉论坛，2011（3）：31.
④ 辛翔飞，秦富. 影响农户投资行为因素的实证分析［J］. 农业经济问题，2005（10）：34 - 37.
⑤ 朱民，尉安宁，刘守英. 家庭责任制下的土地制度和土地投资［J］. 经济研究，1997（10）：64.

它可能将土地拿走，这样就带走了农民投入土地中的中长期投资。何凌云（2000）认为，土地产权的制度安排或土地使用权的稳定性，不但影响农民对土地的长期性投入，而且影响其对农业用地的短期投入。一部分学者认为农户投资与土地无关。贺振华（2006）通过博弈模型分析认为，土地制度的调整并不影响农户长期投资，两者没有必然联系①。还有一部分学者从影响农户投资因素的角度分析了农户投资。朱喜等（2010年）认为，投资机会的增加将对农户投资产生明显的影响。常子豪（2014）认为，影响农户投资的因素包括工资性收入、生活消费支出、税费支出、农地规模、农业贷款、土地使用权稳定性、房屋资产以及农村基础设施建设等②。近年来，专业大户、家庭农场和农民合作社等一批新型农业生产经营主体逐渐出现并迅速发展。因此，黄季焜（2012）认为，普通农户已经很难适应经济全球化对我国农业的冲击，因而应关注新型农业生产经营主体的农业生产性投资行为及其与普通农户生产性投资的差异。刘露霞（2014）③ 和刘喜波（2015）④ 等认为，生产资金紧张并且难以获得贷款支持是制约种粮大户的重要因素。

2.4.5　劳动力资源配置行为

我国学者对劳动力资源配置行为的研究主要集中在以下几个方面。马斌、田萌（2004）分析了美、德、日三国劳动力资源配置的

---

① 贺振华. 劳动力迁移、土地流转与农户长期投资 [J]. 经济科学，2006（3）：13 - 18.

② 常子豪，方俊森，栾敬东. 农业生产经营主体投资行为的实证分析——以安徽省5个区县为例 [J]. 华东经济管理，2014（7）：28 - 32.

③ 刘露霞. 河南种粮大户的现状与期盼 [J]. 调研世界，2014（1）：33.

④ 刘喜波，张强，刘恩财. 辽宁省种粮大户发展现状与对策建议 [J]. 农业经济，2015（2）：28.

特点，提出劳动力资源配置受教育、劳动力资源以及国家政策的影响①。蔡培良（2009）根据对美国、日本、英国以及我国台湾地区农村劳动力资源配置进行分析后指出，发达国家和地区的劳动力资源配置是使劳动力与其他生产要素合理组合，从而实现了劳动生产率的高效化以及整个国家的工业化与现代化。张建武、朱琪（2006）认为，由于我国劳动力计划配置普遍缺乏弹性，整个社会不考虑劳动力经济成本的核算，造成劳动力资源严重浪费②。李楠（2008）认为，农村劳动力资源配置以市场手段为主的方式是历史的必然，其配置方式与国家发展战略相适应，在一定程度上要根据政府的宏观调控以进行合理有序的配置③。黄宗智（2000）认为，农户家庭在边际报酬极低的情况下，为了维持家庭生计，仍然继续投入劳动力，导致一种没有发展的增长困境，即农户的自我剥削。王春超（2011）认为，参与外部劳动力市场对于促进家庭增收具有积极的作用，家庭中可以参与外部劳动力市场的劳动力越多，家庭增收的可能性就越大。部分学者研究了农村劳动力迁移对中国粮食产出的影响，但观点存在分歧。吕新业（2003）通过研究发现，农村劳动力转移后，农村的主要劳动力变为老弱病残，从而降低了从事农业生产人员的素质，这会导致粮食不安全。秦立建等（2011）认为农村劳动力的转移会使农业投入量减少，不利于粮食安全。刘亮、章元、高汉（2014）通过研究得出，农村劳动力迁移对农户粮食总产量的影响并不显著，没有严重威胁到我国的粮食安全④。而朱农（2005）却认为，农村剩余劳动力转移，会导致技术、资本等生产要素进入农业领域，从而有利于粮食安全。

① 马斌，田萌. 发达国家劳动力资源配置的特点及其启示 [J]. 华南师范大学学报，2004（4）：9-12.
② 张建武，朱琪. 宏观劳动力配置 [M]. 北京：中国劳动社会保障出版社，2006：30-57.
③ 李楠. 影响农村劳动力资源配置的因素及对策 [J]. 南方农村，2008（1）：25.
④ 刘亮，章元，高汉. 劳动力转移与粮食安全 [J]. 统计研究，2014（9）：59.

2.4.6 技术选择行为

从 20 世纪 80 年代中期起，国内的学者就开始对农户技术选择进行研究。董鸿鹏、吕杰、周艳波（2007）认为农户技术选择是指农户在利润最大化目标下，结合现有各种资源存量、采用适当农业技术的经济行为，它实质上是农业技术在农业中的推广、应用。技术创新与选择是农户经济增长的"发动机"[1]。曾晓红（1993）认为农民接受新技术主要受科学知识水平、思想意识、心理状态、价值观念、行为规范影响。林毅夫（1994）认为，农户接受新技术的能力与农业经验成正比，从农经验越丰富，采用新技术的意愿越突出。胡瑞法（1998）认为，农户的劳动力年龄与新技术选择意愿呈负相关关系，越年轻的农户劳动力越偏好选择并采用新技术，而越年长者选择和采用农业新技术的意愿表现越迟钝[2]。宋军、胡瑞法、黄季（1998）认为，影响农户技术选择的因素包括耕地面积、收入水平、文化修养、年龄及性别等，农民资源条件以及收入水平的差异将形成不同的技术选择行为[3]。庞金波、林洪涛、宋美杰（2005）对黑龙江省农民接受新技术的情况进行分析后指出，影响农户接受科学技术的因素主要包括农业经营比较利益低、农业的小规模经营导致的规模不经济和风险所带来的制约。刘华周、马康平（1998）通过调查指出，农民文化素质会影响农业技术的选择。亢霞（2005）、蔡荣（2012）、彭代彦、文乐（2015）认为教育水平提高有利于提升粮食生产技术。朱明芬（2001）指出农民兼业程度

---

① 董鸿鹏，吕杰，周艳波. 农户技术选择行为的影响因素分析 [J]. 科技与教育，2007（8）：60 – 61.

② 李艳芬. 关于农户技术选择行为的研究综述 [J]. 中小企业管理与科技，2015（12）：126.

③ 宋军，胡瑞法，黄季. 农民的农业技术选择行为分析 [J]. 农业技术经济，1998（6）：36 – 37.

越高，越不愿意采用新技术；农业专业程度越高，越愿意选择农业新技术。袁志发（2005）研究了技术选择与利益机制的关系，认为农户采用技术选择的不同行为由利益机制决定，农户个体理性选择造成集体非理性选择的原因也在于利益机制不合理。代云琼（2015）指出，农业技术选择行为除了受自身因素影响外，还受经济环境与法律环境的影响，因而在农业技术推广过程中，政府需要加大宣传力度，使更多的农民认识到农业技术推广的好处以及正确选择农业技术带来的经济效益[①]。王琛、吴敬学（2016）认为农户技术选择行为受农户个人特征、经济特征、生产技术特征、生产主观规范以及粮食经营特征等因素的影响[②]。此外，郭红东（2014）认为，粮食生产合作社在机械化生产设备和先进生产技术使用等方面具有优势[③]；任晓娜（2015）对河南、广西、安徽、江苏、江西五省 155 名种粮大户的调查结果显示，63.2% 的大户参加过专业技术培训，并且认为种粮大户与普通农户相比拥有更多学习专业技能和知识的机会，而且在近三年内高达 78.7% 的种粮大户通过采用新技术实现了粮食生产经营改进[④]。

2.4.7 粮食储藏行为

国内学者研究农户粮食储藏行为最主要的出发点均是为了增强粮食安全保障能力。我国农民一直有储存粮食的习惯。学者们对农户存粮的观点主要如下：一是对储粮目的的研究。柯炳生（1997）

---

① 代云琼. 基于农业技术推广中的农户技术选择行为研究 [J]. 中国农业信息，2015（16）：19.

② 王琛，吴敬学. 农户粮食种植技术选择意愿影响研究 [J]. 华南农业大学学报，2016（1）：46.

③ 郭红东，王长川. 新型粮食经营主体发展方向：家庭农场和综合性粮食服务合作社 [J]. 地方财政研究，2014（10）：13.

④ 任晓娜. 种粮大户经营现状与困境摆脱：五省 155 户证据 [J]. 改革，2015（5）：98 – 99.

认为，农户储粮的目的是预防灾荒，满足自己的消费需求①。孙希芳（2004）也进一步指出，对于农户而言，储粮已经成为习惯性的传统行为，认为满足自身需要是主要目标，因而不会因为收入提高而轻易改变。邹彩芬（2006）认为，农户储粮的目的包括预防灾荒、保存现有价值与预期未来增值。姚增福（2011）认为，我国农户储粮行为目的是追求效用最大化。实际上，如果对农户加以区别则发现不同规模的粮食经营户的行为存在差异。张改清（2014）认为，对粮食市场供求与价格的预期是影响农户储粮行为的关键因素，在最低收购价政策作用下，中小规模营粮户选择降低储粮比例，而较大规模的营粮户储粮的获利性动机依然处于主导地位②。二是从储粮影响因素的角度进行了研究。孙剑非（1999）认为，农户常住人口数、粮食产量、畜产品产量和复种指数等是影响农户储粮的主要因素。史清华、卓建伟（2004）认为，农村劳动力的转移以及农民生活水平的提高是导致农户降低储粮比例的重要因素。孙希芳、牟春胜（2004）认为，真实利率以及通货膨胀率等因素将对农户粮食储备量产生重要影响③。武拉平（2005）认为，农户的人口、年龄、性别、外出务工经历以及受教育程度会影响储粮的数量。武翔宇（2007）认为农户粮食生产经营特征，如产量、价格、耕地面积等均会影响农户储粮。吕新业（2009）认为距离集市的距离、交通情况、地理位置、国家对粮食的政策都会影响粮食的储藏。史清华、徐翠屏（2009）认为农户外出务工，非农化进程会弱化农户储粮的意识。吴娟、王雅鹏（2011）认为，影响粮食储备的因素主要包括粮食产量、粮食消费需求、粮食储备政策制度、粮食

---

① 柯炳生. 中国农户粮食储备及其对市场的影响 [J]. 中国软科学，1997（5）：45.

② 张改清. 粮食最低收购价政策下农户储售粮行为响应及其收入效应 [J]. 农业经济问题，2014（7）：89.

③ 张瑞娟，武拉平. 基于资产选择决策的农户粮食储备量影响因素分析 [J]. 中国农村经济，2012（7）：52.

价格以及粮食进出口贸易和国际粮食形势①。刘慧（2014）认为近年来农业新型主体出现，普通农户储粮意愿下降，农民合作社、家庭农场和专业大户等新型农业经营主体存粮意愿却上升，农村储粮趋势的变化，对于传统的农村粮食储备模式构成现实挑战②。三是对储粮技术进行了研究。黄祖辉（1989）认为储粮损失是粮食产后损失最高的。刘兴远（1990）认为中国农户粮食储存技术差，浪费巨大。郑轩、赵志强（2007）认为由于储粮装具简易，鼠害、虫害、霉变严重，农民科学储粮知识缺乏，因而造成我国农户储粮损失巨大③。邹彩芬等（2005）认为农村储粮环境差、储粮技术落后会导致粮食损失巨大。吴娟、王雅鹏（2011）认为农户储粮技术差，每年储粮损失高达150亿~200亿千克。

2.4.8 粮食销售行为

粮食销售行为往往与粮食储藏行为有机结合在一起。因此，国内学者单独研究粮食销售行为的文献并不多。张治均（2001）认为，重视和加强粮食销售对于贯彻国家粮食购销和改革政策，确保国家粮食安全，保护农民利益，乃至促进国民经济持续快速健康发展具有重要意义。靳宗振、魏同洋、王西睿、马骥（2009）认为，农户粮食销售受价格、耕地面积、粮食产量、人口数、资金等因素影响，并提出相应的政策建议来提高农民种粮的积极性④。仇焕广、柳海燕、徐志刚（2011）对黑龙江、吉林、山东和河南640个农户

---

① 吴娟，王雅鹏. 我国粮食储备调控体系的现状与完善对策 [J]. 农业现代化研究，2011（11）：664－665.

② 刘慧. 新型农业经营主体储粮意愿上升——"藏粮于民"悄然变化 [J]. 经济日报，2014－07－30.

③ 郑轩，赵志强. 农户科学储粮探析 [J]. 农村经济，2007（6）：125.

④ 靳宗振，魏同洋，王西睿，等. 粮食安全下农户粮食销售行为分析——以河南省开封市140个农户样本的实证分析 [J]. 新疆农垦经济，2009（6）：32－33.

2009～2010 年度玉米销售的第一手调查数据分析了种粮农户借贷与粮食仓储设施条件对粮食销售行为的影响①。徐雪高（2011）通过对黑龙江、吉林、内蒙古三省区实地调查发现，农户的售粮渠道主要为小商贩，并提出农户应通过选择不同的销售时机来尽量化解单一销售渠道带来的风险，并进一步分析了农户售粮时机选择的影响因素，认为农户在销售时机选择上与自身的财富水平之间具有紧密的关系，财富水平对其具有积极的影响②。柳海燕（2011）认为农户粮食销售行为会受到家庭人口的流动性以及储粮条件的影响。鲁冬生（2001）认为解决粮食销售过程存在的问题，金融业应支持粮食企业顺价销售。郭红东（2005）通过调研发现，农户生产的专业化和商品化程度以及政策的支持与农户参与订单农业行为呈正相关关系。祝宏辉、王秀清（2007）通过调研发现，农户的经营规模、对订单农业的了解程度以及政府的支持与农户参与订单农业呈正相关。户主年龄、文化程度、家庭劳动力等都会影响销售中农户是否参与订单农业。郭锦墉、冷小黑（2006）认为，农产品的规模、价格波动、政策支持与农户参与订单农业呈正相关关系③。周曙东（2008），朱红根等（2009）认为种粮大户售粮行为受年龄、教育水平、家庭人口、种植规模的影响，且呈正相关关系。

2.5

国内外种粮主体行为研究述评

根据国内外学者对粮食安全、种粮主体的概念界定以及对国内

---

① 仇焕广，柳海燕，徐志刚. 农户借贷与粮食仓储设施条件对粮食销售行为的影响研究 [J]. 农产品加工业，2011 (5)：18 - 20.

② 徐雪高. 农户粮食销售时机选择及其影响因素分析 [J]. 财贸研究，2011 (1)：34 - 38.

③ 彭建仿，杨爽. 共生视角下农户安全农产品生产行为选择——基于 407 个农户的实证分析 [J]. 中国农村经济，2011 (12)：69.

外种粮主体行为现状的研究来看，国内外学者对种粮主体耕地利用行为、投资行为、劳动力资源配置行为、技术选择、粮食储藏、粮食销售行为进行了较为丰富的理论与实践研究，形成了很多值得借鉴的理论与实践经验。但是，必须看到，已有基础理论关于农户行为理性与非理性之间争论较多，而实际上主体行为尤其是农户行为是理性与非理性兼而有之，兼收并蓄才有利于理论的深入发展和对实践的有效指导。而且，由于研究背景的不同，研究的视角和结论也具有较强的时代特征。笔者认为，之所以在文献综述中发现很多研究结论存在分歧，除了研究方法不同的原因外，很大程度上是由所研究的对象和所处环境不同造成的。在新常态下，无论是国际国内发展格局、粮食安全宏观形势，还是微观上的种粮主体行为、粮食消费行为均已发生很大变化，一些理论研究的假设前提条件已经产生实质性改变甚至是假设条件在现实中不成立，因此，一些研究结论已经不适于指导实践。具体就本书而言，针对已有文献的不足之处重点在以下三个方面进一步加强研究：

一是从研究视角来看，从资源、技术以及制度、市场等宏观领域研究较多，对微观种粮主体在新常态下的行为变化研究相对较少。研究素材源于实践，不管是自然现象还是社会现象的变化均蕴含着其内在规律性，具有重要的研究价值。在已有文献中，一些文献已经关注到微观主体在耕地利用、粮食生产以及储存等方面的变化，但较为分散，尚未建立起系统的分析框架，很少将种粮主体行为作为整体进行研究。而且，现有文献中除了理论分析外，实证分析的区域主要集中在浙江、黑龙江、江西、安徽等地。四川作为全国 13 大粮食主产区之一，集农业大省、产粮大省与人口大省、粮食消费大省、粮食调入大省五重身份于一身，对全国粮食安全具有重要影响，但现有文献对四川种粮主体种粮行为的研究很少。

二是从研究对象来看，研究范围和领域有待进一步拓展。已有文献虽然对农户分化研究较多，但就粮食领域而言，国内外研究的种粮主体多为小规模农户，针对种粮大户和粮食专业合作社种粮行为研究相对不足，对不同主体和区域之间进行比较分析的更少，从主体分化或者行为变化的角度研究粮食安全问题的文献也很少将两者结合起来，不利于全面了解现代农业经营主体现状和农村生产力水平并提供具有针对性的政策措施。

三是从应对之策来看，主要是侧重于政府在粮食生产、流通等领域的宏观调控政策，将政府宏观调控之手和市场无形调节之手有机结合起来分析不足，已有粮食政策在新常态下的调整研究较为缺乏。而且在微观应对举措上，侧重于提高农户粮食增产增收的积极性，未形成促进农民增收、粮食增产、质量提升、生态友好及可持续发展等多重目标统一的系统化政策支持体系。

3

粮食安全的理论分析

粮食安全是系统性问题，面临着多种因素的综合影响，其中既有自然因素也有人为因素，既有经济因素也有社会因素，既有短期因素也有长期因素，既有供给因素也有需求因素。粮食供给、需求以及市场调节形势将引起种粮主体行为变化，本书重点研究以上因素对粮食安全的影响并对粮食安全状况进行评价。

3.1
粮食安全的影响因素分析

粮食安全问题作为综合性问题，从不同的角度可以将其划分为不同的类型。从粮食安全的主要导致原因出发，邓大才（2010）将粮食安全问题分为市场性粮食安全问题、能力性粮食安全问题、灾害性粮食安全问题和人造性粮食安全问题四类[1]，但是该分类方法存在一些缺陷：一是缺乏对资源、技术和时间因素的考虑；二是未对农民种粮动机和行为进行微观分析；三是没有充分考虑经济社会发展的宏观形势。他也发现了以上分类方法存在的不足，认为利用该分类很难对粮食安全问题进行深入的解释和科学的预测。因此，在2012年《粮食安全的模型、类型和选择》一文中进一步分析认

---

[1] 邓大才. 理性应对不同类型的粮食安全问题 [N]. 中国社会科学报，2010 – 07 – 27.

为，粮食安全主要受三大因素的制约，分别是耕地数量、农民的技术水平和种植行为。根据三大因素的不同组合和粮食安全问题的性质差异，将粮食安全仍然划分为四类，分别是战术性粮食安全、战备性粮食安全、战略性粮食安全和贸易性粮食安全。而且认为，在工业化和城市化的初、中、后期，粮食安全将先后以战术性、战备性、战略性的方式作为主导性粮食安全战略①。实质上，可以按照若干的分类方法对粮食安全问题进行分类，比如，从粮食安全问题产生的主要环节划分，可以分为生产性粮食安全、流通性粮食安全、消费性粮食安全；如果考虑政策因素，则可以分为资源性粮食安全、技术性粮食安全、政策性粮食安全等。显然，分类方法可以多种多样，但是，都很难完全符合穷举互斥原则。虽然难以对粮食安全的类型进行严格的划分，但粮食安全问题的实质是需求与供给的矛盾问题，进一步讲，是供给对需求的不满足状态。因此，以下三个方面的问题必须在理论上有清醒的认识：一是需求的变化趋势及对粮食安全的影响？二是国内粮食供给变化趋势及对粮食安全的影响？三是国际粮食市场的依赖程度变化及其对粮食安全的影响？

3.1.1 需求变化对粮食安全的影响

需求是消费者在某一特定时期内、在每一价格水平下愿意而且能够购买的商品数量，而需求函数则表示一定时期内消费者对商品的需求与影响需求的各种因素之间的依存关系。从理论上讲，主要包括以下几个方面：商品本身的价格，相关商品的价格，消费者的收入水平，消费者偏好，人口数量与结构的变化，政府的消费政策，消费者对未来的预期。下文主要就对粮食安全具有重要影响的三个方面的因素进行理论分析：

---

① 邓大才. 粮食安全的模型、类型和选择 [J]. 华中师范大学学报（人文社会科学版），2012（1）: 1-7.

（1）商品本身价格的影响。

根据需求定理，当其他条件不变时，商品的需求量将与其自身价格水平之间呈反向变动的关系，也就是说，需求量会随着商品本身价格的上升而减少，随着商品本身价格的降低而增加。但是，不同的商品具有不同的需求弹性，需求弹性是需求量对于商品自身价格变动作出反应的程度，即 $E_d = \dfrac{\Delta Q/Q}{\Delta P/P}$。$E_d$ 为需求弹性的弹性系数，一般情况下，需求的价格弹性为负数，即 $E_d < 0$，其中 $\Delta Q/Q$ 表示需求量变动的比率，$\Delta P/P$ 表示价格变动的比率，而粮食作为生活必需品，需求缺乏弹性，因此，一般情况下 $|E_d| < 1$，对价格的敏感程度较低。这意味着粮食价格的小幅波动对粮食需求量的影响不会很大，但是这并不意味着可以随意提高粮食价格。

一方面，价格由供需两方面的因素共同决定，若供给大于需求，则价格降低，若供给小于需求则价格上涨。从国内来看，目前粮食供需总量存在缺口，因此粮食价格呈上涨态势，但由于国际粮食价格低于国内粮食价格，因此，进口粮食弥补缺口则抑制了粮食价格上涨。

另一方面，需求要具备两个条件，一是有购买欲望，二是有购买能力，两者缺一不可，若粮食价格过高，那么有购买能力的消费者必然减少，尤其是在我国还有大量贫困人口、处于脱贫攻坚关键时期的情况下，粮食作为生活必需品，粮食价格过高将减弱贫困人口的粮食获取能力，从而威胁到粮食安全。

（2）收入水平的影响。

商品的需求是收入的函数，与商品的需求价格弹性类似，不同的商品具有不同的需求收入弹性，需求收入弹性是需求量对消费者收入变动作出反应的程度，即 $E_M = \dfrac{\Delta Q/Q}{\Delta M/M}$。其中 E_M 为需求收入弹性的弹性系数，$\Delta Q/Q$ 表示需求量变动的比率，$\Delta M/M$ 表示收入变动的比率，而粮食作为生活必需品，虽然需求量会随着收入的提高而增加，但增加的幅度将会小于收入提高的比例，因此，一般情况下 $0 < E_M < 1$。因此，从总体上看，粮食需求总量随着收入的增加而增加。需要注意的是，粮食需求包括直接的粮食需求，如口粮，还有间接的粮食需求，如饲养牲畜或者食品加工的转化用粮。这两者的需求弹性是有差异的。对于加工转化的粮食需求而言，收入价格弹性较高，而口粮的收入价格弹性较低，当收入水平提高到一定程度后，口粮甚至可能成为低档品，此时，$E_M < 0$，即需求量随着收入的增加反而减少。对于 $E_M < 0$ 的特殊商品，一般称之为劣质品或者是低档品，不是质量不合格，而是属于消费层次低的商品。当然，现实生活中也有 $E_M > 1$ 的商品，这类商品则一般称之为奢侈品，也就是说，这样的商品是随着收入水平的提高，需求量不仅增加，而且需求量的增长幅度超过收入的增长幅度。目前，已经呈现出口粮需求减少而加工转化用粮增加的势头，因此，在考虑需求变化对粮食安全的影响时，还需要注意以下三个方面：

第一，随着收入水平的提高，人均粮食消费量将随之增加，粮食需求总量必然呈刚性增长之势，将增加保障粮食安全的压力。

第二，口粮与加工转化用粮在收入水平提高的情况下具有不同的变化趋势，既要防止以偏概全，更要适应口粮与加工用粮需求结构的变化对粮食的生产结构进行相应的调整。

第三，需求的收入弹性只反映了需求数量变化与收入变化之间的关系，尚未将粮食质量考虑在内。但毋容置疑的是，随着收入水平的提高，消费者对粮食质量需求将提高，因此，高品质的粮食需求将增加，而且目前该趋势已经明显的显现出来并且呈加速之势。因此，在粮食生产中还必须考虑粮食的质量安全问题，以免造成低端粮食供给过剩而高品质粮食供给不足的结构性矛盾。

（3）人口数量与结构的变化。

粮食需求是粮食消费人口总量与人均粮食消费量之积。①从人口总量变化来看，众多研究均表明，在短期内人口绝对数量仍将增加，在一对夫妇只生育一个子女的独生子女政策下，很多研究表明中国的人均峰值将在 2030 年左右出现。但是，我国的人口政策近年来却不断变化。在 1982 年 9 月党的十二大把计划生育确定为基本国策并于同年 12 月写入宪法后，为了促进人口均衡发展，2013 年 11 月，十八届三中全会提出"坚持计划生育的基本国策，启动实施一方是独生子女的夫妇可生育两个孩子的政策"，并于同年 12 月出台《关于调整完善生育政策的意见》，实施单独二孩政策。为了应对人口老龄化，2015 年 10 月，十八届五中全会进一步提出"全面实施一对夫妇可生育两个孩子政策"。因此，生育政策根据人口实际和发展情况不断进行调整完善，而且根据以上政策走势不难判断，人口峰值很有可能在 2030 年后才出现，我国人口总量在未来较长一段时期内将保持持续增长势头，即使在人均粮食消费水平不变的情况下，粮食需求总量仍将刚性增长。若考虑到人均粮食消费水平不断提高的必然趋势，那么，我国粮食需求总量不仅将增加，而且在人均消费水平提高和人口增长的双重作用下还将以较大的增幅持续增加。②从人口结构来看，随着工业化和城镇化的快速发展，农村人口快速向城镇转移，因此，城镇人口增加而农村人口减少。在这一发展趋势下，对粮食安全至少带来两个方面的影响：一是城镇人口比重上升，而城镇人口收入和消费水平比农村人口更高，因此城镇人均粮食消费水平高于农村，由此引起粮食需求总量增加。二是从事粮食生产的人口减少，粮食净消费人口增加，不仅增加商品粮需求，也促进粮食商品化率提高，加大粮食流通压力。

3.1.2 供给变化对粮食安全的影响

供给是在某一特定时期内、在每一价格水平下愿意并且能够供应的商品量，而供给函数则表示一定时期内供给与影响供给的各种因素之间的依存关系。从理论上讲，主要包括以下几个方面：商品本身的价格，相关商品的价格，生产者的目标，生产技术和管理水平的变动，生产要素的价格，政府的政策，生产者对未来的预期。下文主要对粮食安全形成重要影响的几个因素进行理论分析：

（1）商品本身价格和相关商品价格的影响。

根据供给定律，当其他条件不变时，商品的供给量将与其自身价格之间呈同向变动的关系。但是，不同的商品具有不同的供给弹性，供给的价格弹性是供给量对于商品自身价格变动作出反应的程度，即 $E_s = \dfrac{\Delta Q/Q}{\Delta P/P}$。其中 E_s 为供给弹性的弹性系数，$\Delta Q/Q$ 表示供给量变动的比率，$\Delta P/P$ 表示价格变动的比率。

从理论上看，供给的价格弹性一般是正数，也就是说，随着价格的提高，粮食的供给将增加。但是，现实中"其他条件不变"的假设前提往往难以满足，虽然粮食自身的价格是影响粮食供给的重要因素，而与粮食需求不同的是，相关商品的价格对粮食供给具有重要影响。种粮主体在做粮食生产决策时，往往将粮食价格与相关商品价格进行比较，即使粮食价格上升，只要粮食价格的上涨幅度小于相关商品的价格上涨幅度，粮食生产不仅可能不增加，反而可能减少。

（2）生产者目标的影响。

一般而言，我们假设生产的目标是实现利润最大化。但是，种粮主体的特殊性决定对其生产目标带来了重要影响，虽然近年来新型粮食经营主体不断发育，但目前粮食生产者却仍然处于以农户为主的阶段，因此，种粮主体并不是完全意义上的企业型厂商。种粮主体的特殊性就导致不能完全以利润最大化目标作为假设对其行为进行分析，即便是厂商，在不同的情况下其仍然可能以产量最大化、销售收入最大化等作为目标，甚至可能还有政治或者社会道义等目标。因此，虽然种粮大户和合作社等新型粮食经营主体以利润最大化为主要目标，但普通农户却往往以自给为首要目标，有供给能力而缺少出售欲望，所以，难以形成有效供给。

（3）生产技术和管理水平的变动。

在既定的资源条件下，生产技术和管理水平的提高不仅可以降低生产成本，也可以通过提高资源利用效率而增加供给。种粮主体包括普通农户、种粮大户和合作社等，从理论上来讲，种粮大户和合作社的生产技术和管理水平高于普通农户，单从生产效率来看，种粮大户和合作社的生产效率，不管是亩平产量还是劳均产量均应高于普通农户。随着种粮主体的不断分化，普通农户趋于减少而种粮大户、合作社等新型粮食经营主体趋于增加，这将有利于生产技术和管理水平的整体提升。

（4）生产要素的价格。

生产要素价格的高低直接关系到商品的生产成本。在商品价格不变的情况下，如果生产要素价格上升，那么产品的生产利润就会降低，该商品的供给就会随之减少；如果生产要素价格下降，那么产品的生产利润就会增加，该商品的供给就会随之增加。具体到粮食而言，生产粮食所需的种子、农药、化肥、农机等生产资料价格处于不断上升态势，尤其是劳动力成本大幅增加、土地流转成本上升，而粮食价格涨幅明显低于生产要素价格上涨幅度。因此，总体上而言，粮食生产要素价格的上涨导致粮食供给趋于减少。

（5）政府的政策。

政府采取鼓励生产政策可以刺激生产、增加供给，而政府采取限制投资的政策就会抑制生产、减少供给。①长期以来，政府对粮食生产经营均采取鼓励政策，在粮食生产环节就有粮食生产直补、农机补贴、良种补贴等政策，在销售环节还有最低价收购政策。可以说，粮食生产的政府支持政策对于稳定粮食生产起到了极为重要的作用。根据期望理论，调动人的积极性和创造性是激励的主要目的，但是否能够达到激励的目的与激励的强度有关，而且激励水平的高低取决于人们认为在多大程度上可以期望达到预计的结果。因此，要提高种粮主体的种粮积极性，必须让种粮主体觉得有利可图,通过利益激励机制促进种粮主体努力推动粮食增产提质。所以,随着粮食形势的变化,尤其是种粮主体及其行为变化,政府不仅需要加大粮食支持力度提高激励水平,更需要对粮食政策进行优化,提高政策绩效。②政府鼓励工商资本到农村投资,鼓励转变生产方式,优化农业结构,因此,在这个过程中,虽然政策文件中明确提出耕地红线、粮食安全底线,但对于个体而言,在调整结构增加收入的激励下往往将资本、劳动力和土地等资源投入于效益更高的用途,而粮食的弱质性决定了其最容易在这个过程中成为舍弃的产业。

(6)种粮主体对未来的预期。

对未来的预期持乐观态度,则会增加供给;对未来的预期持悲观态度,则会减少供给。在新形势下,粮食生产成本处于上升通道,而粮食价格和补贴遭遇双重"天花板",种粮的预期必然受到不利影响。根据前景理论,人们在损失与获得之间的敏感度和感受具有很大的差异,当前者发生时,不仅比后者发生时的敏感度更高,而且痛苦感也往往远远超过后者发生时的获得感。因此,当增强种粮主体的未来预期时,其作用发挥慢,对增加粮食生产的影响有限,但是当减弱种粮主体的未来预期时,其作用发挥快,对减少粮食生产的影响明显。

3.1.3 国际市场依赖程度变化对粮食安全的影响

随着经济全球化的不断深入发展,在国内粮食需求和供给变化的情况下,研究粮食安全还有一个不可忽视的方面就是国际市场的影响,通过国际粮食贸易,可以对国内市场进行调节。古典经济学派的创始人亚当·斯密(Adam Smith)提出了绝对优势理论,认为国际之间的贸易之所以发生,其基础在于不同的国家在生产成本上存在绝对差异。而大卫·李嘉图(David Ricardo)则在斯密基础上提出了比较优势理论，认为不是商品生产所需的绝对劳动成本，而是相对劳动成本才是国家之间贸易的决定因素。虽然李嘉图在斯密基础上进了一步，但其假设生产要素只有劳动一种的假设明显与实际不符。后来，郝克歇尔（Heckscher）、俄林（Ohlin）提出的要素禀赋理论则将资本纳入分析模型，从资源禀赋差异的角度分析国际贸易的起因与影响，并形成了著名的 H－O 定理，即：某个国家的进出口产品取决于其要素丰裕程度，在正常情况下，为了获得比较效益，国家将会出口密集使用其丰富要素的产品，进口密集使用其稀缺要素的产品。

一方面，从自然资源的角度，粮食生产对土地、水资源等依赖程度较高，属于密集使用土地、水等自然要素的产品。但是，我国人均耕地面积和淡水资源只有世界平均水平的40%和25%①，因此，根据 H－O 理论，我国应该进口粮食。

另一方面，从劳动力资源的角度，若从资本、技术、劳动力三大要素进行划分，粮食生产无疑属于劳动密集型产业。虽然我国劳动力资源丰富，但近年来随着老龄化程度的提高和农村劳动力的大量流出及成本提高，农村劳动力的资源优势已经逐渐降低。根据罗伯津斯基定理（Rybczynski Theorem），在商品相对价格保持不变的情况下，某一要素的增加会导致密集使用该要素部门的生产增加，而另一部门的生产则下降。因此，随着农村劳动力的减少，不仅粮食生产趋于减少，而且我国粮食生产成本高，并且已经形成了国际国内粮食价格"倒挂"的现象。所以，我国在粮食生产上不具有比较优势。

根据国际贸易理论，国际贸易是一种互利行为，虽然参与贸易的国家从中获益的多少存在差异，但参与贸易的国家都能从中获益。所以，纯粹从理论分析来看，我国应该进口粮食，这也是部分学者推崇通过国际市场实现粮食安全的重要原因。但是，国际市场

---

① 黎东升，曾靖. 经济新常态下我国粮食安全面临的挑战［J］. 农业经济问题，2015（5）：43.

靠得住吗?

（1）从世界范围来看，FAO统计数据显示，中国粮食进口会对国际粮食市场产生较大的影响，如果需要进口国内粮食产量的1%，就意味着购买了全世界粮食贸易总量的2%[①]，近年来全球谷物消费需求年均增长1.1%，而产量年均仅增长0.5%[②]，因此，立足国际市场实现国内粮食安全的总体难度加大。

（2）进一步从国际粮食市场贸易量来看，世界粮食贸易量仅为我国粮食消费量的33%[③]。虽然从短期来看，我国拥有进口粮食的外汇储备，能够利用国际市场对国内粮食供需缺口进行调节，但是"大国效应"决定了中国在国际粮食市场中具有重要的影响。张桂文（2011）的研究成果表明，中国粮食进口量每增加或减少5个百分点，国际商品粮市场的价格就上涨或下跌30%左右[④]。也就是说，我国粮食进口增加将引起国际商品粮市场价格的大幅上涨。因此，我国虽然在解决国内粮食安全问题时可以利用国际市场，但是可以利用的空间较为有限，而且也不能毫无顾虑地使用，可以说，实现国内粮食安全不仅不能依赖国际粮食市场，也不可能依赖国际粮食市场[⑤]。因为，若我国过度依赖国际粮食市场，大额的粮食需求必将引起国际粮食市场价格上涨，从而增加粮食进口成本，进而导致粮食不安全。

（3）过度依赖国际粮食市场不仅将提高粮食进口的成本，更为严重的是面临着极大的风险。这些风险至少包括以下三个方面：一是粮食金融化、能源化将加剧全球粮食安全压力，也将加大国际粮食价格波动的风险。二是虽然和平与发展仍然是时代主题，但是国

---

①⑤　翟虎渠．关于中国粮食安全战略的思考［J］．农业经济问题，2011（9）：6.

②　韩俊．中国人的饭碗必须牢牢端在自己手中［J］．求是，2003（8）：21.

③　曹斌．农业全球化发展战略背景的粮食安全——经济转型期中国农业全球化发展战略学术研讨会综述［J］．改革，2014（3）：155.

④　张桂文．二元经济转型视角下的中国粮食安全［J］．经济学动态，2011（6）：48.

际和周边地区形势不稳定、不确定因素增加，不得不考虑战争等因素对于粮食获取能力的影响。三是粮食安全日益成为国家间政治博弈的重要内容，甚至成为少数发达国家操弄国际政治格局的手段和工具①，而且围绕粮食稀缺而展开的地缘政治斗争日趋激烈②。

因此，即使拥有粮食购买能力，通过国际粮食市场获取粮食也面临着很大的不确定性。20 世纪 70 年代，包括苏联和日本在内都曾经历过在国际市场上有钱都买不到粮食的窘境③，历史的教训必须牢记。卢国学认为，粮食安全逐步被政治化、能源化和金融化等问题不会在短期内解决，而且仅依靠国际组织机制也难以解决，最终还是需要回归主权国家层面来考虑④。

综上所述，若粮食对外依存度提高显然对保障粮食安全不利。在当前的粮食安全形势下，既要利用国际市场对国内粮食供需缺口进行适当的调节，但又不能寄希望于通过国际市场实现粮食安全，必须保持一定的粮食自给率，正如习近平总书记多次强调的那样，"中国人的饭碗任何时候都要牢牢端在自己手上"，因此要坚持"以我为主"并"适度进口"的粮食安全战略。

3.2
粮食安全问题的评价方法与原理

研究粮食安全问题，对粮食安全的程度进行评价是把握粮食安全形势的基础，也是制定粮食安全政策的基础。英国著名风险分析公司 Maplecroft 根据联合国粮食及农业组织确定的评价标准对国家

---

① 高铁生. 我国粮食安全形势与政策建议 [J]. 经济研究参考, 2013 (28): 18.
② 翁贞林, 王雅鹏. 国家粮食安全: 现实挑战与路径选择 [J]. 商业研究, 2013 (10): 47.
③ 刘铮. 世界粮食危机挑战中国粮食安全 [J]. 经济学家, 2009 (12): 94.
④ 曹斌. 农业全球化发展战略背景的粮食安全——经济转型期中国农业全球化发展战略学术研讨会综述 [J]. 改革, 2014 (3): 156.

粮食风险指数进行评价，该评价标准包括充足性和稳定性、国民营养和健康状况、谷物产量、人均国内生产总值、极端天气发生风险、农作物品质、粮食分派的基础设施、冲突以及政府效率等12个主要影响因素①。到目前为止，对粮食安全的衡量没有形成统一的标准，这可能主要是由于以下三个方面的原因导致的：一是粮食安全定义的差异性。虽然在国际上，主要是以 FAO 对粮食安全的定义为准，但国内对粮食安全的定义并未完全达成一致。二是粮食安全问题的复杂性。粮食安全问题是一个复杂的体系，直接和间接影响因素多，虽然众多评价标准均采用多指标进行综合分析，但都不可能覆盖所有的影响因素。三是粮食安全研究的目的性。在以上两个因素的作用下，研究者往往根据各自的研究目的侧重选择部分具有代表性的指标构建评价指标体系，因此，不同的研究目的导致所构建的评价指标体系存在较大的差异。

针对粮食安全问题评价有很多的方法，但使用较多的主要是粮食安全系数法和粮食安全预警评价法，两种方法评价粮食安全分别侧重于微观和宏观两个不同的层面。而且虽然威胁粮食安全的因素很多，但均可以归纳为宏观和微观两个层面：一是宏观层面的不安全，主要是相对于粮食需求而言的粮食供给能力不足；二是微观层面的不安全，主要是粮食消费者在粮食获取能力上的缺失②。虽然宏观和微观属于两个层面不同的分析角度，但正因为如此，更有必要将两者结合起来进行更为全面的分析。因此，下节运用粮食安全系数法、粮食安全预警评价法对粮食安全问题进行分析，并构建粮食安全评价模型。

---

① 中华粮网. 2011 年粮食安全风险指数发布 [EB/OL]. http：//www. cngrain. com/Publish/produce/201109/501274. shtml，2011 – 09 – 02.

② Lisa C. Smith，A mani E. El Obeid and Helen H. Jensen. The geography and causes food insecurity in developing countries [J]. Agricultural Economics，2002，22（2）：199 – 215.

3.2.1 粮食安全系数评价法

朱泽（1997）根据可比性、资料可得性和突出重点三大原则，选择粮食总产量波动系数、粮食自给率或粮食贸易依存度、粮食库存水平、人均粮食占有量、低收入人口的粮食供应水平 5 个指标用来衡量中国的粮食安全状况，最后利用粮食产量波动指数、粮食库存量、粮食自给率以及人均粮食占有量四项指标采用算数平均的方法计算粮食安全系数（各项指标取值见表 3 - 1），即 $\lambda_i = (\sum \lambda_{ij}/4)$，其中 λ_{ij} 为第 i 个国家 j 项指标的取值，认为 $0 \leqslant \lambda \leqslant 1$，$\lambda$ 越接近于 0，表示安全水平越低；而 λ 越接近于 1，则表示安全水平越高；当 $\lambda = 0$ 表示粮食处于绝对不安全状态；而当 $\lambda = 1$ 时，意味着粮食处于绝对安全状态[①]。

表 3 - 1　　　　　　　　粮食安全系数取值表

取值	波动系数	自给率（%）	储备率（%）	人均占有量（千克）
1	≤1	100≤	50≤	1000≤
0.9	1~3	100~95	50~40	1000~800
0.8	3~5	95~90	40~30	800~600
0.7	5~7	90~80	30~20	600~400
0.6	7~9	80~70	20~17	400~350
0.5	9~11	70~60	17~14	350~300
0.4	11~13	60~50	14~11	300~250
0.3	13~15	50~40	11~8	250~200
0.2	15~17	40~30	8~5	200~150
0.1	17~19	30~20	5~2	150~100
0	19≤	≤20	≤2	≤100

资料来源：朱泽. 中国粮食安全状况研究［J］. 中国农村经济，1997（5）：33.

---

① 朱泽. 中国粮食安全状况研究［J］. 中国农村经济，1997（5）：26 - 33.

徐逢贤等（1999）在此基础上加上"低收入阶层的粮食保障水平"，按照五项简单平均，即 $\lambda_i = (\sum \lambda_{ij}/5)$ 进行综合评价①。

刘晓梅（2004）则在朱泽四项简单平均基础上认为所选指标对粮食安全综合性评价的重要程度是不同的，因此对人均粮食占有量、粮食总产量波动率、粮食储备率和粮食自给率按照0.4、0.3、0.2和0.1的权重进行加权平均②。

而丁守海（2008）则认为很难证明哪项指标更重要或者根本不重要，因此在采用简单平均法计算综合指标的基础上利用十等分分段赋值法更为细致地反映粮食安全形势的变化（见表3-2）③。

表3-2　　　　　　　　　粮食安全系数评价指标及赋值

赋值	储备率（%）	自给率（%）	人均占有粮食（千克）	生产波动指数	需求波动指数
-5	<10	<91	<250	< -8.5	>4.5
-4	10~13	91~92	250~280	-8.5~-6.5	3.5~4.5
-3	13~17	92~93	280~310	-6.5~-4.5	2.5~3.5
-2	17~25	93~94	310~340	-4.5~-2.5	1.5~2.5
-1	25~30	94~95	340~370	-2.5~-0.5	0.5~1.5
0	30~35	95~96	370~400	-0.5~1.5	0.5~-0.5
1	35~40	96~97	400~430	1.5~3.5	-0.5~-1.5
2	40~45	97~98	430~460	3.5~5.5	-1.5~-2.5
3	45~50	98~99	460~490	5.5~7.5	-2.5~-3.5
4	50~55	99~100	490~520	7.5~9.5	-3.5~-4.5
5	>55	>100	>520	>9.5	< -4.5

资料来源：丁守海. 当前粮食安全形势：评估、比较及建议 [J]. 财贸经济，2008（9）：105.

———————————

① 徐逢贤，唐晨光，程国强. 中国农业扶持与保护实践·理论·对策 [M]. 北京：首都经济贸易大学出版社，1999：257.
② 刘晓梅. 关于我国粮食安全评价指标体系的探讨 [J]. 财贸经济，2004（9）：59-61.
③ 丁守海. 当前粮食安全形势：评估、比较及建议 [J]. 财贸经济，2008（9）：105-106.

吕新业等（2005）选择粮食安全生产波动指数、国际贸易依存度系数、粮食价格波动率和粮食储备率四个指标，利用 VAR 模型对其进行预测，并利用主成分分析方法合成粮食安全综合指数。并根据 1980~2003 年的相关数据，根据多数原则确定警限，计算出该时期粮食安全的警戒线及相应的警戒级别（见表 3-3）①。

表 3-3　　　　　　　粮食安全警戒线及对应的警戒级别

阈值区间	警戒线指标	警戒级别	警灯
-1.580528 ~ -0.9611196	粮食短缺	重警	红灯
-0.9611196 ~ -0.9451162	最低警戒线之下，接近短缺	中警	橙灯
-0.9451162 ~ -0.3097043	供需平衡线之下，处于粮食紧平衡状态	轻警	黄灯

资料来源：吕新业，王济民，吕向东. 我国粮食安全状况及预警系统研究 [J]. 农业经济问题，2005（s1）：39.

农村社会经济调查司（2005）认为国内供给、需求、市场和库存四个子系统构成了国内粮食平衡大系统，并从以上四个方面共选择 14 个指标对安全程度进程评价，采用"标准比值法"对每个指标与标准值进行比较，然后采用加权平均的方式计算综合安全程度，并对 2000~2004 年我国粮食安全情况进行评价（见表 3-4）②。

表 3-4　　　　　　　　　粮食安全程度综合表

序号	指标	单位	粮食安全标准	权数	安全程度（%）				
					2000年	2001年	2002年	2003年	2004年
1	供给			51	89.3	90.4	90.8	86.6	93.0
(1)	人均粮食播种面积	亩/人	≥1.2	18	106.7	104.2	100.8	95.8	97.5

---

① 吕新业，王济民，吕向东. 我国粮食安全状况及预警系统研究 [J]. 农业经济问题，2005（s1）：34-39.
② 农村经济社会调查司. 我国粮食安全评价指标体系研究 [J]. 统计研究，2005（8）：3-7.

续表

序号	指标	单位	粮食安全标准	权数	安全程度（%）				
					2000年	2001年	2002年	2003年	2004年
(2)	有效灌溉面积比重	%	≥60	8	70.0	70.8	72.0	72.8	73.8
(3)	播种面积受灾比率	%	≤20	7	90.9	98.0	113.0	93.9	125.0
(4)	每亩物质实际投入	元	≥180	6	88.9	93.9	88.3	88.3	100
(5)	农业科技进步贡献率	%	≥60	12	75.3	76.7	76.7	76.7	76.7
2	需求			24	148.4	121.2	119.5	95.5	128.0
(1)	产需缺口	亿斤	≤500	8	171.2	6.2	94.7	43.5	121.7
(2)	人均口粮满足度	%	≥100	8	171	168	171	162	177
(3)	缺粮户比重	%	≤3	4	100	103.4	96.8	78.9	85.7
(4)	缺粮省（区市）缺粮程度	%	≤40	4	105.8	95.2	89.1	83.3	84.7
3	市场			13	106.0	100.5	101.0	99.8	90.9
(1)	粮食消费价格指数	%	消费价格指数	6	111.4	99.2	101.0	99.0	82.2
(2)	农业生产资料价格指数	%	增加值增长率	3	103.3	103.7	102.4	101.1	96.1
(3)	外贸依存度	%	≤5	4	100	100	100	100	100
4	库存			12	99.3	101.2	102.8	100.6	104.6
(1)	国家库存	%	≥20	6	100	100	100	100	100
(2)	农户人均存粮	千克	≥250	6	103.3	103.7	102.4	101.1	96.1
	综合安全程度				112.8	106.5	106.8	98.2	109.0

资料来源：农村经济社会调查司．我国粮食安全评价指标体系研究［J］．统计研究，2005（8）：7.

吴文斌等（2010）构建了一个综合自然、社会和经济等多因子的粮食安全评价方法，将人均粮食占有量和人均 GDP 两个指标与空间 EPIC[①] 模型、作物选择模型和 IFPSM[②] 模型这三个空间模型关联，分别模拟作物单产水平、作物播种面积和作物价格与贸易变

---

① EPIC 为 Environmental Policy Integrated Climate 的首字母缩写．
② IFPSM 为 International Food Policy and Agricultural Simulation Model 的首字母缩写．

化，并以网格大小为 6 分弧度的地理单元作为评价对象。研究结果表明，危及粮食安全最主要的原因是粮食供给短缺和贫困[①]。

综合以上方法可以看出，在利用粮食安全系数对粮食安全问题进行评价时，选择的评价指标包括粮食总产量波动系数、粮食价格波动率、国际贸易依存度系数、人均粮食占有量、粮食储备率、低收入人口的粮食供应等指标，主要是在具体选择指标以及指标权重确定上存在一些差异。相对而言，简单平均法比较方便，加权平均法则可以更好地体现指标重要性的差异，但是，若主观确定指标权重则可能在一定程度上影响结果的准确性，因此，合理确定指标权重对于最终的粮食安全系数极为重要。

通过粮食安全系数法，对于粮食安全所处的状态可以得出直观和较为准确的判断，但是，从总体上看，至少存在两个方面的不足：一是指标取值不尽合理，比如，农村社会经济调查司和丁如海等在研究中均认为储备率越高越好，但实践表明，国家粮食储备并不是越高越好，储备少了不安全，储备多了也意味着不安全因素。二是所采用的指标主要是宏观表象指标，因此难以发现导致粮食安全问题的深层次原因，虽然有助于提供增强粮食安全保障能力的政策方向，却难以提供具有针对性的具体解决措施。

3.2.2 粮食安全预警评价法

联合国粮食及农业组织（FAO）1975 年就开发了粮食与农业的全球信息及预警系统（GIEWS[②]）。我国对粮食安全预警评价的研究开始于 20 世纪 90 年代。

顾焕章等（1995）认为建立灵敏的粮食安全预警系统必须具备

---

① 吴文斌，杨鹏，唐华俊，等 . 一种新的粮食安全评价方法研究 [J]. 中国农业资源与区划，2010（1）：16 – 21.

② GIEWS 为 Global Information and Rarly Warning System 的首字母缩写 .

一定的前提条件：一是具有一定数量的基本粮食供应，二是可靠的粮食收购基金和仓储设备，三是灵敏而完善的粮食市场体系，四是灵活的粮食经销外贸政策和运行机制以及健全的粮食经销外贸商业企业。在具备以上条件的基础上利用市价的"晴雨表"作用反映粮食生产和流通情况。选择的指标体系包括国家预定粮食收购价与该年粮食市价的警界差距率、比较利益差距率、国家和地方政府的粮食储备量、灾害预测①。

李志强等（1998）则认为在考虑粮食供需平衡警戒线时，主要应考虑国内粮食生产情况、进出口贸易情况、人口增长情况和收入增长情况等因素，并提出，粮食供需平衡警戒线 = 国内粮食生产增长率 + 净进口率 - 人口增长的粮食需求增长率 - 收入增长的粮食需求增长率。其中，收入增长的粮食需求增长率 = 收入增长率 × 食品支出比重 = 城镇居民收入增长率 × 食品支出比重 × 城镇居民比重 + 农村居民收入增长率 × 食品支出比重 × 农村居民比重。

（1）如果国内粮食生产增长率 - 人口增长的粮食需求增长率 ≤ 0，则处于最低警戒线水平，此时最低警戒线 = 人口增长率。

（2）如果国内粮食生产增长率 - 人口增长的粮食需求增长率 - 收入增长的粮食需求增长率 ≥ 0，则处于粮食完全供需平衡警戒线水平，此时完全供需平衡警戒线 = 人口增长率 + 收入增长的粮食需求增长率。

（3）如果国内粮食生产增长率 + 净进口率 - 人口增长的粮食需求增长率 - 收入增长的粮食需求增长率 ≤ 0，则处于粮食短缺警戒水平，此时粮食短缺警戒线 = 人口增长率 + 收入增长的粮食需求增长率 - 最大进口率。

（4）如果国内粮食生产增长率 - 人口增长的粮食需求增长率 - 收入增长的粮食需求增长率 - 净进口率 ≥ 0，则处于粮食过剩警戒

---

① 顾焕章，王曾金，许朗. 建立粮食供求预警系统稳定我国的粮食生产和市场 [J]. 农业经济问题，1995（2）：24 - 26.

水平，此时粮食过程警戒线 = 人口增长率 + 收入增长的粮食需求增长率 + 最大进口率①。

马九杰等（2001）②将膳食能量供求差异率、粮食总供求差异率、食物供求平衡指数、粮食生产波动指数、粮食需求波动指数、粮食储备与需求比率、粮食国际贸易依存度、粮食价格上涨率作为评价指标，并按照 0.3、0.2、0.2、0.1、0.1 的权重对食物及膳食能量供求平衡指数、粮食生产波动指数、粮食储备与需求比率、粮食国际贸易依存度系数、粮食及食物市场价格稳定性指标进行加权平均得出粮食安全综合指数③，并且将警情设置为短缺重警、短缺中警、短缺轻警、无警、过剩轻警、过剩中警、过剩重警 7 个级别（见表 3 - 5）。

表 3 - 5　　　　粮食安全预警警情指标、警级界限、警示灯号　　　　单位：%

警情	灯号	警级	膳食能量供求差率	粮食总供求差率	食物供求平衡指数	粮食生产波动指数	粮食需求波动指数④
短缺重警	深红	-3	< -3	< -5	< -3	< -3	>3
短缺中警	浅红	-2	-3 ~ -1.5	-5 ~ -3	-2.9 ~ -2	-3 ~ -1.5	1.5 ~ 3
短缺轻警	黄色	-1	-1.5 ~ 0	-3 ~ 0	-1.9 ~ -1	-1.5 ~ -0.5	0.5 ~ 1.5
无警	绿色	0	0 ~ 10	0 ~ 5	-0.9 ~ 0.9	-0.5 ~ 1.5	0.5 ~ -0.5
过剩轻警	白色	1	10 ~ 20	5 ~ 10	1 ~ 1.9	1.5 ~ 4.0	-0.5 ~ -2
过剩中警	浅蓝	2	20 ~ 30	10 ~ 15	2 ~ 2.9	4.0 ~ 7.0	-2 ~ -3.5
过剩重警	深蓝	3	>30	>15	>3	>7.0	< -3.5

---

① 李志强，赵忠萍，吴玉华. 中国粮食安全预警分析 [J]. 中国农村经济，1998（1）：27 - 29.

② 马九杰，张象枢，顾海兵. 粮食安全衡量及预警指标体系 [J]. 管理世界，2001（1）：157 - 160.

③ 马九杰等在"粮食安全衡量及预警指标体系"一文中，选择的 8 个指标在计算粮食安全综合指数时只采用了 6 个指标，粮食总供求差异率和粮食需求比重指数并未考虑到粮食安全综合指数之中，而且权重之和也不为 1，因此，应该还包含有粮食需求波动指数，权重为 0.1.

④ 粮食需求波动指数中短缺中警和短缺轻警的指标数值区间分别写为 3 ~ 1.5 和 1.5 ~ 0.5 更为合适.

警情	灯号	警级	粮食储备与需求比率	粮食国际贸易依存度①	粮食价格上涨率	粮食安全综合指数	
短缺重警	深红	-3	<13	<15	<-20	<-3	
短缺中警	浅红	-2	13~17	15~-10	-20~-10	-2.9~-2	
短缺轻警	黄色	-1	17~21	-10~-5	-10~-5	-1.9~-1	
无警	绿色	0	21~23	-5~5	-5~5	-0.9~0.9	
过剩轻警	白色	1	23~27	5~15	5~15	1~1.9	
过剩中警	浅蓝	2	27~31	15~30	15~25	2~2.9	
过剩重警	深蓝	3	>31	>30	>25	>3	

资料来源：马九杰，张象枢，顾海兵．粮食安全衡量及预警指标体系 [J]．管理世界，2001（1）：158.

罗孝玲等（2006）通过粮食价格的波动来评估粮食安全，选择端值比和离散系数两个指标从整体上衡量粮食安全。而且认为，粮食价格的端值比和离散系数最小值分别为 1 和 0，最低的警界值分别为 1 和 0.3，并采取区域警界法确定粮食安全警界；在无警区域外将警界划分为轻警、中警和重警三个有警区域（见表 3 - 6)②。

表 3 - 6　　　　　　　　粮食安全警度划分表

	无警	轻警	中警	重警
端值比	[1, 1.1]	[1.1, 1.2]	[1.2, 1.3]	[1.3, +∞]
离散系数	[0, 0.3]	[0.3, 0.6]	[0.6, 1.0]	[1.0, +∞]

---

① 该文中认为进口减去出口所得的净额反映了一个国家对国际市场的依赖，净出口需求与国内总需求的比率即粮食国际贸易依存度系数是衡量一个国家粮食安全对国际粮食市场依赖程度的指标，而且绝对值越大表明该国粮食安全受国际粮食市场风险影响越大。因此，结合上下文，短缺重警、短缺中警的指标数值区间应该分别是 <-15 和 -15~-10。虽然该文中存在一些不足之处，但在评价指标选择以及警情标准划定和综合安全指数确定等方面具有可资借鉴之处。

② 罗孝玲，张妤．中国粮食安全界定与评估新视角 [J]．求索，2006（11）：12 - 14.

而丁守海（2008）则选择人均耕地面积、有效灌溉面积、成灾率、农业科技进步贡献率及价格波动指数五项指标，采用十等分分段赋值法反映粮食安全形势的变化（见表3-7)[1]。

表3-7 粮食供求预警评价及赋值

取值	人均耕地面积（亩）	有效灌溉率（%）	成灾率（%）	农业科技进步贡献率（%）	价格波动指数
-5	< 1.2	< 35	> 28	< 40	< -9
-4	1.20 ~ 1.25	35 ~ 40	26 ~ 28	40 ~ 45	-9 ~ -7
-3	1.25 ~ 1.30	40 ~ 45	24 ~ 26	45 ~ 50	-7 ~ -5
-2	1.30 ~ 1.35	45 ~ 50	22 ~ 24	50 ~ 55	-5 ~ -3
-1	1.35 ~ 1.40	50 ~ 55	20 ~ 22	55 ~ 60	-3 ~ -1
0	1.40 ~ 1.45	55 ~ 60	18 ~ 20	60 ~ 62	-1 ~ 1
1	1.45 ~ 1.50	60 ~ 65	16 ~ 18	62 ~ 64	1 ~ 3
2	1.50 ~ 1.55	66 ~ 70	14 ~ 16	64 ~ 66	3 ~ 5
3	1.55 ~ 1.60	70 ~ 75	12 ~ 14	66 ~ 68	5 ~ 7
4	1.60 ~ 1.65	75 ~ 80	10 ~ 12	68 ~ 70	7 ~ 9
5	> 1.65	> 80	< 10	> 70	> 9

资料来源：丁守海. 当前粮食安全形势：评估、比较及建议 [J]. 财贸经济，2008（9）：106.

粮食安全预警评级法一般包括警兆指标、警情指标，对相应的指标及警界以及警级等作了明确的划分，但罗孝玲、丁如海等的方法只对单项指标进行了安全状态预警评价，并未形成综合的粮食安全状态预警评价，而马九杰等还计算了粮食安全综合指数并明确了相应的警界、警级，既有利于明确每个指标所处的安全状态，又有利于明确整个粮食安全所处的安全状态。

---

① 丁守海. 当前粮食安全形势：评估、比较及建议 [J]. 财贸经济，2008（9）：106.

3.2.3 粮食安全评价体系构建

粮食安全问题的本质是供给与需求的矛盾问题，虽然可以利用市场机制对其进行一定程度的调节，但从实践来看，主要是供给难以满足需求的问题，包括数量、质量以及可持续性等方面，因此粮食安全不仅包括数量安全，更包括质量安全，还包括生态安全等方面的内容。因此，对粮食安全的评价不能停留在短期，需要关注长远的变化趋势以及对未来粮食安全的影响。通过上文对粮食安全问题的分析发现，已有的评价方法主要还存在两个方面的不足：一是局限于对粮食数量安全的评价，粮食质量和生态安全方面的指标反映不足；二是虽然在指标选择中包括了正向指标和逆向指标，涵盖了反映粮食安全状态的主要内容，但实际上一些指标的绝对数、百分比并不是越高越好，也不是越低越好，也就是说既不是正指标，也不是逆指标，而应该是区间指标。比如，国家粮食储备率，虽然增强粮食储备能力可提高国家宏观粮食安全程度、保障微观个体或家庭的粮食可获得性①，而且在已有的粮食安全评价方法中，选择储备率作为评价指标的，基本是明确认为或者潜在假设储备率越高越好。但是，实践表明，不仅储备率低了意味着粮食不安全，储备率太高也意味着粮食不安全。所以，类似的指标应该是区间指标。因此，本书在构建粮食安全评价指标时，在借鉴已有研究成果基础上，将反映粮食质量和生态安全的指标纳入评价范围，同时，将指标分为正向指标、逆向指标和区间之间三类分别计算其安全程度。

（1）粮食安全的逻辑框架。

从理论上讲，粮食安全意味着需求与供给之间处于均衡状态，也就是说，每个人的合理粮食需求得到有效满足，当然也意味着总

---

① Smith, L., A. Obeid, H. Jensen. The Geography and Causes of food insecurity in Developing Countries [J]. Agriculture Economics, 2000 (22): 199 – 215.

供给（TS）= 总需求（TD）。如果对以上两个指标进行对比，虽然可以看出粮食安全所处的状态，但既难以发现其中的具体矛盾，也难以发现其问题根源，因此，需要对指标进行分解细化。

一方面，从需求来看，一般而言粮食消费需求包括城乡居民口粮（DD）、饲料粮（FD）、工业用粮（PD）和种子用粮（SD）四个部分。当然，在开放的市场条件下，还包括国际市场对国内粮食的需求，也就是粮食出口需求（ID）。考虑到粮食储备的增加来自于当期生产或者进口的粮食，因此还有一项需求就是新增粮食储备需求（RD）。因此，总需求（TD）可以表示为：

$$TD = DD + FD + PD + SD + ID + RD \tag{3.1}$$

如果从人口消费的角度来看，那么粮食总需求则包括国内消费需求、种子需求、储备需求和出口需求，其中国内消费需求（CD）包括直接的口粮需求，间接的饲料转化用粮和食品加工用粮需要，因此有：

$$TD = CD + SD + ID + RD \tag{3.2}$$

其中，

$$CD = P \times AD \tag{3.3}$$

P 表示人口数量，A 表示人均粮食需求量。

另一方面，从供给来看，粮食总供给（TS）包括粮食产量（OS）、投入市场的储备量（RS）和粮食进口（IS）三大部分。即：

$$TS = OS + RS + IS \tag{3.4}$$

进一步分析，粮食产量是粮食播种面积（SA）和亩平产量（PL）的函数，即：

$$OS = SA \times PL \tag{3.5}$$

从粮食生产的角度，可以进一步对播种面积进行衡量，

$$SA = AA \times (1 - NA) \times PI \times (1 - NGPI) \tag{3.6}$$

其中，AA 表示耕地面积，NA 表示耕地非农化比率，PI 表示复种指数，$NGPI$ 表示播种面积中非粮化比例。亩产水平受科技水平、

化肥农药施用量以及基础条件和灾害情况的影响。限于篇幅，本书不对其进行定量分析，但根据已有研究成果和实际情况不难判断，粮食亩产水平是科技进步贡献率、有效灌溉面积比重的增函数，是播种面积成灾率的减函数。化肥农药使用曾经对粮食增产产生重要作用，但并不是越多越好，因此，就实际情况来看，是如何减少化肥农药使用，更多地使用有机肥和采用绿色防控技术加以替代的问题，因此，从长远来看，粮食亩产水平是肥料利用率、农药利用率的增函数，也是有机肥施用比和绿色防控覆盖率的增函数。

因此，均衡时有 $TS = TD$，即：

$$OS + RS + IS = CD + SD + ID + RD \qquad (3.7)$$

由于净进口

$$NI = IS - ID \qquad (3.8)$$

而当期粮食储备

$$N_t = N_{t-1} + RD - RS \qquad (3.9)$$

开放。把式（3.8）和式（3.9）代入式（3.7）并进行整理，则：

$$OS + NI = CD + SD + N_t - N_{t-1} \qquad (3.10)$$

由于种子需求 SD 相对于消费需求和储备而言极小，忽略不计也不会对结果产生明显的影响，而且鉴于数据的可获得性以及计算的方便性，将式（3.10）简化为

$$OS + NI = CD + N_t - N_{t-1} \qquad (3.11)$$

因此，粮食安全指数

$$SI = \frac{OS + NI - CD - (N_t - N_{t-1})}{CD} \qquad (3.12)$$

（2）粮食安全程度计算。

2013 年，全国粮食产量为 60193.8 万吨，进口粮食 8645.2 万吨，出口粮食 243.1 万吨[①]。全国 2012 年和 2013 年年末人口总数

———————

① 国家粮食局 . 2014 中国粮食年鉴 ［M］，经济管理出版社，2014：493 – 527.

为 135404 万人和 136072 万人①。四川 2013 年粮食产量为 3387.1 万吨，2012 年和 2013 年年末常住人口为 8107.0 万人和 8076.2 万人②。2013 年，四川从省外调入粮食达 1419 万吨③，同时，根据四川省农业厅和粮食局等部门测算分析，近年四川每年调出原粮和通过生猪、酒等转化调出粮食 200 多亿斤。

根据已有研究成果，多数学者认为，人均粮食消费量达到 400 公斤则满足基本的粮食需求。因此，本书采用 400 公斤的人均粮食消费量进行计算。在计算人口总量时，采用年初人口与年末人口的平均数。

因此，2013 年全国粮食安全指数 $SI = 0.2635 - \dfrac{N_t - N_{t-1}}{CD}$，这就意味着在满足基本的粮食消费需求外还有 26.35% 的粮食可用于储备。四川粮食安全指数为 $SI = 0.176 - \dfrac{N_t - N_{t-1}}{CD}$，这意味着在满足基本的粮食消费需求外四川只有 17.6% 的粮食可用于储备。但是，若不考虑粮食调进调出因素，全国和四川的粮食安全指数分别为 $SI = 0.1088 - \dfrac{N_t - N_{t-1}}{CD}$ 和 $SI = 0.0465 - \dfrac{N_t - N_{t-1}}{CD}$。

由于储备的数据无法获得，难以对准确的粮食安全系数进行计算，但仍然可以得出三个结论：

第一个结论是：从整体上看，在利用国际市场调入粮食对国内市场进行调节的情况下，目前全国粮食安全不存在多大的风险。但是，若不考虑粮食进出口因素，那么国内粮食可以用于储备的比例只有 10.88%，低于 FAO 确定的 17% ~ 18% 的最低储备安全线。而

---

① 中华人民共和国国家统计局. 中国统计年鉴 2014 [G].

② 四川省统计局. 四川统计年鉴 2014 [G].

③ 宜宾市粮食局. 融入长江经济带，推进粮食铁水联运——省粮食局在宜召开现场推进会 [EB/OL]. http://www.yibin.gov.cn/public/detail.jsp? classId = 700108&newsId = 378596，2014 - 03 - 24.

且，这尚未考虑粮食储存中的损失，若将其考虑在内，那么粮食安全程度将更低。同时，以上分析结果还说明，利用国际市场具有必要性，而且国内粮食安全并不是高枕无忧，仍然需要高度重视。

第二个结论是：四川的粮食安全程度低于全国水平。根据前面数据，对比分析人均粮食占有量可以发现：2013年，只考虑国内粮食生产，则全国人均粮食占有量为443.5千克，若将进出口考虑在内，全国人均粮食占有量则达到505.4千克，四川分别为418.6千克和470.4千克，为全国平均水平的94.4%和93.1%。对比粮食安全系数，在相同的粮食储备水平下，无论是否考虑进出口/调进调出因素，四川的粮食安全系数均低于全国水平。因此，从四川与全国的对比情况来看，四川虽然是西南地区唯一的产粮大省，但四川的粮食安全程度比全国的安全程度更低。

第三个结论是：上年的粮食储备量对当年的粮食安全具有正影响，而当年新增粮食储备对当年粮食安全不产生实质影响甚至产生负影响。当年的储备量等于当年生产或进口粮食中新增到粮库的量与上年库存量之和减去投放到市场的库存量，正常情况下，在其他条件不变时，当年的粮食储备量越多，实际上粮食安全程度越低。

（3）粮食安全预警指标。

根据以上理论分析，参照已有研究成果，结合粮食安全新战略，在反复比较和权衡的基础上形成以下评价指标体系（见表3-8），并对指标的选择以及警戒线确定标准进行说明。

表3-8　　　　　　　　粮食安全预警评价指标体系

序号	指标类别、名称	计量单位	标准	2013年	实现程度（%）
一	粮食供给能力				80.97
（1）	耕地面积	亿亩	≥20	20.27	101.35
（2）	有效灌溉面积比重	%	≥60	47.90	79.83
（3）	中低产田占比	%	≤60	70.6	84.99

序号	指标类别、名称	计量单位	标准	2013年	实现程度（%）
(4)	人均粮食播种面积	亩/人	≥1.2	1.23	102.50
(5)	农作物受灾面积占比	%	≤20	19.04	103.09
(6)	农业科技进步贡献率	%	≥60	55.2	92.00
(7)	粮食机械化综合作业率	%	≥70	59	84.29
(8)	粮食作物化肥利用率	%	≥50	34	68.00
(9)	粮食作物农药利用率	%	≥50	35	70.00
(10)	粮食生产成本利润率	%	≥30	7.10	23.67
二	粮食需求获取能力				68.27
(1)	粮食自给率	%	≥95%	97	102.11
(2)	口粮满足度		≥100	100	100
(3)	基尼系数		[0.3, 0.4]	0.473	46.71
(4)	农村贫困人口	万人	≤2000	8249	24.25
三	市场调节能力				99.64
(1)	粮食消费价格指数	%	≤居民消费价格指数	104.6	98.09
(2)	谷物生产者价格指数	%	≥农产品生产价格指数	103.1	99.90
(3)	农业生产资料价格指数	%	≤100	101.4	98.62
(4)	粮食储备率	%	[18, 25]	—	100①
(5)	中央储备粮质量达标率	%	≥99	99.6	100.61
(6)	中央储备粮宜存率	%	≥99	99.6	100.61
	粮食综合安全程度	%			82.96

数据来源：2013年数据主要来源于2014中国统计年鉴和2014中国粮食年鉴。

耕地面积：耕地是生产粮食最为重要的资源要素，耕地多少对粮食生产具有至关重要的影响。2006年3月召开的十届全国人大四次会议审议通过的《国民经济和社会发展第十一个五年规划纲要》提出"耕地保有量保持1.2亿公顷"的目标，国土资源部2011年8月发布的《全国土地利用总体规划纲要（2006～2020年)》明确

① 虽然无法获取国家粮食储备率的准确数据，但根据相关资料，我国粮食储备处于合理水平，因此，取值为100.

提出"守住 18 亿亩耕地红线"，2005 年年底全国耕地面积为
183124 万亩，规划到 2010 年和 2020 年耕地分别保持在 18.18 亿亩
和 18.05 亿亩。此后，国家一直沿用 18 亿亩的耕地红线提法，并
强调坚守耕地红线。但是，根据 2013 年 12 月发布的《关于第二次
全国土地调查主要数据成果的公报》显示，2009 年全国耕地为
203077 万亩，比基于一次调查逐年变更到 2009 年的耕地数据多出
20380 万亩。而且同时强调，耕地的面积变化"主要是由于调查标
准、技术方法的改进和农村税费政策调整等因素影响，使二次调查
的数据更加全面、客观、准确。"① 这意味着，耕地数量的增加并
不是来自于土地整理等因素带来的耕地实际增加，虽然从数据上看
耕地数量增加到 20 亿亩以上，但这并不代表耕地形势明显好转，
正如该公报在结尾所强调的那样，"综合考虑现有耕地数量、质量
和人口增长、发展用地需求等因素，我国耕地保护形势仍十分严
峻。人均耕地少、耕地质量总体不高、耕地后备资源不足的基本国
情没有改变。"所以，如果直接以此数据进行衡量，则会造成评价
结果虚高。换句话说，按照第二次土地调查更加全面、客观和准确
的调查结果，那么以前有 2 亿多亩的耕地尚未体现到统计数据之
中，因此，按照以前耕地情况制定的"18 亿亩耕地红线"的基数
实际上就少了 2 亿亩。鉴于目前及将来统计数据均以土地第二次调
查数据为基准，因此，为保持数据的客观性和准确性，本书以 20
亿亩作为警戒线。

有效灌溉面积比重：水资源与耕地资源一样，对粮食安全具有
极为重要的作用。我国水资源短缺，而且时空分布不均。因此，通
过水利设施改善灌溉条件是提高水资源利用效率进而弱化水资源匮
乏制约的重要路径。因此，本书选择有效灌溉面积比重作为预警指
标。2000~2010 年，我国有效灌溉面积比重提高 7.6 个百分点，达

① 新华社. 关于第二次全国土地调查主要数据成果的公报 [EB/OL]. http://
www. gov. cn/jrzg/2013 - 12/31/content_2557453. htm，2013 - 12 - 31.

到 2010 年的近 50%。鉴于气候变暖引起的水灾、旱灾增加，水利条件必须进一步改善才能确保粮食安全，本书以 60% 作为警戒线。

中低产田占比：国土资源部在耕地质量等别调查与评定中，将耕地质量分为 15 个等别，1 等耕地质量最好，15 等最差，其中 1 ~ 4 等、5 ~ 8 等、9 ~ 12 等、13 ~ 15 分别为优等地、高等地、中等地和低等地。2014 年 12 月，《国土资源部关于发布全国耕地质量等别调查与评定主要成果的公告》显示，低于平均质量等别的 10 ~ 15 等地占 60.2%。加强中低产田改造对于提高粮食产能具有较大的潜力，鉴于耕地数量减少的趋势，本书认为，耕地平均质量至少应该达到中等地水平。因此，本书以 60% 的作为警戒线。

人均粮食播种面积：如果只考虑播种面积的绝对量，则未将人口因素考虑在内，因此，本书选择人均粮食播种面积作为预警指标。虽然近年来粮食进口趋于增加，但是考虑粮食播种面积下降是必然趋势，而且根据近年来的经验，在粮食增产中单产的贡献大，因此，设置过高的人均粮食播种面积警戒线不具有现实意义。根据 2000 ~ 2013 年的数据，人均粮食播种面积为 1.2157 亩，而且 14 年中有 8 年高于 1.21 亩的水平，比较符合多数原则，因此，本书将 1.21 亩作为人均粮食播种面积警戒线。

农作物受灾面积占比：总体来讲，粮食生产主要是露天种植，受自然环境影响大，而且"靠天吃饭"的局面尚未得到根本改变，因此，在既定播种面积基础上，受灾面及程度对于粮食实际产量具有重要影响。而且，受灾面积占比可以将洪涝、旱灾、风雹等气象灾害以及滑坡、泥石流等地质灾害等方面的影响均包括在内，是具有较强综合性的预警指标。虽然统计年鉴缺乏单独的粮食作物受灾统计资料来源，但粮食作物播种面积占农作物播种面积的比重在 6 成以上，因此，本书以农作物受灾面积占比作为预警指标。根据历年的受灾情况，本书以 20% 作为农作物受灾面积占比警戒线。

科技进步贡献率：科技进步贡献率是指科技进步的贡献在各种

生产要素贡献中所占的比重。单产提高是粮食增产的主要来源，而科技进步又是推动粮食单产水平提高的主要动力，尤其是在"科技支撑"战略下，提高科技对于粮食发展的支撑能力尤为重要，欧美发达国家农业科技贡献率为 60% ~80% 的水平①，而且《全国农业可持续发展规划（2015 ~2030 年）》提出，到 2020 年农业科技进步贡献率达到 60% 以上。因此，本书以 60% 作为农业科技进步贡献率警戒线。

农业机械化综合作业率：粮食机械化综合作业率体现耕种收各环节的综合水平。随着农村劳动力结构的变化和粮食经营模式的转变，通过提高粮食机械化综合作业水平实现更多的劳动力替代和效率提升显得尤为重要。农业部在 2015 年印发的《关于开展主要农作物生产全程机械化推进行动的意见》中提出，"到 2020 年，力争全国农作物耕种收综合机械化水平达到 68% 以上，其中三大粮食作物耕种收综合机械化水平均达到 80% 以上"②。虽然三大粮食作物耕种收综合机械化水平比农业机械化作业率对于粮食安全评价更有价值，但限于数据的可获得性，因此，本书选择农业机械化综合作业率作为预警指标，并将警戒线设置为 70%。

粮食作物化肥利用率：肥料利用率是衡量施肥效果的主要指标，我国是世界化肥生产和消费第一大国，化肥施用量不仅与施用方法有关，而且与土壤肥沃程度有关。为了更好地反映化肥过量施用、盲目施用对种粮成本无效增加和环境污染、土壤板结等不利影响。本书采用化肥利用率替代已有研究中多使用亩平化肥施用量作为预警指标。氮肥、磷肥和钾肥是粮食生产中主要使用的三种肥料，农业部种植业管理司司长曾衍德提供的数据显示，就粮食作物

---

① 农村经济社会调查司. 我国粮食安全评价指标体系研究［J］. 统计研究，2005（8）：6.

② 中华人民共和国农业部. 农业部关于开展主要农作物生产全程机械化推进行动的意见［EB/OL］. http://www.moa.gov.cn/govpublic/NYJXHGLS/201508/t20150817_4793353.htm，2015 - 08 - 17.

氮肥利用率而言，欧洲主要国家约为65%，美国约为50%[①]。由于我国化肥利用水平较低，因此，本书以50%作为粮食作物化肥利用率的警戒线。

粮食作物农药利用率：农药在粮食生产中对于防病治虫、促进粮食稳产非常重要，但由于乱用、滥用导致残留超标、环境污染等问题，不仅对粮食质量安全造成不利影响，而且对土壤、水环境等也造成污染。就小麦、玉米等粮食作物的农药利用率来看，欧美发达国家达到50%～60%的水平[②]。而由于我国目前利用率较低，因此，本书以50%作为粮食作物农药利用率警戒线。

粮食生产成本利润率：成本利润率是反映盈利能力的一个重要指标，成本利润率直接影响着种粮主体的生产决策。根据2004～2013年的粮食平均收益率，平均值为30.0%，而且根据多数原则，10年中成本利润率在30%及其以上的有6年，因此，本书以30%作为粮食生产成本利润率警戒线。

粮食自给率：粮食自给率是国内粮食生产总量占粮食需求总量的比值，虽然粮食自给率越高意味着粮食外贸依存度越小，粮食安全程度越高，我国在资源环境约束下，若盲目追求100%的粮食自给率需要付出高昂的成本。1996年发布的白皮书——《中国的粮食问题》提出，"中国将努力促进国内粮食增产，在正常情况下，粮食自给率不低于95%，净进口量不超过国内消费的5%。"[③] 20年来，这一直是我国制定粮食政策的基本遵循。在粮食安全新战略下，虽然未对"谷物基本自给"给出一个量化概念，但进行客观评价必须有量化指标，而且谷物基本自给的说法并不是对粮食自给率的全盘否定，只是在"适度进口"战略下的略微调整。因此，本书仍然以95%作为粮食自给率警戒线。

①② 李慧. 我国化肥利用率提高2.2个百分点 [N]. 光明日报, 2015 – 12 – 03.

③ 中华人民共和国国务院新闻办公室.《中国的粮食问题》白皮书 [EB/OL]. http://www.people.com.cn/GB/channel2/10/20000908/224927.html, 2000 – 09 – 08.

口粮满足度：口粮是维持生存的基本粮食需求量，包括城乡居民直接消费所需的粮食。在任何时候都必须满足"口粮绝对安全"。因此，本书以100%作为口粮满足度警戒线。

基尼系数：基尼系数是判定收入分配公平程度的指标，取值在0~1，越接近于0收入越平均，越接近于1收入差距越大。收入差距太大不利于社会公平和稳定，而收入太平均又容易损失效率。因此，国际上通常把0.4作为收入分配差距的警戒线，而0.3~0.4水平相对合理。多年来我国的基尼系数在0.4~0.5，因此，本书以［0.3，0.4］作为基尼系数合理区间，同时，允许下界限值为0.2，允许上界限值为0.5。

农村贫困人口：基尼系数从整体上反映贫富收入差距对粮食获得能力的影响。鉴于我国正处于脱贫攻坚阶段，而且农村贫困人口正是粮食获取能力缺失，遭受饥饿、营养不良的主要群体。因此，本书在基尼系数基础上将农村贫困人口数量纳入粮食安全评价体系。虽然十八届五中全会提出到2020年"在现行标准下农村贫困人口实现脱贫，贫困县全部摘帽，解决区域性整体贫困。"但是，完成这项任务非常艰巨，预计届时仍将有约2000万人需要用社会保障的办法兜底。因此，本书以2000万农村贫困人口作为警戒线。

粮食消费价格指数：粮食消费价格指数反映城乡居民购买粮食的价格变动趋势和程度。粮食消费价格指数高意味着同等的消费需要更多的支出才能获取。为了充分反映粮食价格指数变化对消费带来的影响，本书认为，粮食消费价格指数标准应低于居民消费价格指数，因此将其警戒线设定为居民消费价格指数。

谷物生产者价格指数：谷物生产者价格指数反映谷物生产者出售谷物价格水平变动趋势及其幅度。谷物生产者价格指数越高意味着生产谷物的积极性越高。因此，本书认为，谷物生产者价格指数至少不能低于农产品生产价格指数，所以，将谷物生产者价格指数的警戒线设定为农产品生产价格指数。

农业生产资料价格指数：农业生产资料价格反映一定时期内农业生产价格变动的趋势及程度。而且，农业生产资料价格指数越高，意味着同等投入要素需要支付的成本就越高。由于粮食生产的盈利空间小，因此，生产资料价格上涨对粮食生产的利润空间具有明显的压缩作用。而粮食生产资料价格处于高位水平，因此，本书将100%作为农业生产资料价格指数警戒线。

粮食储备率：粮食储备率反映国家应对粮食失衡的市场调节能力。联合国粮农组织（FAO）把粮食年消费量的17%~18%作为最低储备安全线。同时，粮食储备率不是越高越好，太多的库存不仅意味着储备成本高，而且可能是由供给总量过剩或者是总量平衡下的结构性失衡导致的。考虑到我国地域范围广，而且区域差异大，相对较多的粮食储备更有利于粮食安全。因此，本书将粮食储备率作为区间指标，本书以［18%，25%］作为国家粮食储备率合理区间，同时，允许下界限值为17%，允许上界限制为30%。

中央储备粮质量达标率：储备粮质量达标率是反映储备粮食质量的指标。已有研究成果在粮食安全评价指标体系中很少考虑质量指标，但粮食质量安全在新战略下的重要性却不断提高。因此，本书将中央储备粮质量达标率纳入评价体系。由于达到质量标准是基本要求，多数省份的中央储备粮质量达标率均达到100%，只有少数省份在99%以下。因此，将中央储备粮质量达标率警戒线确定为99%。

中央储备粮宜存率：储备粮宜存率是衡量储备粮品质的指标，我国将稻谷、玉米、小麦的储存品质指标设定为宜存、轻度不宜存和重度不宜存三个类别，因此，宜存率越高意味着储备粮的品质越好。从全国来看，多数省份的中央储备粮宜存率均达到100%，只有少数省份在99%以下。因此，本书将中央储备粮宜存率警戒线设置为99%。

（4）粮食安全预警方法。

根据选择的指标分为正指标、逆指标和区间指标三类。所谓正指标，是指数值越大越好的指标；所谓逆指标，是指数值越小越好的指标；所谓区间指标，是指取值既不是越大越好，也不是越小越好，而应该处于一个合理的区间，低于最低限越多和高于最高限越多均意味着越不好。因此，上面选择的20个指标中：正指标有13个，包括耕地面积、有效灌溉面积比重、人均粮食播种面积、农业科技进步贡献率、粮食机械化综合作业率、粮食作物化肥利用率、粮食作物农药利用率、粮食生产成本利润率、粮食自给率、口粮满足度、谷物生产者价格指数、中央储备粮质量达标率、中央储备粮宜存率。逆指标有5个，包括中低产田占比、农作物受灾面积占比、农村贫困人口、粮食消费价格指数、农业生产资料价格指数。区间指标有2个，包括基尼系数和粮食储备率，分别采用如下公式计算其实现程度：

- 对于正指标，有 $z_i = \dfrac{x_i}{x_{i1}}$

- 对于逆指标，有 $z_i = \dfrac{x_{i1}}{x_i}$

- 对于区间指标，有

$$z_i = \begin{cases} 0, & \text{如果 } x_i \notin [m_1, m_2] \\ \left(-\dfrac{1}{(q_1-m_1)^2}x^2 + \dfrac{2q_1}{(q_1-m_1)^2}x + \dfrac{m_1^2-2q_1m_1}{(q_1-m_1)^2}\right)\times 100\%, & \text{如果 } x_i \in [m_1, q_1] \\ 100\%, & \text{如果 } x_i \in [q_1, q_2] \\ \left(-\dfrac{1}{(q_2-m_2)^2}x^2 + \dfrac{2q_2}{(q_2-m_2)^2}x + \dfrac{m_2^2-2q_2m_2}{(q_2-m_2)^2}\right)\times 100\%, & \text{如果 } x_i \in [q_2, m_2] \end{cases}$$

其中 z_i 为 x_i 的评价值，x_i 为实际值，x_{i1} 为标准值，$[q_1, q_2]$ 为指标 x_i 的目标区间值，m_1、m_2 为指标 x_i 的允许下、上界限值。

根据2013年实际数据，计算出各指标的实现程度（见表3-8），并将警情、警级和灯号作如下划分（见表3-9）。

表 3 - 9　　　　　　　我国粮食安全警情、警级及灯号划分表

指标实现程度（%）	≥100	[90，100]	[80，90]	[60，80]	≤60
警情	无警	轻警	中警	重警	巨警
警级	1	2	3	4	5
灯号	绿色	黄色	橙色	浅红	深红

　　根据以上结果可以看出，我国 2013 年粮食综合安全程度为
82.96%，属于中警范围。其中，市场调节能力为 99.64%，属于
轻警，粮食供给能力属于中警，而粮食需求获取能力属于重警，这
主要是由于贫困人口多造成的，近年来全国贫困人口已经大幅减
少，而且随着脱贫攻坚的深入推进，可以预见农村贫困人口将不断
减少。此外，粮食供给能力对粮食综合安全程度影响大，这与加强
供给侧结构性改革的内在要求是一致的。李光泗等（2015）的研究
成果也表明，我国粮食供求关系在 2020 年之前仍将处于相对的紧
平衡状态，而且粮食供求的结构性矛盾可能会进一步凸显[1]。因此，
从提高粮食供给能力的角度来提高粮食安全保障能力具有极为深远
而重要的作用。

---

[1]　李光泗，钟钰. 我国粮食生产与消费的预测分析 [J]. 统计与决策，2015
（11）：119.

4

全国粮食安全发展趋势与
四川粮食安全走势分析

2004～2015年，中国粮食实现"十二连增"，但与此同时粮食净进口呈直线上升态势，而且粮食库存量也出现增长，形成了"三量齐增"的奇特现象。2014年，我国粮食总产量达到60709.9万吨，其中谷物总产量为55726.9万吨，但同年却累积进口谷物1951万吨，同比增长33.8%，累积进口大豆7140万吨，同比增长12.7%，虽然稻米、小麦和玉米的自给率分别达到98.96%、97.82%和98.82%，但大豆自给率进一步下降到14.10%[①]。因此，全国粮食安全形势更加严峻。一般而言，就需求与供给来讲，改变需求的难度远大于改变供给的难度。对于我国的粮食安全问题而言，随着经济社会的发展和人口数量的不断增加，粮食的刚性需求特征极为明显，而且，虽然不合理的消费模式导致部分粮食浪费，但导致粮食不安全的问题主要来源于供给侧的总量不足和结构失衡，因此，急需加强粮食供给侧结构性改革。

就粮食安全而言，四川在全国的位置极为特殊。四川不仅是农业大省，也是我国西南地区唯一的粮食主产省。2014年，四川实现农林牧渔总产值5888.1亿元，位居全国第五位，仅次于山东、江苏、河南和河北四省，全年粮食总产量为3374.9万吨，在全国

---

① 数据来源于《农村绿皮书：中国农村经济形势分析与预测（2014～2015）》.

排第七位，但只有全国第一大产粮大省黑龙江 6242.2 万吨的 54.07%。全国第四大人口大省的四川却是全国粮食消费的第一大省。到 2013 年，四川已经超越广东成为全国第一大粮食消费大省，全省粮食消费量超过 900 亿斤。同时，四川还是全国第二大粮食净调入省，每年调入粮食的数量超过 1500 万吨。因此，四川集农业大省、产粮大省、人口大省、粮食消费大省、粮食调入大省五重身份于一身，在新常态下，尤其是在粮食安全省长责任制下，四川粮食安全问题尤其突出。因此，维护四川粮食安全，不仅是四川自身的重要任务，对于促进全国粮食安全也具有十分重要的积极意义。

在粮食生产上，四川不仅面临着城市化和工业化进程不断推进导致水资源短缺、土地非农化、耕地非粮化等共性问题，还面临着人地矛盾突出、地块细碎化、农村劳动力大量流出等特殊问题，维护粮食安全的任务十分艰巨，"谁来种粮""如何种粮"的问题尤其突出，通过优化种粮主体行为实现粮食供给侧结构性改革是提高四川粮食安全保障能力的必由之路。为了充分把握种粮主体行为发生的变化及其对粮食安全产生的实际影响，在考虑粮食生产情况、地形地貌、地理位置和经济发展水平四大因素基础上选择四川省的成都新津县、德阳广汉市、自贡荣县、广元苍溪县、宜宾筠连县五个县（市）进行实地调查，共计发放问卷 270 份，回收问卷 262 份，对其中部分前后存在矛盾的问卷进行剔除后，获得有效问卷 245 份，问卷有效率为 93.5%（详见附录 1）。下面将在宏观数据基础上结合实地调研情况进行分析。

4.1

粮食安全问题发展趋势判断

当今世界三大经济安全问题包括粮食安全、能源安全和金融安全，而且随着粮食能源化、金融化趋势不断增强，导致三大问题相互交织，而粮食作为生活必需品首当其冲。联合国世界粮食计划署发布的粮食安全风险指数表明，2010 年中国粮食风险在纳入评价的 163 个经济体中位于第 96 位，属于中度风险①，2011 年中国在纳入评价的 196 个国家中也属于中等风险②。在 2011 年中国经济安全论坛上，国务院发展研究中心韩俊副主任指出，"粮食安全目前最为脆弱"。虽然和平与发展仍然是时代主题，但影响粮食安全的不稳定因素趋于增多，在粮食贸易全球化不断加深的时代背景下，在工业化、城镇化深入推进和经济发展新常态的深刻影响下，粮食安全形势日趋严峻，保障中国粮食安全面临着来自多个方面的挑战。

虽然黄季焜（2004），姜长云（2005），梁子谦（2007），马晓河、蓝海涛（2008）等部分专家学者对我国粮食长期的供求持乐观的态度，其中黄季焜认为，我国是发展中国家当中粮食安全程度最高的国家之一③。但是，柯炳生（2007），王雅鹏、林毅夫（2008），彭克强等（2009），李国祥（2010），陆文聪（2011），倪洪兴（2013）等普遍认为未来我国很可能出现粮食生产难以满足消费的情况，粮食供需处于紧平衡状态，保障粮食安全的难度大。综合已有文献不难看出，对于我国的粮食安全形势，多数学者的态度较为谨慎，认为在短期内虽然我国有能力维持供求平衡，但从长期来看，粮食将会处于紧平衡状态，而且供需缺口趋于加大。而且，经济合作与发展组织和联合国粮农组织 2013 年发布的十年期农业展望中，专门就我国主要粮食品种产量进行预测，并对粮食生产提出预警④。笔者认为，我国粮食安全虽然短期内在利用国际市场进行调节的基础上出现大问题的可能性较小，但从长期来看，粮食安全形势趋于严峻。

① 中华粮网. 粮食计划署：公布粮食安全风险指数中国中度风险 ［EB/OL］. ht-tp：//www. cngrain. com/Publish/news/201009/462147. shtml，2010 - 09 - 01.

② 中华粮网. 2011 年粮食安全风险指数发布 ［EB/OL］. http：//www. cngrain. com/Publish/produce/201109/501274. shtml，2011 - 09 - 02.

③ 黄季焜. 中国的食物安全问题 ［J］. 中国农村经济，2004（10）：4 - 10.

④ OECD - FAO：OECD - FAO Agricultural Outlook 2013 - 2022，OECD Publishing，www. oecd-ilibrary. org，2013.

4.1.1　全球粮食区域性短缺矛盾加剧

从世界范围来看，2014 年 12 月联合国粮农组织提供的资料显示，2014 年全球谷物产量达到 25.32 亿吨，已经处于粮食产量的高位水平，而根据世界银行发布的测算数据，全球总人口数量 2014 年底达到 72.07 亿，分别是 1950 年的 3.67 倍和 2.86 倍。虽然从长期变化总体趋势来看，全球粮食总产量增速高于全球人口总数增速，但是，随着消费水平的提高、结构的变化和粮食安全内涵的拓展和丰富，粮食安全形势依然不容乐观。尤其是从不同区域来看，发达国家不仅粮食生产过剩，而且通过粮食企业跨国兼并、组建战略联盟等方式加强对全球粮食资源甚至粮食产业链的整链控制能力，加上恶劣气候、武装冲突以及疫病等因素的影响和粮食能源化、金融化等因素的综合作用，导致发展中国家尤其是落后地区粮食安全问题更加突出。2012 年，尼日尔、津巴布韦、利比里亚、埃塞俄比亚、中非共和国等 28 个非洲国家及拉丁美洲和加勒比地区的海地存在粮食安全问题，需要国际社会提供粮食援助①。据联合国粮农组织发布的资料显示，全世界到 2013 年还有 8.42 亿人处于粮食不安全的状态，这意味着 1/8 的世界人口还在遭受着饥饿和营养不良的困扰②。

从中国来看，2014 年粮食产量达到 60702.6 万吨，人口总数达到 136782 万人，分别是新中国成立初期 1950 年的 4.59 倍和 2.48 倍。但是，在此过程中，尤其是近年来中国粮食进口量和进口额不断增加（见图 4 - 1）。2014 年，中国进口谷物及谷物粉达到 1951 万吨，比 2013 年增加 33.8%；而出口谷物及谷物粉只有 71 万吨，比 2013 年减少 25.3%（见图 4 - 2）；同时还进口大豆 7140 万吨，

---

①　联合国粮食及农业组织.《作物前景与粮食形势》[J].2012（4）：2 - 3.
②　王大为，郑风田. 新形势下中国粮食安全的现状、挑战与对策——第五届中国经济安全论坛综述 [J]. 河南工业大学学报，2015（2）：13.

同比增长 12.7% ，为历史最高水平（见图 4 – 3）。2014 年进口谷物、粮食粉、淀粉或乳的制品及糕饼点心共计 28.14 亿美元，而出口共计 15.73 亿美元，净进口为 12.41 亿美元。这表明，整体而言，保障全国粮食安全对国际市场的依赖度提高，粮食安全国内保障能力趋于下降。因此，粮食净进口将常态化，而且增长趋势不可逆转①。此外，从区域来看，粮食产销格局却发生明显变化。刘洛等通过对我国长达 20 年的数据进行研究认为，耕地粮食生产潜力处于不断变化之中，而且在变化的时空上具有显著的差异性，总体趋势是南方地区减少，北方地区增加，综合来看，粮食生产潜力的总量减少②。粮食主产区北移，"南水北调""东粮西运"与"南水北调""西电东送"的资源时空分布不均矛盾加剧，而且粮食产销空间的错位也对粮食仓储、运输形成了极大的挑战，加大了国内不同区域的粮食安全保障难度。

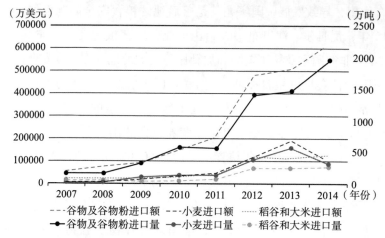

图 4 – 1 中国谷物及谷物粉、小麦、稻谷和大米进口量及金额情况

数据来源：2008 ~ 2015 年《国家统计年鉴》。

---

① 王锐，王新华 . 2003 年以来我国粮食进出口格局的变化、走向及战略思考［J］. 华东经济管理，2015（12）：83 – 87.

② 刘洛，徐新良，刘纪远，陈曦，宁佳 . 1990 ~ 2010 年中国耕地变化对粮食生产潜力的影响［J］. 地理学报，2014（12）：1767 – 1776.

图 4 - 2 中国谷物及谷物粉进出口情况

数据来源：2008～2015 年《国家统计年鉴》。

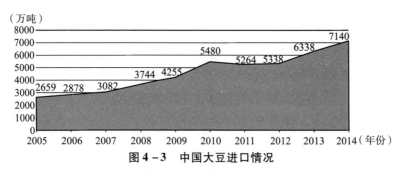

图 4 - 3 中国大豆进口情况

数据来源：2007～2015 年《国家统计年鉴》。

4.1.2 粮食需求持续刚性增长

粮食需求虽然受到诸多因素的影响，但对于一个国家或地区而言，主要受两个基本因素的影响：一是人口规模，二是消费水平。

从人口规模来看，新中国成立以来，人口连续增长，预计未来一段时间仍将保持增长势头。国内学者就我国人口增长情况通过多种方法做了相应的预测，其中，门可佩等通过新型灰色预测模型预测认为，到 2030 年中国人口约为 14.26 亿[1]；蒋辉利用罗吉斯蒂曲线和灰色模型对我国 2030 年人口数量的预测结果分别为 14.13 亿

---

[1] 门可佩，官琳琳，尹逊震. 基于两种新型灰色模型的中国人口预测 [J]. 经济地理，2007 (11)：942.

和 13.73 亿[①];刘铮认为到 2030 年,我国人口将持续增加到 16 亿的峰值[②];《国家人口发展战略研究报告 2012》的研究结果是,在未来 30 年期间,全国人口还将会有 2 亿人左右的净增长。对已有研究成果进行分析可以发现,对人口达到峰值的时间以及在重要时间节点的人口规模等尚未达成一致,但综合多数研究成果可以发现,在未来十年,人口基本会保持增长态势。因此,在未来至少长达十年的时期内,人口增长的刚性需求将带动粮食需求持续增长,从而对提供充足的国内粮食供给形成巨大的压力。

从消费水平来看,随着经济的发展和社会的进步,膳食结构将不断转型升级,原粮消费趋于减少,但相应的消费结构却不断提高,满足生活所需的肉、禽、蛋、奶等需要通过粮食转化而来或者是需要占用更多土地生产的蔬菜、水果等食物的需求却相应增加,而且通过粮食加工而来的食品需求也呈增长态势。《中国食物与营养发展纲要(2014~2020 年)》提出,全国人均全年口粮消费量到 2020 年将为 135 公斤,同时,蔬菜和水果的消费量为 140 公斤和 60 公斤,食用植物油和豆类的消费量为 12 公斤和 13 公斤,肉、蛋、奶类消费为 29 公斤、16 公斤和 36 公斤,水产品消费量为 18 公斤。因此,综合粮食直接消费和间接消费的变化情况,虽然口粮消费水平降低,但人均粮食综合消费水平必将呈继续上升之势。叶兴庆在第五届中国安全论坛上也表示,我国尚未达到日本、韩国等食物消费结构较为稳定时人均 GDP 2 万美元的发展阶段,我国的膳食结构还将继续转型,而且还将是一个长期的过程[③]。2014 年 6 月,世界银行发布的《中国经济简报》预测结果为,中国粮食需求总量到 2020 年将达到 6.7 亿吨,到 2030 年将达到 7.0 亿吨。

---

① 蒋辉. 我国人口预测分析 [J]. 科技管理研究,2005 (11):145.

② 刘铮. 世界粮食危机挑战中国粮食安全 [J]. 经济学家,2009 (12):93.

③ 王大为,郑风田. 新形势下中国粮食安全的现状、挑战与对策——第五届中国经济安全论坛综述 [J]. 河南工业大学学报(社会科学版),2015 (2):14.

从严格意义上来讲，消除饥饿和营养不良的粮食需求才是必须的，但是随着经济和社会的发展，膳食结构的调整优化是必然的，因此，膳食结构优化引致的粮食需求增加也具有一定的刚性。

此外，在众多关于粮食需求的预测中，很少关注到粮食品质的提高或者对粮食加工、转化而来的食物需求的增加带来的粮食需求隐性增长。但是，粮食安全最大的问题已经不再是粮食数量不足，取而代之的是粮食的质量问题①。随着"毒大米""镉大米"等事件的出现，消费者对粮食质量的关注度和需求度不断提高。而且，随着收入水平的提高，在解决了温饱问题之后，粮食消费逐渐从"温饱型"向"小康型"转变，对粮食质量要求的提高，实际上也是一种粮食刚性需求。从这个角度来看，保障粮食安全不单单需要保障数量安全，更重要的是保障粮食质量安全。

4.1.3　粮食增产提质资源环境支撑能力弱

在粮食安全新战略下，虽然可以通过"适度进口"缓解粮食安全保障压力，但对粮食数量需求的增加和质量要求的提高，尤其是在"以我为主、立足国内、确保产能"的战略下，保障粮食安全必须实现国内粮食生产既增产又提质。粮食增产提质需要相应的资源和环境作为支撑，然而，我国正处于资源与环境的约束之中，而且人口膨胀与资源匮乏的矛盾还将长期存在②。

（1）从土地资源来看，粮食生产耕地支撑能力减弱。虽然我国陆地面积高达 960 万平方公里，但 2013 年 12 月 30 日公布的《关于第二次全国土地调查主要数据成果的公报》显示：全国只有耕地

---

① 郑风田，王大为.《粮食法（送审稿）》九大问题［J］. 河南工业大学学报（社会科学版），2015（1）：16.

② 顾海兵，余翔，沈继楼. 国粮食安全研究的新架构［J］. 国家行政学院学报，2008（3）：39－40.

13538.5 万公顷，而其中位于最高洪水位控制线范围内和 25 度以上陡坡的耕地就有 996.3 万公顷。还有大量的耕地需要通过退耕还林、还草、还湿等对其用途进行调整，部分耕地需要进行休耕以实现地力恢复。从耕地总量来看，比 1996 年 10 月 31 日 13003.92 万公顷①的耕地面积总量减少 538.58 万公顷，减幅为 4.11%，粗看占比不高，但减少的耕地面积比全国 13 个产粮大省之一的湖北省全省 2015 年的耕地面积 525.5 万公顷还多，这意味着两次调查期间的 13 年内②失去了一个多湖北省的耕地。从全国来看，人均耕地占有量不足世界水平的一半，土地二次调查数据表明，全国人均仅拥有耕地 1.52 亩，在 1996 年人均 1.59 亩耕地的基础上又减少 0.07 亩，人地矛盾极为突出。虽然划定了 18 亿亩的"耕地红线"，但随着城镇化和工业化进程的持续推进，可以预见耕地总量仍将继续减少，而且为了追求地方经济发展，地方政府强烈的挤占耕地、占优补劣动机③导致即使占比平衡也只是数字上的总量平衡，难以达到质量平衡或者是产能平衡。

（2）从水资源来看，不仅人均占有量少，而且时空分布不均。一是人均水资源占有量低。2014 年，全国人均水资源量只有 1998.6 立方米，仅为世界人均水平的 1/4 左右。二是水资源区域分布极不均衡。全国 13 个产粮大省占有全国粮食总产量的 75.8%，但却只拥有 38.6% 的水资源④。三是时间分布不均。每年主要降水集中在 6~9 月，因此，在粮食生产春耕需要大量用水的季节以及秋冬期间的降水与用水矛盾突出。

---

① 国务院第二次全国经济普查领导小组办公室. 第 5 号：关于土地利用现状调查主要数据成果的公报 [EB/OL]. http：//www. stats. gov. cn/tjsj/tjgb/nypcgb/qgnypcgb/200203/t20020331_30456. html，2001 - 08 - 01.

② 第二次全国土地调查自 2007 年 7 月 1 日开始，以 2009 年 12 月 31 日为标准时点汇总二次调查数据.

③ 李国祥. 实施好新形势下的国家粮食安全战略 [J]. 农村工作通讯，2014 (12)：27.

④ 数据根据《中国统计年鉴 2015》整理而来.

（3）从基础条件来看，靠天吃饭的局面还在很大程度上存在。《关于第二次全国土地调查主要数据成果的公报》中提供的数据显示，有灌溉设施的耕地为91614万亩，在耕地总面积中的占比只有45.1%。这意味着，有一半以上的耕地缺乏灌溉设施的保障。在长期的农村调研中发现，农田水利基础设施年久失修、功能退化甚至丧失现象较为普遍。根据2013年发布的《全国高标准农田建设总体规划》，2001~2010年，全国已经建成高产稳产基本农田2.5亿亩，照此速度计算，即使将无灌溉设施的耕地建成高标准农田也需要45年，若考虑到对已经有灌溉设施的耕地进行提升，建设任务将更加繁重。根据该规划，全国到2020年将建成集中连片、旱涝保收的高标准农田8亿亩。但是，到2014年，全国耕地灌溉面积只有6454万公顷，比2010年的6034.8万公顷增加419.2万公顷，这意味着四年时间只增加有效灌溉面积6288万亩，离完成规划的目标任务相差甚远。实践经验表明，诸如建设高标准农田此类的工作，一般而言都是从容易的开始，因此越往后，高标准农田建设的难度将越大、所需投入也更多。此外，随着农村劳动持续向城镇区域和非农产业转移，劳动力已经从"过剩"转变为"结构性短缺"，因此，通过机械替代人工投入极为重要。但是，到2014年，我国拥有农业机械总动力108056.6万千瓦，而且低档机具比例大、农机运用基础设施条件差导致粮食生产机械化总体能力不强。

（4）从气候变化来看，全球气候变暖以及以气候问题为主的农业自然灾害已经对粮食生产形成严重的制约。2014年，全国农作物受灾面积和绝收面积分别达到2489万公顷和309万公顷，占农作物播种总面积的15.04%和1.87%，其中旱灾导致的受灾面积和绝收面积分别达到1227.2万公顷和148.5万公顷，风雹灾害导致的受灾面积和绝收面积分别达到322.5万公顷和45.8万公顷，洪涝、山体滑坡、泥石流和台风导致的受灾面积和绝收面积分别达到722.2万公顷和97.7万公顷。可以说，我国是世界气候变化的最大受害者之一①。随着温室气体排放的增加，未来全球气温还将继续升高。虽然为了阻止全球变暖，联合国 1992 年专门制订了《联合国气候变化框架公约》，到目前已经有缔约方 196 个，而且第 21 届联合国气候变化大会于 2015 年 12 月 12 日通过《巴黎协定》，对 2020 年后全球应对气候变化行动作出安排，全球正在为实现巴黎气候协议提出的把"全球平均气温升高幅度需控制在 2 摄氏度以内"的目标而努力。但是，根据以往经验，这条路径不可能一帆风顺，而且即使通过共同的努力能够实现既定目标，那也意味着全球气温仍然可能在 2 摄氏度以内上升，由此对全球粮食甚至是农业生产的影响不容小觑。

（5）从环境来看，对粮食生产尤其是安全、优质粮食生产制约加大。当前，粮食"十二连增"让部分人对粮食安全的形势趋于乐观，然而冷静下来分析，这是值得引以为豪，还是该得以警醒？进一步分析可以发现，农药、化肥在粮食"十二连增"中扮演着重要的角色，可以说，化肥农药等技术的发展是我国粮食实现粮食连续增长的重要推动力②。以化肥为例，2014 年全国化肥施用量达到 5995.9 万吨，是 1978 年 884 万吨的 6.78 倍，但同期粮食产量只是接近翻番。劳动力投入的边际产出呈递增趋势，但与之相对应的是，化肥投入的边际产出却呈现递减趋势③，化肥施用量长期对粮食增产的显著正效应已在近期变得不显著④。李国祥根据《中国统计年鉴 2013》中相关数据的估算结果进一步表明，在 20 世纪 60 年代我国每施用 1 公斤化肥可以生产 70 多千克粮食，而到了 2012 年

---

① 胡鞍钢，地力夏提·吾不力，鄢一龙. 粮食安全"十三五"规划基本思路［J］. 清华大学学报（哲学社会科学版），2015（5）：162.

② 郑风田，张曼. 土壤退化挑战粮食安全［J］. 社会观察，2014（7）：40.

③ 刘怀宇，李晨婕，温铁军. "被动闲暇"中的劳动力机会成本及其对粮食生产的影响［J］. 中国人民大学学报，2008（6）：21–27.

④ 张利庠，彭辉，靳兴初. 不同阶段化肥施用量对我国粮食产量的影响分析——基于 1952~2006 年 30 个省份的面板数据［J］. 农业技术经济，2008（4）：85–93.

却不足 20 公斤①。我国亩平化肥施用量达到 29.5 千克，是世界平均水平的 3 倍多，根据农业部组织专家于 2013 年完成的《中国三大粮食作物肥料利用率研究报告》结果显示，我国水稻、玉米和小麦三大粮食作物生产使用的主要肥料中利用效率最低的为磷肥，当季平均利用率只有 24%；氮肥居中，当季平均利用率为 33%；而钾肥的当季平均利用率最高，但也只达到 42%。这意味着，大量的化肥施用其实是无效的，不仅导致生产成本的无谓增加，而且更为严重的在于，化肥的大量过度施用降低了土地的可持续发展能力，由此而引起的土壤板结、有机质含量下降等问题对粮食产业的持续健康发展极为不利。而且，农业部门的测算数据显示，农药中只有 30% 有效地作用于病虫害防治，高达 70% 的农药实际上都没发挥作用②。超量的农药施用不仅埋下农产品质量安全隐患，而且也造成土壤和地下水污染的不良后果。此外，环境保护部和国土资源部 2014 年 4 月 17 日公布的公报信息显示，"全国土壤环境状况总体不容乐观，部分地区土壤污染较重，耕地土壤环境质量堪忧"，其中"耕地土壤点位超标率为 19.4%"，污染物主要包括镉、汞、砷、铜、铅、铬、锌、镍 8 种无机污染物和六六六、滴滴涕、多环芳烃 3 类有机污染物③。这表明，农药过度施用对土壤已经造成了实质性的不良影响。土壤、水和空气污染共同对提高粮食质量形成了极大的挑战。

从以上分析可以看出，资源减少与生态恶化并存，未来支撑粮

---

① 李国祥 . 2020 年中国粮食生产能力及其国家粮食安全保障程度分析 [J]. 中国农村经济，2014（5）：11.

② 王大为，郑风田 . 新形势下中国粮食安全的现状、挑战与对策——第五届中国经济安全论坛综述 [J]. 河南工业大学学报（社会科学版），2015（2）：17.

③ 中华人民共和国环境保护部 . 环境保护部和国土资源部发布全国土壤污染状况调查公报 [EB/OL]. http：//www. zhb. gov. cn/gkml/hbb/qt/201404/t20140417_270670. htm，2014 - 04 - 17.

食生产的资源环境约束趋于加剧，这与黎东升等的研究结论①是一致的。然而，无论是耕地资源、水资源，还是气候条件，作为自然环境，改变起来极为困难。例如，人均耕地少是我国的基本国情，但我国的现代化进程只能立足于使用自己的土地资源，因此不能从资源总量不足来找原因②，其对于促进问题的解决不具有实质意义。但是，从另一个角度来思考，既然这些资源、环境由于人类行为的影响而朝着更加不利的方向变化，那么，通过改变人类行为让其朝着更加有利的方向转变或者是更加合理和有效的利用无疑是最为可行的路径。

4.1.4 种粮增收难度加大

在温饱问题尚未解决的粮食短缺年代，对于农民而言，粮食安全是"自己的事"，因为，种不好粮，家庭的粮食需求就难以得到满足，将直接面对饥饿和营养不良。对于农民而言，不种粮、种不好粮就得挨饿。虽然毛泽东在 1957 年 1 月 27 日的《在省市自治区党委书记会议上的讲话》中就曾明确提出，"不抓粮食很危险。不抓粮食，总有一天要天下大乱。"③ 因此，"吃饱饭"的目标激励着广大农民努力种粮。然而，在实行家庭联产承包责任制以后，种粮的目的在自给自足的基础上，逐步向商品目的转变，农民种粮除了满足自身需要及上交公粮以外，更需要通过粮食等农产品剩余换取其他生活资料，粮食的商品化属性不断增强。粮食作为生活的必需品，国家长期对粮食价格采取严格的价格调控，对粮食收购实行许可证制度，但随着粮食流通体制改革的深入推进，种粮增收日益成

① 黎东升，曾靖.经济新常态下我国粮食安全面临的挑战 [J].农业经济问题，2015（5）：44 - 45.

② 胡小平.关于我国粮食供给保障战略的理论思考 [J].中国社会科学，1996（6）：23.

③ 毛泽东文集（第 7 卷）[M].北京：人民出版社，1999：199.

为农民种粮的直接目的。所以，种粮是否增收以及增收的程度是种粮主体是否种粮以及种多少粮的重要因变量。因此，在市场经济条件下，研究粮食安全问题不仅要研究粮食的供给问题，更要研究影响粮食供给的粮农增收这一重要因素。

从全国范围来看，粮食每亩平均总成本从 2004 年的 395.5 元上升到 2013 年的 1026.2 元，10 年时间内增长了 159.5%。生产成本具有刚性，呈现增长趋势并非异常，如果粮食销售价格与之同步上涨甚至涨幅更高，利润水平则可持平甚至是提高，从而随着亩平产量的增加而实现利润增长。但是，现实情况是，同期每 50 斤粮食平均出售价格从 70.7 元上升到 121.1 元。单从粮食出售价格来看，10 年期间连年上涨，共计上涨 71.3%。但是，2013 年的亩平种粮成本是 2004 年的 2.6 倍，因此与成本比较则可以发现，粮食价格上涨幅度远低于成本上涨幅度。综合来看，2013 年粮食生产的净利润水平平均每亩为 72.9 元，只有 2004 年 196.5 元的 37.1%（见图 4 - 4）。

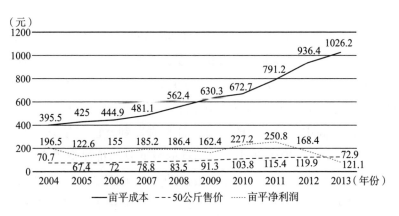

图 4 - 4　2003 ~ 2013 年粮食成本收益变化情况

数据来源：国家粮食局. 2014 中国粮食年鉴［J］. 北京：经济管理出版社，2014.

因此，虽然国家出于保护粮农利益的考虑持续提高粮食最低收购价，但是在生产成本不断大幅提高的情况下，种粮主体的亩平利润水平在波动中总体处于减弱趋势。

（1）粮食生产成本压缩难。从总体上看，无论是土地租金，劳动力，还是农药、化肥等粮食生产投入品的价格均处于上升通道，而且土地租金和劳动力成本在未来一段时期内可能还会大幅上涨。虽然通过规模经营等途径，可以提高经营效率并且通过批量采购略微降低生产成本，但很难抵消其市场价格的上涨幅度。因此，粮食生产成本不仅压缩难，而且继续提高的可能性极大。

（2）在粮食生产成本难以压缩的情况下，能否继续大幅提高国内粮食价格以提高种粮盈利能力呢？答案显然是否定的。根据前面的分析，在开放的市场环境下，通过国际贸易可以实现资源更为有效的配置，而且通过进口粮食也可以缓解国内粮食供需缺口矛盾。但同时，也要看到，国际粮食市场的价格对国内粮食价格带来的不利影响。以玉米为例，在南方港口，美国玉米2014年12月的到岸税后平均价为1710元/吨，而同期国内玉米平均成交价格为2436元/吨。这意味着，美国玉米运抵我国后税后价依然比我国的玉米便宜30%[1]。2015年1~9月，我国国内批发市场的小麦、玉米和大米平均价格比进口到岸完税后的成本价高36.6%、50.6%和41.6%[2]。到2015年年底，我国小麦、大米、玉米三大谷物国内外价差每吨分别为771元、745元、790元[3]。当前，主要农产品价格已经超过了进口价格，在国际国内粮食价格出现"倒挂"的情况下，继续提高粮食最低收购价保护种粮农民利益已经缺乏可行性。与2004年相比，2015年小麦、稻谷的最低收购价保持不变，成为近年来粮食最低收购价持续提高的转折点，而且2015年国家临时存储玉米挂牌收购价格水平为1元/斤（国标三等质量标准），在

---

① 仇焕广，李登旺，宋洪远. 新形势下我国农业发展战略的转变——重新审视我国传统的"粮食安全观"[J]. 经济社会体制比较, 2015（4）: 13.

② 陈锡文. 中国粮食政策调整方向 [J]. 中国经济报告, 2015（12）: 19.

③ 国家粮食局门户网站. 国家粮食局局长任正晓在全国粮食流通工作会议上的报告 [EB/OL]. www.chinagrain.gov.cn, 2016 - 01 - 26.

2014 年基础上降低 0.11~0.13 元/斤①。现实已经为继续提高粮食最低收购价以保护粮农利益的可能性提供了最好的解释。粮食生产成本提高，而继续提高最低收购价无望，如何实现种粮增收？

（3）通过增加粮食补贴促进粮农增收，对粮食生产等环节给予补贴是世界上多数国家通行的做法，这主要是由于粮食安全的重要性以及粮食产业的弱质性决定的。实际上就我国的具体情况来看，近年来种粮主体也主要是依靠种粮补贴实现增收。然而，我国粮食补贴政策受到 WTO 规则的制约，目前，小麦、玉米、稻谷等支持已经接近"黄箱"综合支持量不超过该产品产值 8.5% 的上限。因此，继续增加粮食补贴不仅面临着整体经济形势疲软形成的财政支出压力，而且也面临着允许支持总量的限制。

因此，在粮价上涨难、补贴增加受限的同时，粮食生产成本仍将处于"上升通道"，未来促进粮食增收的主要方向将是增加种粮主体的经营规模，从而提高粮食生产的总体盈利能力。

4.2

四川粮食安全形势与走势分析

四川享有"天府之国"美誉，世界上唯一一座历经 2000 多年仍然发挥作用且效益不衰的水利工程——公元前 256 年前后建成的都江堰成就了其"水旱从人，不知饥馑"的景象，加上四川盆地周边是崇山峻岭，其易守难攻的特殊战略地位让其在冷兵器时代极少遭遇战争破坏，故而晋代著名史学家常璩在其著作《华阳国志》中称："蜀沃野千里，号称'陆海'，旱则引水浸润，雨则杜塞水门，故记曰：水旱从人，不知饥馑，时无荒年，天下谓之天府也。"但

---

① 根据国家发展和改革委员会、国家粮食局、财政部、中国农业发展银行联合发布《关于 2014 年东北地区国家临时存储玉米收购有关问题的通知》，2014 年国家继续在东北三省和内蒙古自治区实施玉米临时收储政策，具体国家临时存储玉米挂牌收购价格（国标三等质量标准）为：黑龙江 1.11 元/斤，吉林 1.12 元/斤，内蒙古、辽宁 1.13 元/斤.

是，作为天府之国的四川近年来粮食紧平衡特征却十分明显，粮食调入量大幅增加，从 2006 年的 640 万吨跃升到 2013 年的 1419 万吨，调入量排位上升到全国省区市中仅次于广东的第 2 位。目前，四川已从 20 世纪五六十年代主要的粮食净调出省转变为粮食净调入省，保障粮食安全的压力不断加大。

4.2.1　四川粮食安全现状

（1）粮食发展低于全国平均水平。

四川作为中国西南地区唯一的产粮大省，与全国相比，四川粮食产量不仅没有同步提升，而且连续增产时间比全国短 5 年。到 2015 年，全国粮食总产量实现"十二连增"，而 2014 年四川结束粮食总产量"七连增"历史，比 2013 年减产 12.2 万吨。在 2004~2015 年，四川粮食累积增幅大幅低于全国水平，比全国同期增幅低 36.12 个百分点，2015 年全国粮食总产量比 2003 年增加 19074 万吨，累积增长 44.27%，同期四川粮食总产量增加 259.5 万吨，累积仅增长 8.15%。四川粮食总产量在全国粮食总产量中所占的比重下降 1.85 个百分点，粮食总产量排名也从 2003 年仅次于山东和河南的第 3 位下降到 2015 年的 6 位，这意味着，四川粮食生产处于全面下降之中（见图 4-5）。

（2）单产水平对粮食总产量波动影响大。

四川粮食播种面积较为稳定，在全国粮食产量"十二连增"期间，粮食播种面积平均值为 646.3 万公顷，期间粮食播种面积最多和最少的年份分别为 2006 年和 2003 年，分别为 658.3 万公顷和 638.7 万公顷，相差为 19.6 万公顷，为粮食年均播种面积的 3.05%，并未出现大幅的波动。但是，同期粮食产量波动较大。同期粮食产量最多的年份和最少的年份分别为 2015 年和 2006 年，分别为 3442.8 万吨和 2893.4 万吨，相差为 549.4 万吨，为粮食年均平均产量 3217.7 万吨的 17.07%。将粮食产量波动与播种面积波动进行比较不难发现，粮食产量的波动远大于播种面积的波动，而且粮食产量的波动主要是由于单产水平的变化引起的。更为重要的是，粮食播种面积与粮食总产量之间并无明显的同向或同步变化趋势（见图4-6），其中2006年的情况尤为典型，这一年既是2003~2015年期间粮食播种面积最大的年份，但同时也是粮食产量最少的年份。这更加说明粮食总产量波动中播种面积的变化的影响小，而单产水平的变化影响大。所以，未来粮食增长的潜力主要在于提高粮食单产水平，尤其是在资源环境约束趋紧不可能大幅增加粮食播种面积的情况下，提高粮食单产水平显得尤为重要。彭克强等（2009）也认为，"中国未来粮食安全的严峻形势是人口持续增加而耕地不断减少的双重压力长期并存，确保国家粮食安全的关键措施只能是努力提高粮食单产。"

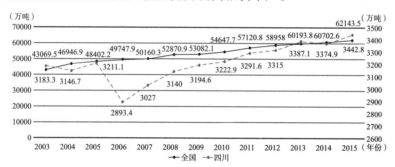

图4-5　四川和全国粮食总产量走势图①

数据来源：根据2004~2015年《国家统计年鉴》历年统计年鉴中当年数据和国家统计局关于2015年粮食产量的公告数据整理而来。

---

①　在研究中发现，不同统计年鉴之间同一指标数据存在差异，比如，在《中国统计年鉴2012》中，2011年四川农作物播种面积为9565.6千公顷、粮食作物播种面积为6440.5千公顷、粮食产量为3291.6万吨，虽然《四川统计年鉴2013》中四川2011年的粮食产量同为3291.6万吨，但在同年的《四川统计年鉴2012》中，2011年四川农作物播种面积为10026.5千公顷、粮食作物播种面积为6903.4千公顷．在产量一致的情况下，关于粮食播种面积国家统计数据却是四川统计数据的93.3%，而农作物播种面积则为95.4%．而且，不同年份的同一年鉴中也存在这样的差异，比如，《中国统计年鉴2007》中，2006年全国农作物播种面积为157021千公顷、粮食作物播种面积为105489千公顷、粮食产量为49747.9万吨，而《中国统计年鉴2013》中，2006年全国农作物播种面积为152149千公顷、粮食作物播种面积为104958千公顷、粮食产量为49804.2万吨，分别是《中国统计年鉴2007》中相应数据的96.9%、99.5%和100.1%，不仅数据不一致，而且粮食播种面积与粮食产量之间反向调整．有鉴于此，为了保持省级数据与国家数据一致，本图数据以2004~2015年《国家统计年鉴》历年统计年鉴中当年数据为准，结合国家统计局关于2015年粮食产量的公告整理而来．

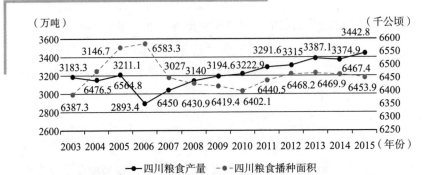

图4-6　四川粮食播种面积和产量走势对比图

数据来源：根据2004～2015年《国家统计年鉴》历年统计年鉴中当年数据和国家统计局关于2015年粮食产量的公告数据整理而来。

（3）从粮食净调出省转变为净调入大省。

四川自古以来有"天府之国"的美誉，即使在全国粮食中心逐步北移的过程中，四川作为西南的重要粮仓，每年都要向重庆、云南、贵州、西藏等周边省（区）提供大量商品粮。但是，随着粮食产量增幅的下降甚至是负增长和粮食需求的持续增加，四川粮食调入量大幅增加，已经呈现出明显的"紧平衡"状态。2007～2011年，四川省粮食调入量占全省粮食消费总量的比例由19%增加到27%①，到2013年，省外调入粮食达1419万吨，四川粮食安全形势出现根本逆转，作为全国13大粮食主产省之一，不仅已经不再是粮食净调出省，而且已经成为全国第二大粮食调入大省。

（4）粮食结构性矛盾突出。

粮食的结构矛盾主要是生产难以满足需求变化的要求，因此，必须清楚粮食消费的变化趋势以及面临的矛盾，才能在需求的引导下做好供给侧结构性改革。一是粮食购买人口结构变化。随着城镇化进程的持续推进，农村人口持续向城镇转移，大量生产粮食的人口转变为粮食的净消费人口，从种粮售粮主体转变为纯粹的粮食消费主体。由

---

① 四川省粮食局课题组.四川粮食产销衔接运力保障机制研究［J］.粮食问题研究，2013（1）：37.

于城镇居民比农村居民的人均粮食消费水平高，因此，一方面是由于人口的增加和城镇化比例的提高带来粮食需求总量的增加，另一方面是人口结构的变化导致需要通过市场获取粮食的人口增加。2013年农业部数据显示，城镇化率每增加1%粮食消费需求会增加100亿斤[①]。二是粮食消费品种结构变化。随着收入和生活水平的不断提高，膳食结构随之调整，在人均口粮消费量下降的同时，城乡居民不仅对优质粮食的消费需求增加，而且对粮食转化而来的肉蛋奶等需求增加引起间接的粮食消费需求增加，因此粮食生产必须随之做出适应性调整。三是四川作为西南地区唯一的粮食主产省，粮食企业加工原料需求却难以实现本地化，优质大米、优质面粉乃至饲料、白酒加工等原料都需要大量从东北等地区调入、从泰国等国际市场进口，每年调入粮食1500万吨左右。因此，从总体上看，粮食需求总量扩张与结构变动并存，粮食生产的惯性思维和做法导致供给与需求的结构性矛盾加剧，加上对粮食等食品的品质要求不断提高，进一步加大保障压力。

4.2.2 新常态下的四川粮食安全新特征

习近平总书记说："中国经济呈现出新常态"。所谓新常态，主要包括三个特点：一是在经济增长速度上，从高速增长转为中高速增长；二是经济结构变化上，结构正处于不断优化升级过程之中；三是在发展动力上，发展动力正在从要素驱动、投资驱动转向创新驱动[②]。2014年12月召开的中央经济工作会议认为，"认识新常态，适应新常态，引领新常态，是当前和今后一个时期我国经济发展的大逻辑。"[③]

---

① 王雅鹏，马林静. 农村劳动力转移对粮食安全的影响 [J]. 中国党政干部论坛，2015 (6)：99.

② 人民网. 习近平提出中国经济新常态的3个特点及带来的4个机遇 [EB/OL]. http：//politics. people. com. cn/n/2014/1109/c1024 - 25998809. html，2014 - 11 - 09.

③ 新华网. 中央经济工作会议：认识、适应、引领新常态是我国经济发展大逻辑 [EB/OL]. http：//news. xinhuanet. com/politics/2014 - 12/11/c_127297091. htm，2014 - 12 - 11.

经济新常态下粮食安全问题也呈现出新常态，要把饭碗牢牢端在自己手上面临着诸多挑战。一是从供需状态来看，粮食供求长期处于紧平衡；二是从发展支撑来看，资源环境对农业尤其是粮食生产的约束日益加剧；三是从粮食价格来看，在劳动力成本、农资成本以及土地租金上升等因素的综合作用下，国内粮食生产成本快速攀升，国际国内粮食价格已经呈现出明显的"倒挂"现象。而且，在新常态下，粮食安全不仅包括总量安全，还包括质量安全、结构安全和生态安全。因此，四川粮食安全包括四个方面的要求：一是增加粮食产量，保障供给，实现总量供求平衡；二是提高粮食质量，保证品质，满足城乡居民吃得安全；三是实现食物结构平衡，优化种植结构，最大化利用耕地资源和光热资源；四是确保生态安全，转变粮食生产中的资源环境利用模式，实现粮食产业可持续发展。所以，四川粮食问题与全国相比虽然具有一些自己的特征，但新常态是全国所处的大环境，新常态下的主要特征必将对四川粮食安全产生深远影响，而且也可由此看出对全国粮食安全所产生的影响。

（1）增长速度放缓对四川粮食安全的影响。

新常态下经济增长速度趋于放缓，对于粮食安全而言，将产生两个方面的影响。一方面，经济增速放缓将降低对粮食的间接需求，减轻保障粮食安全的压力。从全球范围来看，经济下行将导致燃料酒精、生物柴油等生物能源的生产利润下降，从而减少对用作生物燃料的玉米等作物的需求；从国内来看，经济下行将减少白酒、饲料等行业对粮食的需求，而四川是白酒大省和生猪调出大省，生产白酒和饲料所需粮食总量较大，经济增速放缓对此影响较大。另一方面，经济增速放缓将压缩粮食的盈利空间，提高耕地非粮化比例。整体经济增速放缓导致房地产等行业不景气，工商资本投向农业、农村的意愿增强，现有数据表明，工商资本进入农业从事粮食生产经营的极少，流转土地大多用于非粮产业甚至是非农产业。蒋永穆等根据对四川调研的情况认为，工商资本缺乏从事粮食生

产的积极性①。四川省 2015 年家庭承包耕地流转总面积达到 1643.69
万亩，其中用于粮食生产的面积只有 529.95 万亩，占耕地流转总量
的比重为 32.24%。此外，土地价格、人工成本持续上升将进一步压
缩粮食的盈利空间，对于稳定粮食播种面积和产量极为不利。

（2）需求结构升级对四川粮食安全的影响。

中国经济发展已经进入新的发展阶段，膳食结构和消费水平不
断转型升级。我国农村居民口粮消费总量呈下降的趋势，2013～
2020 年，农村居民口粮消费总量由大约 1 亿吨下降到 7000 万吨以
下的水平。主要原因为：一是农村居民生活水平提高，人均口粮消
费量会减少；二是城镇化快速推进导致农村人口数量不断减少②。
在四川的粮食消费结构中，一方面是加工转化用粮逐年增加，另一
方面是以大米为主的口粮消费呈稳中略降的态势。2012 年，四川
口粮消费占全年粮食消费量的 46%，饲料用粮占全年粮食消费量的
30%，工业和食品及副食酿造用粮占全年粮食消费量的 23%，种子
用粮只占很小一部分。从粮食消费品种结构来看：消费稻谷 1800
多万吨、玉米 1200 多万吨、小麦 800 多万吨、大豆 200 万吨左右，
其余为高粱、马铃薯、大麦等③。但与之相对应的是，粮食生产的
变化严重滞后于需求的变化，在品种选育、技术导向和政策支持方
向上，仍然以产量为导向，质量导向不足，高端大米等优质粮食主
要依靠调入和进口。同时，随着城镇化水平的提高，大量供给粮食
的农民转变为消费粮食的市民，加上资源环境约束加剧，兼顾增加
粮食产出、确保质量安全和优化生态功能多元发展目标的挑战十分
严峻，迫切需要加强粮食供给侧结构性改革。

---

① 蒋永穆，鲜荣生，张尊帅. 工商资本投资农业的现状、问题及对策建议——一
个基于四川省省际调研的样本分析 [J]. 农村经济，2015（4）：81－82.

② 李国祥. 2020 年中国粮食生产能力及其国家粮食安全保障程度分析 [J]. 中国农
村经济，2014（5）：7.

③ 四川省人民政府网站. 省粮食局副局长黎明接受省政府网站专访文字实录 [EB/OL].
http：//www.sc.gov.cn/10462/10910/12379/12382/2013/1/17/10244860.shtml，2013－01－17.

（3）发展动力转换对四川粮食安全的影响。

在新常态下，经济发展动力从要素驱动、投资驱动转向创新驱动。在城乡要素流转加剧的情况下，虽然城市人才、工商资本开始向农业农村流动，但从目前的情况来看，仍然处于劳动力、资金等要素从农村向城市、从农业向第二、三产业大规模净流动的态势。一方面，大规模依靠农药、化肥、除草剂等要素投入增加粮食产量的路径不仅不可持续，甚至对粮食质量安全造成严重的负面影响。Huang 和 Rozelle 在 1996 年就曾指出，中国化肥投入的大幅增加在推动农业增产的同时也造成了严重的环境污染[①]。另一方面，由于粮食产业的弱质性特征突出，大量流转而来的土地被用于非农产业开发[②]，工商资本进入农业农村流转土地不仅造成"非农化""非粮化"比重较高，而且对普通农户形成较为明显的"挤出效应"。2013年四川省家庭承包耕地流转面积中用于种植粮食作物的面积仅占流转总量的 32.58%，到 2015 年，四川省家庭承包耕地流转总量增加到1643.69 万亩，但用于种植粮食作物的面积仅为 529.95 万亩，占流转总量的比重进一步下降到 32.24%。这表明，流转土地中不仅用于粮食经营的面积占比低，不到流转总量的 1/3，而且还呈现出继续下降之势。因此，维护粮食安全迫切需要创新驱动。但是，目前不论是以粮食生产、储运、加工技术等为重点的生产技术创新，还是以粮食生产经营业态、组织形式、利益联结机制等为核心的生产关系调整均与现实需要具有明显的差距。所以，发展动力转换可能造成旧动力丧失、新动力缺失并存的局面，从而导致保障粮食安全动力不足。

（4）支持政策调整对四川粮食安全的影响。

在经济新常态下，粮食产业支持政策也进行了相应的调整，是

---

① Huang, J. , Rozelle, S. Technological Change: Rediscovering the Engine of Productivity Growth in Chain's Agricultural Economy, Journal of Development Economics, 1996 (49): 337 – 369.

② 田先红，陈玲. "阶层地权"：农村地权配置的一个分析框架 [J]. 管理世界，2013（9）：69 – 88.

研究新常态下粮食安全问题必须考虑的重要因素之一。国务院 2015 年 1 月发布了《关于建立健全粮食安全省长责任制的若干意见》，四川也于 2015 年 6 月出台了《四川省人民政府关于贯彻落实粮食安全省长责任制的意见》。在新常态下，虽然国家重要会议以及文件均表示要确保农业投入只增不减，但汪洋副总理在 2015 年中央农村工作上明确表示，要"大家都懂得'大河没水小河干'的道理，得有过紧日子的思想准备。"虽然良种补贴、粮食补贴、农机具购置补贴、农资综合补贴等政策将继续实施，但补贴方式将进行调整，2015 年一号文件还明确提出"强化对粮食主产省和主产县的政策倾斜"。这意味着漫灌式支持政策将成为过渡，而精准扶持将成为新常态。就四川而言，在新常态下，财税收入下行压力更大，难以与前几年一样实现农业投入尤其是粮食产业投入的大幅持续增长，但是四川正在进行粮食直补改革试点等旨在提高资金配置效率的改革，并加快构建四川以基本农田划定、高标准农田建设、粮食新型经营模式、梯级粮食储备新机制、粮食仓储物流设施建设、发展粮油食品产业集群和新型粮食流通业态等为主的粮食安全保障体系，从而通过粮食政策的优化调整促进粮食安全的系统性保障能力得以提升。

4.3

四川粮食安全走势分析

四川作为农业大省和人口大省，吃饭问题始终是治蜀兴川的头等大事，尤其是在粮食安全省长责任制下，保障粮食安全的责任尤为重大。从当前和今后一段时期的形势来看，在粮食需求上面临着人口持续增长的趋势导致粮食需求总量保持刚性增长，以稻米、面粉等粮食直接消费为主向以肉类消费为主的趋势导致对粮食的间接消费量大幅增加，城市化使大量农民从食品生产者和销售者转变为食品净消费者和购买者等因素的多重影响。在粮食供给上，不仅面临着资源环境压力，也面临着种粮主体粮食生产动力不足导致的粮食生产经营行为变化，对维护粮食供求平衡带来重大影响。

4.3.1　粮食需求持续增长趋势难以逆转

从中长期的角度看，虽然四川城乡居民的口粮消费总量将呈稳中略降的趋势，但随着人口的增加和城乡居民收入与消费水平的提高，粮食需求总量将会持续增长。一方面，就人口增长而言，全省户籍人口持续增长，2013 年末全省户籍人口总量已达 9132.6 万，比 2003 年增长 603.2 万人（见图 4 - 7）。继十八届三中全会决定启动实施"单独二孩"政策之后，十八届五中全会决定"全面实施一对夫妇可生育两个孩子政策"。随着计划生育政策的适时调整，预计人口将继续保持增长态势。根据前面 3.2 节中的式（3.3）可知，即使在人均粮食消费水平保持不变的情况下，人口数量的增长将引起国内粮食消费总量的增加。另一方面，从粮食消费水平来看，四川 2014 年城镇化率为 46.3%，虽然比 2006 年的 34.3% 提高 12 个百分点，但仍然比全国低 8.47 个百分点。根据四川"十三五"规划建议，"十三五"期间四川还将引导 700 万人就近城镇化、促进 800 万农业转移人口落户城镇，因此每年将有更多的农业人口从粮食生产者转变为消费者，而且城镇人口的人均粮食消费水平高于农村居民是不容置疑的事实。此外，从总体上看，四川今后粮食需求的增长将更多的来自于工业用粮的增长、饲料用粮的增长，特别是工业用粮中非食品加工用粮的比重将不断增大，这将成为驱动四川未来粮食需求刚性增长的重要因素。因此，无论是从人口数量变化还是消费结构的变化来看，都将引起粮食消费需求增加，这就意味着前面 3.2 节式（3.3）中影响粮食消费数量的两大因素均导致需求呈增长趋势，在人口数量增加和人均粮食消费水平提高的双重因素共同作用下，粮食消费需求无疑将呈现继续增长态势。

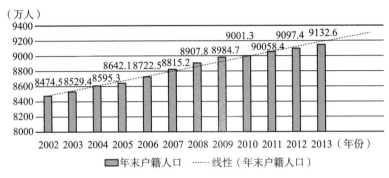

图4-7　2002~2013年四川年末户籍人口变化趋势

数据来源：《四川统计年鉴2014》。

4.3.2　粮食供给稳定增长趋势难以为继

四川粮食生产的长期数据表明，提高单产水平是实现粮食增产的主要支撑。截至2013年年底，四川粮油高产创建县达到110个，实现90个粮食生产重点县全覆盖，高产创建示范面积超过3000万亩。四川省35个网点县监测的水稻、玉米平均亩产分别达到592.3公斤和431公斤，增幅分别为2.1%和3.1%。其中以泸县的水稻、旌阳的小麦、宣汉的玉米、盐源的马铃薯为代表的一批区域、模式超高产典型陆续涌现，高产创建万亩示范片带动粮食单产水平提高对粮食增产的贡献率达80%以上[①]。从长远来看，提高粮食单产水平是保持粮食总产量增长的根本途径[②]。

但是，从长远来看，四川省粮食增产潜力的转化形势不容乐观。一方面，由于四川化肥和农药的施用水平已经较高，特别是在

---

① 许静.我省粮食生产实现"七连增"[N].四川日报，2013-11-12.

② 星焱，胡小平.中国新一轮粮食增产的影响因素分析：2004~2011年[J].中国农村经济，2013（6）：14-25.

一些高产地区，增加化肥施用量的增产作用已经较小，再加上边际效益递减规律的影响，化肥等投入要素在促进粮食增产方面的作用逐渐下降，而且新技术、新品种的推广速度仍面临不少障碍，使四川粮食生产增长的潜力短期转化为现实能力比较有限。虽然从统计数据来看，四川耕地总面积并未出现大面积减少，但优质耕地在不断减少，水改旱现象尤为突出（见图4-8）。另一方面，更应看到，当前四川乃至全国正处于工业化与城镇化互动的加快发展时期，因此对耕地的非农化需求会进一步扩张，加之后备耕地资源严重不足，这将导致扩大粮食生产规模严重缺乏净增耕地作为支撑。

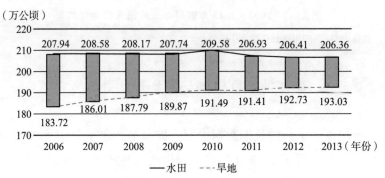

（万公顷）

图4-8　四川2006～2013年水田和旱地变化情况

数据来源：《四川统计年鉴2014》。

4.3.3　粮食供需平衡紧张态势难以改变

全省粮食产量总量可以满足口粮需求，但口粮品种结构需省外调入优质粮食调剂，其中酿造、转化、饲料用粮需从省外调入50%。四川每年通过铁路、公路直接调出粮食总量在35亿斤左右，若加上生猪调出、白酒外销等主要的转化用粮间接调出，四川每年调出粮食在150亿～165亿斤[①]。到2012年，全省粮食消费总量为

---

① 四川农业信息网. 四川省农业厅副厅长牟锦毅接受省政府网站专访文字实录 ［EB/OL］. http：//www. sc. gov. cn/hdjl/zxftspzb/snyt_mjy/wzsl/201011/t20101110_1071444. shtml，2010－11－10.

4800万吨左右，全省从省外调入粮食1500万吨左右，主要是玉米、小麦（面粉）、稻谷（大米）、高粱等①。从当前全省总体情况来看，供需处于紧平衡状态。但是，随着粮食消费的刚性增长和粮食供给增长的难度增加，可以判断，四川粮食供求将处于"紧平衡"状态，维护粮食供求平衡的压力将呈增大趋势。

综上所述，国际粮食安全形势依然严峻，而且可能更加严峻，国际粮食市场对国内市场的影响将更加深远。四川作为粮食主产区和粮食短缺区的双重身份，凸显出保障粮食安全的任务异常艰巨。对于四川而言，粮食价格和补贴主要受国际粮食市场和宏观经济形势及中央政策的影响，导致对双重"天花板"无力改变，作为西部经济欠发达省份在整体经济下行形势下地方财政难以提供强大的政策支持；粮食生产资源和环境主要受自然条件和主体功能定位限制，导致对双重"紧箍咒"难以改变，也不能以牺牲环境为代价来保障粮食增长。因此，通过优化种粮主体行为模式无疑是加强粮食供给侧结构性改革，提高粮食供给能力的有效路径，尤其是"藏粮于地"和"藏粮于技"战略，必须通过种粮主体行为优化才能得以有效实施，若缺少了种粮主体这一直接的落实主体则可能导致既定战略成为"空中楼阁"。

① 四川农业信息网. 省粮食局副局长黎明谈"加强宏观调控确保粮食安全"［EB/OL］. http://www.sc.gov.cn/10462/10464/10465/10574/2013/1/17/10244897.shtml, 2010-01-17.

5

耕地利用行为变化及其对
粮食安全的影响

土地是农业生产中最重要且不可替代的生产资料。虽然随着科技的发展，依靠基质、营养液而不利用天然土壤的无土栽培技术已经用于蔬菜、花卉生产等领域，而且具有省水、省肥、省工、高产优质等特点。但是，不容忽视的是，无土栽培技术成本太高，难以运用其进行大规模的粮食生产。因此，未来粮食生产仍然必须以土地资源作为支撑。耕地的质量不仅影响着耕地利用行为，同时耕地利用行为也对耕地质量形成正向或者负向的影响。一方面，从耕地对种粮主体投入的影响来看，种粮主体对于过于贫瘠的土地不愿进行投入，因为投入难以转变为相应的产出增加，在缺乏劳动力的情况下，主要采取放弃耕种或者是"广种薄收"方式粗放式耕作；而对于肥沃的土地而言，种粮主体才愿意进行投入，因为高质量的耕地意味着低风险和高收益。另一方面，从种粮主体耕作方式及投入对耕地的影响来看，采用过量施用化肥、农药等掠夺式生产的方式和大量施用除草剂等破坏自然生态循环的方式会导致耕地质量下降，而且对粮食质量安全带来不利影响，相反，采用深耕、多施用有机肥等方式有利于耕地的持续发展。下面将对种粮主体耕地利用行为进行分析，并阐述种粮主体耕地利用行为变化对粮食安全造成的影响。

5.1

耕地利用行为现状特征

土地是人类赖以生存和发展的物质基础，土地制度也是生产关系的基础。从哲学的层面来讲，生产力决定生产关系，生产关系反作用于生产力。因此，在既定土地制度下的土地利用行为对于生产力的发展具有极为重要的影响。从历史上来看，唐朝实行均田制造就贞观之治，而土地集中于地主、土豪等则造成农民起义，如明朝李自成以"均田免粮"号召农民起义。中国工农红军在土地革命战争时期响亮地提出"打土豪、分田地"的宣传口号。在 20 世纪 70 年代末 80 年代初实行的家庭联产承包责任制则极大地调动了农民的生产积极性，促进了粮食的增产①。1978 ~ 1984 年的全国农业总产出增长中，有 46.89% 直接来自于家庭联产承包责任制改革②。

根据《中华人民共和国土地管理法》，将土地分为未利用地、建设用地和农用地三大类，其中，农用地是指直接用于农业生产的土地，包括耕地、草地、林地以及养殖水面和农田水利用地等③。虽然我国总面积达到 960 万平方公里，但其中耕地只有 135 万平方公里④，仅占国土面积的 14%。虽然占比低于林地、牧草地，但耕地与粮食生产紧密相关。《全国土地利用总体规划纲要（2006 ~ 2020 年）》明确提出"守住 18 亿亩耕地红线"，此后，党和政府的重要会议和文件中均沿用此提法。然而，随着经济社会结构的深刻

---

① 国家统计局陕西调查总队课题组. 农村土地制度变化对粮食生产影响的实证分析 ［J］. 调研世界，2015（4）：3 - 6.

② 林毅夫. 制度、技术与中国农业发展 ［M］. 上海：格致出版社、上海人民出版社，2014：64 - 66.

③ 国务院法制办. 中华人民共和国土地管理法 ［EB/OL］. http：//www. china-law. gov. cn/article/fgkd/xfg/fl/200409/20040900052441. shtml，2004 - 09 - 09.

④ 数据来源于《中国统计年鉴2015》，为 2013 年全国土地变更调查数据.

变化，坚守 18 亿亩耕地红线的难度不断加大，闲置宅基地扩大、农村民生工程和基础设施建设超水平占用耕地、"以租代征"等正在挑战 18 亿亩的耕地红线①。实质上，占补平衡中补充的耕地质量不高是最为突出的问题，所以耕地占补平衡主观愿望很难实现②。

我国虽然国土面积总量大，但人均耕地占有量少。土地二次调查数据表明，人均耕地仅为 1.52 亩。在传统的分散小规模经营模式下，农村存在大量的劳动力，在解决温饱问题的激励下，农村群众通过"围湖造田""开荒种地"等措施增加耕地面积。但是，在城镇化和工业化进程的不断推进过程中，大量农村劳动力不断向城镇、非农产业转移，人地关系发生了极大的变化，耕地利用行为也形成了一系列新的特征。

5.1.1 耕地功能发生实质性变化

耕地的主要功能是生产功能，但耕地还具有保障、生态、资产等多重功能，可以说，耕地是具有多种功能的自然、社会和经济综合体。从当前的情况来看，耕地的功能正在发生着实质性变化，从未来的发展趋势来看，耕地的功能还将继续转变。

（1）耕地的生活保障功能在减弱。

在相当长的历史时期内，耕地作为农民维持生计的主要来源，其保障功能占据着主导地位。但是，随着农民收入来源趋于多元化，而且农业经营收入在家庭总收入中所占的比重不断降低，农业的社会保障功能逐渐弱化。从农民人均纯收入的结构来看，家庭经营性收入的比重持续降低（见图 5 - 1），农业经营在农户收入来源中的地位不断下降，到 2012 年，工资性收入首次超过家庭经营性

---

① 郭晓鸣，蒲实. 警惕可能触动耕地保护红线的新动向 [J]. 中国乡村发现，2012（2）：46 - 49.

② 孙鲁平. 耕地占补平衡现状及发展趋势 [N]. 中国国土资源报，2010 - 07 - 16.

收入成为农村家庭纯收入中的第一收入来源，到 2014 年，家庭经营性收入占纯收入的比重下降到 40.6%，这也导致兼业户现象不断增加。2013 年，四川省农村 2034.4 万户中，农业兼业户为 379.6 万户、非农业兼业户为 207.6 万户、非农户为 138.4 万户，分别比 2012 年增加 2.4 万户、1.7 万户和 6.6 万户，这表明，四川的农业兼业化现象日益增加。

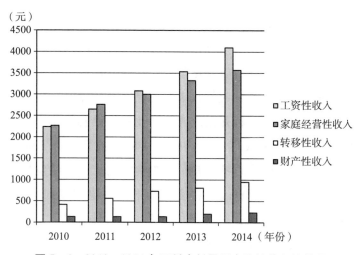

图 5-1 2010～2014 年四川农村居民人均纯收入结构图

数据来源：根据《四川统计年鉴 2014》和《2014 年四川省国民经济和社会发展统计公报》整理而来。

兼业虽然有利于农户劳动力资源的合理配置和收入增加，但从整体来看则会阻碍农业规模化发展[1]，而且将导致农业投入要素质量下降和土地粗放经营等问题，从而阻碍生产率的提高[2]。笔者认为，根据目前的发展趋势，家庭联产承包责任制下形成的超小规模

---

① 速水佑次郎，神门善久. 农业经济论［M］. 北京：中国农业出版社，2003：65-66.

② 陈晓红，汪朝霞. 苏州农户兼业行为的因素分析［J］. 中国农村经济，2007（10）：25-31.

经营的传统农户将主要沿着两条路径分化：一条路径是，从传统小农的纯农户到兼业户再到非农户，沿着这条路径，务农人口将不断减少，但同时也释放出更多的土地资源，有助于解决"过密化"问题并为扩大生产规模提供基础条件。另一条路径是，从传统小农的纯农户到小规模经营农户再到规模化经营专业户，沿着这条路径，农户的经营规模走向经济规模，并开展相对专业化的生产，从而逐步成长为现代农业经营主体。第一条分化路径是必然趋势，第二条分化路径是我们期望的发展方向，但是两条路径是并行不悖的，第一条分化路径可能为第二条分化路径提供条件，而第二条分化路径则可能促进或者加快第一条分化路径。若处理得好，在某种程度上两条路径是相辅相成的，成长起来的规模化经营专业户将更好地替代原有传统小农的功能，并促进农业产业主体结构优化升级；但若处理不好，则可能造成传统经营模式瓦解而新型经营主体发育不足，从而导致农业的衰退甚至是引发粮食等农产品供给危机。就当前的情况来看，兼业化已经对粮食安全形成一定程度的不利影响，因此，必须防止第一条分化路径过快发展，同时促进第二条分化路径加快发展，从而形成有效接替。

耕地生活保障功能弱化的原因主要有二：其一，人口结构的变化。2013 年，四川农村劳动力为 4136.5 万人，但从事第一产业家庭经营的劳动力只有 1595.6 万人，占比为 38.6%，而外出务工劳动力达到 2131.3 万人，比第一产业家庭经营的劳动力多出 535.7 万人，占比达到 51.5%。劳动力的大量外出，让主要依靠土地解决生计问题的人口减少，这就意味着，留在农村的人口实际上可以耕种更多的土地。其二，收入结构的变化。根据有关问卷调查数据，普通农户务农收入占家庭总收入的比重仅为 37.9%，对比分析可以发现，这比统计显示的家庭经营性收入占纯收入的比重还低 2.7 个百分点。这主要是由于调查问卷中未将种粮大户等新型农业经营主体计算在内，这也表明，种粮大户等新型农业经营主体的农业经营收入在家庭纯收入中占有更高的比例。虽然没有历史调查数据作比较，但还是可以看出，务农收入在家庭收入中的比重已经只占1/3，并不是家庭收入的主要来源。史清华等早在十多年前对全国固定跟踪观察农户的粮食作物经营行为进行分析后就认为，粮食作物经营收入在家庭经营收入中所占的份额已呈现出显著的下降趋势，从1986年的37.07%下降到2002年的20.61%[①]，意味着耕地的生活保障功能已经极弱。与耕地保障功能逐步弱化相对应的是，耕地资产功能、生态功能不断提高。

（2）耕地的资产功能增强。

根据笔者2014年对内江市市中区、资阳市安岳县、乐山市井研县共计218个调查对象的问卷调查结果，农民利用承包地获得的租金、分红等收入在财产性收入中所占比重已高达74%，而且有71.6%的受访农民群众认为"土地承包经营权出租、出让"是最能增加家庭财产性收入的渠道。究其原因，主要是由于财产性收入具有积累和乘数效应，容易形成"富者越富、贫者越贫"的马太效应，除了土地资源之外，农村居民的货币资产和实物资产拥有量均大大少于城镇居民。因此，土地是农民唯一的特有财产，也是农民最重要和最主要的财产。

（3）耕地的生态功能增强。

随着生态问题的日益凸显以及对耕地可持续发展要求的提高，耕地的生态功能不断增强。党的十八大首次将生态文明建设列入"五位一体"总体布局的战略部署，并强调"严守耕地保护红线"，而且要"完善最严格的耕地保护制度"。《中共中央关于制定国民经济和社会发展第十三个五年规划的建议》不仅提出要"实施藏粮于地、藏粮于技战略"，而且明确指出要"开发农业多种功能，提高农业综合效益"。可以判断，四川作为长江上游生态屏障的核心区，生

---

① 史清华，卓建伟. 农户家庭粮食经营行为研究 [J]. 农业经济问题，2005 (4)：19－20.

态价值将进一步凸显，耕地的生态功能在未来一段时期将趋于增强。

笔者认为，随着农村劳动力的持续转移和非农收入比重的提高，耕地的保障功能将进一步弱化，资产功能将进一步增强。综合分析，耕地的功能正在发生实质性变化，以往最重要的保障功能逐步让位于资产功能和生态功能。

5.1.2 耕地以出租为主多元化流转

我国人多地少的现实导致人地矛盾突出，尤其是对于四川这样的人口大省而言尤其明显。第二次土地调查数据显示，全国人均耕地仅为 1.52 亩，而四川人均耕地面积仅 1.12 亩，比全国平均水平还少 0.4 亩。虽然土地流转早已有之，但过去土地流转的方式比较单一，主要是农户之间的转包；现在的流转方式已经呈现为以出租为主的多元化流转，包括互换、转包、转让以及股份合作等多种方式。从全国来看，截至 2014 年底，全国家庭承包耕地流转面积达到 4.03 亿亩，占家庭承包经营耕地总面积的 30.4%，其中，以转包和出租为主，分别占 46.6% 和 33.1%。同期四川家庭承包耕地流转总面积 1482 万亩，占家庭承包经营耕地总面积的 25.4%，其中，以出租和转包为主，分别占 45.7% 和 37.0%（见表 5-1）。对比分析可以发现，四川虽然家庭承包耕地总体流转比例比全国低整整 5 个百分点，但其中出租比例最高，而且比全国出租占流转总面积的比例高 12.6 个百分点，因此四川形成了不同于全国以转包为主，而是以出租为主的多元化流转格局。

表 5-1　　　　　　　四川耕地流转情况　　　　单位：%

	转包	转让	互换	出租	股份合作	其他
2013 年流转结构	37.8	4.9	2.6	44.8	4.5	5.3
2014 年流转结构	37.0	4.7	2.7	45.7	4.8	5.1

数据来源：四川省农业厅农经总站 2013 年、2014 年统计年报。

四川之所以近年来流转耕地的数量快速增加，一方面是因为劳动力外出务工不断增加，缺乏开展农业生产的劳动力，而"出租"这种方式比较简单，交易成本低，利益关系直接，土地转出方承担的风险比较小。同时，租金以黄谷、大米、小麦等实物计价为主，这反映出土地流转中流出方规避以现金计价可能遭受通货膨胀而造成实际收入减少的风险防范心理。另一方面是四川新型农业经营主体近年来呈现出快速发展之势，需要通过土地流转获得开展规模经营所需耕地。到 2015 年，四川有家庭农场 23317 个、合作社 58266 个。其中，从事粮食产业的家庭农场 4051 个、合作社 3864 个。

根据社会认知理论，其三元交互决定论表明人与行为及环境之间互为因果关系，而流转形式中出租的比重近年来不断提高正是农户综合平衡多重因素之后的理性选择。而且，在观察学习的作用下，农户将在观察别人的行为并在强化中获得或者是产生新的反应。在"打工潮"初期，由于外出打工的稳定性预期较差，而且周边的农户很少有抛荒，因此，即使外出务工无法经营家里的承包地也要防止土地抛荒，而且承包耕地要交公粮、农税、提留，为了减少承包耕地支付的成本，也为了降低在城镇难以就业而返乡利用耕地进行农业生产的难度及费用，多将耕地委托给邻里耕作，一般由耕种者代为上缴公粮、农税、提留，甚至承包者给予耕作方一定的生产资料或者是现金作为耕作方上缴公粮、农税、提留的部分补偿。然而，2006 年 1 月 1 日起废止《农业税条例》后，对于承包耕地的农户而言，是"零成本"持有耕地，因此，即使抛荒也不愿意再"请"人耕作，抛荒现象呈现出增长趋势。2013 年，四川抛荒耕地面积达到 14.75 万亩。当前，在缺乏流转主体的情况下，邻里代种耕地一般是耕作方不支付承包方费用，即使支付费用，也只是象征性的很少的费用。有关问卷调查显示，有 38 个受访对象通过邻里交换、代种的方式获得部分耕作的土地，其中有 27 户的费用为零，占比高达 71%。

此外，在有经营主体需要流转耕地的情况下，虽然通过入股的方式可以获得产业发展的效益，但是，由于粮食产业的微利性，通过入股方式开展粮食生产的较少，通过耕地入股的主要是进行经济作物生产甚至是非农用途等经济效益较高的用途。因此，土地承包方出于信息劣势以及交易成本等因素的考虑，多选择出租方式进行流转，而利用耕地入股开展粮食生产的，主要是采用"租金保底＋利润分红"的模式，尽可能减少信息不对称而自身处于信息劣势面临的收入风险。综上所述，可以预见，随着新型农业经营主体发育成长，农村耕地流转率将继续攀升，而在粮食产业以出租形式流转的耕地比重将进一步提高。

5.1.3　差地种粮成为现实选择

对于土地的经营者而言，对土地资源进行合理的配置可以提高生产的效率或者是效益，当然，在不同的历史条件或者是不同的行为目的下，对土地资源的配置行为具有很大的差异。

（1）从承包土地的农户角度分析。

理论上讲农民获得生活所需的粮食有两个渠道：一是自己生产足够的粮食；二是生产其他商品交换获取自己所需要的粮食。因此，在尚未解决温饱问题且商品经济不发达的时期，农民的理性选择多是将最好的土地用于生产粮食以获得自身需要的足够粮食。但是，在市场经济条件下，农民为了获得更多的收益，因此，往往是把好地用于种植经济效益高的作物，而差地用于种粮，甚至是完全不种粮从市场上交换需要的粮食。

（2）从流转土地的主体角度分析。

理论研究表明，交易有利于提高资源的配置效率，从土地流转的角度来看，生产效率较高的农户更倾向于流入土地[①]，可以说，

---

① 陈海磊，史清华，顾海英. 农户土地流转是有效率的吗？——以山西为例［J］.中国农村经济，2014（7）：61.

土地的自由流转具有交易收益效应和边际产出拉平效应，有利于提高土地利用率和产出率①。但是，通过调研发现，用于生产粮食的土地主要是比较差的地，之所以形成如此现象，主要是以下两个方面的因素造成的。一是，好地租金高，生产粮食难以实现盈利甚至是盈亏平衡，四川一些地区的土地租金每年为1000斤大米甚至是更高，开展传统的粮食生产在如此高的租金成本下完全难以承受，因此只能发展其他效益高的产业。二是，种粮比较效益低，不管是企业、合作社还是大户，流转土地开展经营的主要目的是追求经济利益，因此，由于粮食产业的弱质性，必然导致流转的耕地，用于种粮的比重低，而用于非粮产业的比重高，从而形成了明显的"非粮化"取向。例如，2013年，四川流转用于种植粮食作物的面积为443.3万亩，仅占流转面积总量的32.6%，这意味着2/3以上流转的耕地用于了非粮用途。

5.2
耕地利用行为变化分析

耕地作为重要的生产资料，其利用方式与经济社会发展情况紧密相关。在新形势下，由于农村经济结构、劳动力结构等的变化，也引起耕地利用行为发生变化。《中华人民共和国土地管理法》第四条规定，"国家实行土地用途管制制度。"而且第三十六条规定，"非农业建设必须节约使用土地，可以利用荒地的，不得占用耕地；可以利用劣地的，不得占用好地②。"但是，在现实中，建设用地尤其是国有建设用地管理较好，而农用地用途管制相对较差，农民在耕地利用上缺乏用途管理的意识。

---

① 姚洋. 中国农地制度：一个分析框架 [J]. 中国社会科学，2000（2）：54 - 65.
② 国务院法制办. 中华人民共和国土地管理法 [EB/OL]. http://www.china-law.gov.cn/article/fgkd/xfg/fl/200409/20040900052441.shtml，2004 - 09 - 09.

5.2.1 耕地用途非粮化趋势加剧

在传统的小农经营模式下，土地是农户赖以生存的基本生产资料。"民以食为先"，在"温饱问题"是群众面临的主要问题时，发展粮食最核心的动力就是解决温饱问题，因此，在有限的土地资源上，农民主要以种植粮食作物为主，而以经济作为为辅。在那个时期，种植粮食既是农户解决温饱问题的首选，也是增加收入的主要来源。1952 年，四川粮食播种面积为 686.1 万公顷，在农作物播种总面积中占比高达 81.7%，到改革开放之初的 1979 年，粮食播种面积达到历史最高值 762.3 万公顷，农作物总播种面积中粮食播种面积也达到 85.5% 的最高值。

改革开放以来，随着群众生活水平的不断改善，农业种植结构也在不断调整，四川粮食播种面积在农作物总播种面积中的比例不断下降。到 1999 年，已下降到 75.1%。尤其是随着土地流转的快速推进，大量工商资本进入农村，但由于粮食产业的弱质性特征突出，工商资本进入农业农村的流转土地不仅"非农化""非粮化"比重增大，而且对普通农户形成较为明显的"挤出效应"。外来业主流转耕地从事农业生产活动的，在经济利益的驱使下，主要是种植具有比较效益的经济作物，有的甚至将流转的土地用于非农建设，不仅导致用于粮食生产的耕地趋于减少，而且粮食播种面积下降。到 2013 年，四川粮食播种面积在农作物总播种面积中所占比重下降到 66.8%。虽然粮食播种面积仍然占到农作物总播种面积的2/3，但是与最高值 88.5% 相比下降了 18.7 个百分点。有关调研结果显示，农户流出的土地中，流转前主要种植粮食作物的占91.3%，而流转后主要种植粮食作物的下降为 44.1%，种植经济作物的比重从流转前的 12.5% 提高到流转后的 47.1%，而且还有5.9% 用于种植粮食作物、经济作物和发展养殖业之外的其他领域。

贾贵浩（2014）的研究结果也表明，耕地流转后非粮化现象较为普遍，而且这一趋势还在扩大①。由此可以看出，耕地流转中不仅非粮化比重高，而且还有部分耕地在流转中已经非农化。可以说，在工业化和城镇化快速推进的过程中，耕地非粮化和非农化的趋势难以逆转，并且将对粮食安全产生严重影响。

耕地用途非粮化加剧的原因不仅有种粮比较效益下滑，"非粮化"效益高，更为深层次的原因在于，农产品价格体系不合理。长期以来，为保障具有公共产品属性的国家粮食安全，农户所承受的私人成本未得到有效的外部补偿，而且农地用途管制不严，加上许多地方政府出台政策鼓励流转土地发展蔬菜、花卉苗木、特种养殖以及乡村旅游等，因此，造成农户缺乏合理的耕地用途管制意识，而且农户甚至是基层干部缺乏耕地过度"非粮化"的危险意识。

5.2.2　普通农户粗放化经营程度加深

农村劳动力的大量转移，既为工商业和城市的发展提供了劳动力资源，也为增加农村家庭的收入拓展了渠道。但不容忽视的是，大量劳动力外出务工导致农村形成了所谓的"386199部队"②，而且，打工早已不限于农村青壮年男劳动力，妇女也是打工大军的重要组成部分，当前已经进入外出务工群体的代际替代期，老一代农民工开始返回农村，而且新生代农民的离农倾向有增无减，加上城镇化的快速发展，为了提高子女教育水平而随迁就读现象极为普遍，从而带动农村转移人口举家迁徙。因此，"3861"向城镇转移的趋势还在不断增强，而"99"的比重不断提高，在全国老龄化水平提高的情况下，四川农村老龄化现象尤其突出。

---

① 贾贵浩. 基于粮食安全的耕地流转问题研究［J］. 宏观经济研究，2014（8）：47.
② "386199部队"是对农村以妇女、儿童和老人为主体的留守群体以其特殊节日给予的形象称谓，"38"代表妇女，"61"代表儿童，"99"代表"老人".

四川已不再是简单的劳动力大省,同时也是劳动力输出大省,还是农村劳动力结构性短缺大省。有关问卷调查结果也证明了这点,普通农户中目前从事农业生产的仅占家庭总人口的 33.2%。从四川总体情况来看,2013 年全省外出务工劳动力达到 2131.3 万人,占农村劳动力总数 4136.5 万人的 51.5%,而从事第一次产业的劳动力只有 1595.6 万人,仅占农村劳动力总数的 38.6%。农业劳动力严重不足,导致土地耕作方式发生极大的改变,可以说,农村劳动力外流已经改变了农户耕作习惯和生产决策行为[①]。农村为了争地而吵架、打架的现象几乎绝迹,不仅复种指数下降[②],并且抛荒现象增加[③];通过投入大量劳动深耕地、勤除草、勤施肥而增加耕地产出的"精耕细作"减少,取而代之的是采用"一道清"[④]、除草剂等"懒庄稼"种植方式,虽然节约劳动投入,但容易导致土质下降,还导致生态失衡,可持续发展能力下降,从长远来看,不仅影响到粮食的数量安全,更影响到粮食的质量安全。此外,调查结果还显示,普通农户季节性抛荒比例达到 16.11%。深入分析可以发现,抛荒具有较强的区域特征,在耕作条件好、劳动力外出比重低的地区抛荒现象少,而在耕作条件差、劳动力外出比重高的地区抛荒比重高。比如,四川省南充市的不完全统计结果显示,耕地撂荒比例约为 34%,其中典型调查结果显示,南部县大王镇中坪山村共有耕地 490 亩,撂荒 265 亩,占比 54%;嘉陵区石楼乡袁家店村二社撂荒比例达 75%;而仪陇县马鞍镇玉兰村七社撂荒占比高达 85.5%。之所以有如此高的抛荒比

---

① 王跃梅,姚先国,周明海. 农村劳动力外流、区域差异与粮食生产 [J]. 管理世界,2013 (11):74.

② 郑风田. 确保粮食安全端牢中国人的饭碗 [J]. 价格理论与实践,2014 (1):29.

③ 程名望,黄甜甜,刘雅娟. 农村劳动力外流对粮食生产的影响:来自中国的证据 [J]. 中国农村观察,2015 (6):15.

④ "一道清"就是在整田播种、插秧时将全部肥料一次施下,虽然节约劳动投入,但却容易导致肥力单一和肥料浪费,不仅对作物长势形成不利影响,还可能导致土壤板结等危害.

例，一是基础设施差，农业靠天吃饭的状况尚未得到根本改变，尤其灌溉设施配套差、损毁大，缺水现象严重。二是农村"空心化、老龄化"现象加剧，缺少劳动力。三是务农效益低，务农收入在家庭收入的占比低，粮食产量低，增收致富主要不依靠生产粮食。

5.2.3 耕地利用趋于短期化

当前，农村"空心化"、农业"兼业化"、农民"老龄化"问题日益突出，加上农户收入来源多元化和农业经营收入占比微弱化，且相互交织，许多农户对待耕地的态度发生了转变。对于普通农户而言，由于务农收入占家庭总收入的比重低，耕地的生活保障功能下降，因此，许多农民已经不再对土地具有深厚的感情。对于耕地流入方而言，出于对经济效益的追逐，为了获得最大的产出价值，从而形成强烈的短期内利用土地价值的动机和行为，对耕地的再生产投入减少。

在实行家庭联产承包之后的相当长一段历史时期内，耕地的承包权与经营权二者合一，而且承包期限较长，在 1984 年中央一号文件提出，"土地承包期一般应在十五年以上"基础上，到 1993 年，提出"在原定的耕地承包期到期之后，再延长三十年不变。"而 1997 年则要求按照延长 30 年承包期不变的政策规定实施第二轮土地承包责任制。对于农户而言，承包获得的土地资源极为珍贵，而且持续而稳定的土地承包关系不断增强农民的预期，因此，农户多对土地进行保护性利用，耕地投资和利用行为趋于长期化。

然而，随着近年来农村劳动力的减少，加上长期施用化肥带来的依赖性，人工除草、杀虫和大量使用农家肥等传统耕作方式已经基本被农民抛弃了[①]。在农家肥施用量大幅减少的同时，化肥的施

---

① 尹惠斌. 粮食安全视域下的湖南粮食专业合作社发展研究 [J]. 湖南财政经济学院学报，2012（5）：22.

用量激增，到 2013 年，四川省化肥施用量达到 251.1 万吨，是 1952 年化肥施用量的 600 多倍，施用强度达到 628.7 千克/公顷，是化肥施用安全上限国际公认标准 225 千克/公顷的 2.8 倍。从全国来看，1978 年全年使用的化肥折纯存量仅约 800 万吨，到 2013 年已经增加到了 5900 万吨①。农药化肥的大量甚至是超量施用一方面维系着粮食产量的稳定，但另一方面却带来了严重的土壤酸化、板结，空气和地下水污染，以及农产品农药残留超标导致品质降低甚至是对人体产生严重危害等一系列问题，严重透支了土壤肥力和生态环境。

土地流转已经成为常态，虽然土地流转从理论上来讲可以提高资源的配置效益，可以实现规模经济而弥补超小规模经营的不足，但值得一提的是，随着耕地流转数量的增加，规模化业主对土地短期化利用的问题十分明显，尤其是在地方出台政策支持规模经营的背景下，部分业主进入农业领域的主导需求不是通过农业获取利润，而是通过成立农业公司、成立合作社等方式套取政府的支持政策获利，更有房地产企业等甚至是以经营农业为幌子占有耕地而行非农建设之实，不懂农业，做不好农业，也没想过要做好农业。加上一些地方耕地流转期限短、土地流转合同的稳定性较差，这也加剧了土地流入方的短期化经营取向。在这样的行为取向驱使下，显然不可能"善待"耕地。

即使是流转耕地从事农业生产的，在农田水利基础设施建设投入上也面临着难题。从理论上讲，耕地流转开展规模化经营既对基础设施提出了更高的要求，也更有利于基础设施建设，但是，由于集中进行土地整理和基础设施建设必然要打破原有的一家一户承包地的界限甚至是占用部分耕地，虽然从实践来看，通过土地整理破除田边地角之后耕地总体将增长，但从原承包户的角度来看，却可

---

① 杜志雄，王永春，张梅林．我国粮食生产困境及解决思路［J］．中国党政干部论坛，2015（3）：98．

能带来耕地的减少和边界的模糊，特别是在耕地已经流出且流转费用长期固定的情况下，耕地原承包户难以获得基础设施建设带来的收益，因此无偿或低偿占有农民承包地进行田间道路、灌溉沟渠等基础设施建设越来越困难。

在坚持农村基本经营制度的基础上，2015 年 11 月中共中央办公厅、国务院办公厅印发的《深化农村改革综合性实施方案》明确提出，"落实集体所有权，稳定农户承包权，放活土地经营权，实行'三权分置'。坚持家庭经营在农业中的基础性地位，创新农业经营组织方式，推进家庭经营、集体经营、合作经营、企业经营等共同发展。"① 因此，可以预见，在未来一段时期内，耕地流转将持续增加，如何避免流转耕地用途的"非粮化"和利用行为的"短期化"将是十分重要的政策导向。

5.3
耕地利用行为差异实证分析

耕地是生产粮食的基础资源，耕地的利用态度，尤其是种粮主体对耕地持保护性利用态度还是榨取、掠夺式地利用，对粮食生产的数量和质量以及可持续发展能力均具有重要的影响。在总体分析的基础上深入分析可以发现，种粮主体的分化以及区域的差异导致耕地利用行为具有较大的差异。

5.3.1　耕地利用行为差异模型建构与实证检验

种粮主体的耕地利用态度受主体特征、耕地条件以及外部环境

---

①　新华网. 中共中央办公厅、国务院办公厅印发《深化农村改革综合性实施方案》[EB/OL]. http：//news. xinhuanet. com/politics/2015 - 11/02/c_1117016978. htm, 2015 - 11 - 02.

等多重因素的共同作用。部分学者对耕地利用的影响因素及其对粮食生产的影响进行了研究。其中，马贤磊的研究成果显示，稳定的土地产权关系对耕地保护性利用具有正向的激励作用①；陈美球认为，农户家庭的务农劳动力数量、性别、年龄和人均耕地面积、耕地破碎化程度以及耕地年均收入水平等对耕地保护性投入意愿具有重要影响，并且认为耕地破碎度与耕地保护意愿呈负相关关系，而人均耕地面积越少耕地保护意愿越强②。毕继业等认为，农业从业人员的年龄、文化程度、意识观念和耕地产权以及经济发展水平和社会保障水平将对耕地保护意愿产生影响③。肖建英等认为，农业收入比例与农户的耕地态度呈正相关关系，即：务农收入占比越高，对耕地的保护性利用意愿越强④。赵华普的研究表明，耕地面积小、兼业的农户缺乏耕地保护意愿⑤。一般而言，耕地的利用态度受种粮主体性别、年龄、文化水平、是否具有外出务工经历、耕地产权以及耕作条件和耕地质量等多方面因素的影响。本书在已有研究成果基础上，重点对种粮主体类型、地貌类型和是否为粮食生产重点县对耕地利用态度的影响及其差异进行分析，从而为提供精准化的政策措施提供指导。

因此，本书选择主体类型、地区类型和是否是粮食生产重点县作为解释变量，利用多元线性回归方法对种粮主体的耕地利用态度进行分析。同时，为了便于进行计量分析，对变量进行赋值处理，

① 马贤磊.现阶段农地产权制度对农户土壤保护性投资影响的实证分析——以丘陵地区水稻生产为例 [J].中国农村经济，2009 (10)：31-51.
② 陈美球，冯黎妮，周丙娟，等.农户耕地保护性投入意愿的实证分析 [J].中国农村观察，2008 (5)：23-28.
③ 毕继业，朱道林，王秀芬.耕地保护中农户行为国内研究综述 [J].中国土地科学，2010 (11)：78-79.
④ 肖建英，谭术魁，程明华.保护性耕地的农户响应意愿实证研究 [J].中国土地科学，2012 (12)：57-63.
⑤ 赵华甫，张凤荣，姜广辉，等.基于农户调查的北京郊区耕地保护困境分析 [J].中国土地科学，2008 (3)：28-32.

并对各指标变量定义和赋值作如下说明（见表5－2）：

表5－2 变量定义和赋值说明

模型符号	变量名称	变量赋值
y_{11}	耕地利用态度	想方设法多生产=1，顺其自然=2，保护性利用=3
x_{11}	种粮主体类型	普通农户=1，种粮大户=2，粮食生产经营合作社=3
x_{12}	是否为粮食生产重点县	否=1，是=2
x_{13}	地貌类型	高原=1，山区=2，丘陵=3，平原=4

（1）本书将耕地利用态度作为因变量 y_{11}，其中，若种粮主体持"想方设法多生产"态度则赋值为1，若持"顺其自然"态度则赋值为2，若持"保护性利用"态度则赋值为3。

（2）本书模型中的自变量包括种粮主体类型（x_{11}）、是否为粮食生产重点县（x_{12}）、地貌类型（x_{13}）3个变量。其中，种粮主体类型若是普通农户则赋值为1，种粮大户则赋值为2，粮食生产经营合作社则赋值为3；若不是粮食生产重点县赋值为1，若是粮食生产重点县则赋值为2；地貌类型若是高原地区则赋值为1，山区则赋值为2，丘陵地区则赋值为3，平原地区则赋值为4。

a. 一般而言，由于普通农户耕种的是自有土地，而种粮大户和合作社开展规模化经营必然以流转而来的耕地为主，耕种规模和土地产权属性等存在差异。因此，本书提出如下假设：

假设H1：不同类型的种粮主体对耕地利用的态度存在差异。

b. 对于是否是粮食生产重点县而言，由于在产业发展导向和政策支持等方面存在差异，种粮主体对于耕地的利用态度可能存在差异。因此本书提出如下假设：

假设H2：粮食生产重点县与非粮食生产重点县的种粮主体对耕地利用的态度存在差异。

c. 对于平原、丘陵、山区和高原县而言，由于人均耕地面积、耕地质量和耕作条件等存在差异，可能导致对耕地的利用方式和态度存在差异。因此，本书提出如下假设：

假设 H3：不同地貌类型的种粮主体对耕地利用的态度存在差异。

本书利用 SPSS20.0 对数据进行分析，通过建立多元线性回归模型，选择 Enter 方法，得到回归结果如下（表 5 – 3）：

表 5 – 3 回归结果

模型	非标准化回归系数		标准化回归系数	t 值	显著性水平	共线性统计		DW统计量
	B	标准差	Beta			公差	VIF	
常量	1.905	0.263		7.228	0.000			
x_{11}	−0.325	0.079	−0.270	−4.101	0.000	0.947	1.056	1.852
x_{12}	0.252	0.122	0.137	2.064	0.040	0.931	1.074	
x_{13}	0.058	0.075	0.052	0.779	0.437	0.925	1.082	

回归模型的拟合优度 $R^2 = 0.08$，调整后的拟合优度 $\bar{R}^2 = 0.067$，模型的显著性检验（$F = 3.743$，$P < 0.001$）。模型中 VIF 值小于 5，表明模型不存在多重共线性问题；DW 统计量位于 1~3，表明不存在自相关问题。根据以上回归结果可以看出，种粮主体类型和是否为粮食生产重点县对耕地利用态度具有显著影响，相应的标准化回归系数分别为 −0.270（$t = −4.101$，$P < 0.001$）和 0.137（$t = 2.064$，$P < 0.05$）。然而，地貌类型对耕地利用态度的影响不显著。

5.3.2 种粮主体耕地利用行为差异实证分析

对于普通农户而言，在市场经济程度不断提高的情况下，一方面，部分农户放弃了农业生产，采取"用脚投票"的方式退出农业生产尤其是退出粮食生产领域，从事粮食产业以外的其他农业产业甚至是非农产业。另一方面，部分种粮能手、"土专家""田秀才"

等通过流转土地从事粮食规模经营，发展成为家庭农场、种粮大户等。因此，主体的分化引起了耕地利用态度的变化。问卷调查结果也证明了这一点。对于"您打算未来几年的土地经营规模"的选择中，普通农户"保持现有规模不变""扩大经营规模"和"压缩经营规模"的选择比例分别为71.3%、11.6%和17.1%，而种粮大户相应的比例为47.6%、41.3%和11.1%，合作社相应的比例为33.3%、66.7%和0。这表明，未来扩大粮食经营规模的主体将是种粮大户和合作社。

（1）对于"对耕地的利用态度"的选择中，"想方设法多生产""顺其自然"和"保护性利用"的选择比例分别为29.2%、27.7%和43.1%，而种粮大户相应的比例为43.3%、30.0%和26.7%，合作社相应的比例为71%、0和29%（见表5-4）。

表5-4　　　　　四川不同种粮主体耕地利用态度和意愿　　　单位：%

	保持现有规模不变	扩大经营规模	压缩经营规模	想方设法多生产	顺其自然	保护性利用
普通农户	71.3	11.6	17.1	29.2	27.7	43.1
种粮大户	47.6	41.3	11.1	43.3	30	26.7
合作社	33.3	66.7	0	71	0	29

（2）根据5.3.1节中的回归分析结果，种粮主体类型确实对耕地利用态度具有显著影响，而且表明，种粮主体类型与耕地保护意愿之间呈负相关关系，即普通农户对耕地具有更强的保护意愿，而合作社的耕地保护意愿更弱。

以上数据和分析结果说明，相对而言，普通农户对自有耕地的保护性利用程度更高，而种粮大户和合作社对于流转而来的耕地更倾向于想方设法在流转期限内多生产。

（3）根据前文对耕地利用态度的赋值，计算不同种粮主体的平均耕地保护意愿，也可以发现普通农户、种粮大户、合作社的耕地保护意愿逐渐降低（见图 5-2）。

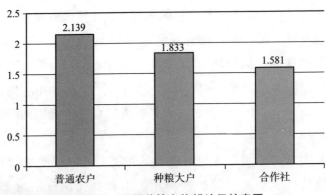

图 5-2 不同种粮主体耕地保护意愿

（4）为了进一步验证不同种粮主体耕地保护意愿差异是否显著，本书采用单因素方差分析的方法进行验证，结果如下（见表 5-5）：

表 5-5　　　　　　　　　　单因素方差分析结果

方差来源	离差平方和	自由度	F 值	P 值
组间	9.683	2		
组内	162.247	225	6.714	0.001
总和	171.930	227		

方差分析的结果显示，普通农户、种粮大户、粮食生产经营合作社对耕地的保护意愿存在显著差异（$F(2, 225) = 6.714$，$P < 0.005$）。

综合上述分析，假设 H1 得到验证。

5.3.3 产粮大县与非产粮大县耕地利用行为差异实证分析

纵观近年来粮食生产的变化趋势，粮食生产的区域集中度越来越高①，粮食产能向主产区和产粮大县集中，而且主产区土地产出弹性大，在粮食生产方面确实具有优势②。《全国新增 1000 亿斤粮食生产能力规划（2009～2020 年）》中的数据显示，全国 13 个粮食主产省（区）2007 年的粮食产量占比为 75%，比 1980 年提高 6 个百分点。到 2011 年，国家粮食局统计数据显示，全国 13 个粮食主产省粮食产量占全国总产量的比重为 75.4%，约 95% 的增产粮食来自 13 个粮食主产省。

从四川的情况来看，产粮大县在粮食生产上呈现出以下三大特征：

一是粮食总产占比大。2013 年，四川 82 个产粮大县粮食产量为 2790.8 万吨，占四川粮食总产量的 82.4%。其中产量超过 50 万吨的产粮大县有 15 个，比 2012 年增加 4 个。

二是粮食增产贡献大。2013 年，四川粮食产量在全国居第 6 位，比 2012 年增产 72.1 万吨，增产量居全国第 9 位，增幅居全国第 13 位，其中产粮大县对粮食增产的贡献率达到 82.4%。

三是粮食商品率高。四川省劳动力大量外出、小农经济的快速瓦解在一定程度上加速了规模经营的发展。通过调研发现，产粮大县粮食生产的规模化程度较其他县域水平高，粮食商品化水平也较高。以广汉为例，2012 年，广汉粮食总产量为 29.58 万吨，其中商品量达到 22.05 万吨，粮食商品化率达到 74.54%。因此，粮食主产区是稳定粮食生产的关键区域，而县域作为省长责任制下考核的基本单位，所以产粮大县是保障粮食安全的底部支撑。

从调研情况来看（见表 5-6），"您打算未来几年的土地经营规模"的选择中，粮食生产重点县中选择"扩大经营规模"的比重比非粮食生产重点县高出 9 个百分点，而选择"压缩经营规模"

---

① 郑风田，王大为.《粮食法（送审稿）》九大问题 [J]. 河南工业大学学报（社会科学版），2015（1）：15.

② 钱贵霞，李宁辉. 不同粮食生产经营规模农户效益分析 [J]. 农业技术经济，2005（4）：62.

的比重比非粮食生产重点县也高出 7 个百分点，这并不矛盾，而且反映出粮食生产重点县的种粮行为分化更为严重。对调查结果进行进一步分析可以发现，粮食生产重点县中，选择"扩大经营规模"的主体中大户和合作社占比达到 83.0%，而选择"压缩经营规模"的主体中普通农户占比达到 69.6%，这表明，粮食生产重点县中普通农户粮食生产规模的萎缩与种粮大户、合作社等新型粮食经营主体的发育形成了自动的协调机制。可以说，粮食生产重点县中正是种粮大户、合作社等新型粮食经营主体的快速发育加速了普通农户粮食种植规模的萎缩，而普通农户种粮规模的萎缩为新型粮食经营主体流转耕地开展粮食规模经营提供了条件，从而促进了新型粮食经营主体的发育。因此，两者形成了相互促进的互动关系，所以，目前四川粮食生产重点县已经形成了向好性的行为分化势头。

表 5-6　　　　　　粮食生产重点县与非重点县耕地利用意愿　　　　单位：%

	保持现有规模不变	扩大经营规模	压缩经营规模
粮食生产重点县	54	31	15
非粮食生产重点县	70	22	8

为了验证粮食生产重点县与非粮食生产重点县对耕地保护态度的影响以及两类区域之间是否存在差异，本书进行如下分析：

（1）根据 5.3.1 节中的回归分析结果，是否为粮食生产重点县对耕地利用态度具有显著影响，而且表明，区域粮食生产重要程度与耕地保护意愿之间呈正相关关系，即粮食生产重点县种粮主体对耕地保护意愿更强，而非粮食生产重点县种粮主体的耕地保护意愿更弱。

（2）计算粮食生产重点县和非粮食生产重点县种粮主体的平均耕地保护意愿，也可以发现，相比而言，粮食生产重点县的种粮主体耕地保护意愿高，非粮食生产重点县耕地保护意愿低（见图 5-3）。

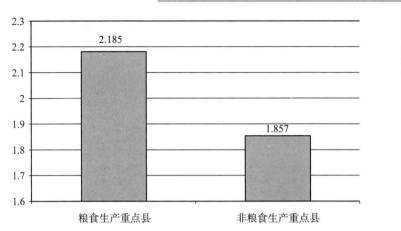

图 5 - 3   粮食生产重点县与非粮食生产重点县种粮主体耕地保护意愿

（3）为了进一步验证粮食生产重点县与非粮食生产重点县之间种粮主体耕地保护意愿差异是否显著，本书采用单因素方差分析的方法进行验证，结果如下（见表 5 - 7）：

表 5 - 7   单因素方差分析结果

方差来源	离差平方和	自由度	F 值	P 值
组间	5. 496	1		
组内	158. 237	226	7. 850	0. 006
总和	163. 732	227		

方差分析的结果显示，粮食生产重点县与非粮食生产重点县的种粮主体对耕地的保护意愿存在显著差异（$F(1, 226) = 7.850$，$P < 0.01$）。

综合上述分析，假设 H2 得到验证。

5.3.4   不同地区类型耕地利用行为实证分析

有研究结果表明，地貌特征对粮食生产具有显著的影响，认为平原地区由于生产经济作物效益高，因此，生产商品粮的意愿低，呈现出山区、丘陵和岗地地区农户生产的商品粮依次减少的规律①。四川地形地貌复杂，平原地区县、丘陵地区县、山区县和民族地区县的比例分别为12.6∶39.4∶18.9∶29.1。但是，由于本书重点选择平原、丘陵和山区进行问卷调查，因此高原地区、民族地区县问卷量很少。所以，为了规避调查样本太少不具有代表性的问题，因此，下面仅对平原、丘陵和山区的耕地利用行为进行分析。

问卷调查结果显示，平原地区对于"您打算未来几年的土地经营规模"的选择中，"保持现有规模不变""扩大经营规模"和"压缩经营规模"的选择比例分别为61.4%、36.4%和2.3%，而丘陵地区相应的比例为65.5%、14.3%和20.2%，山区相应的比例为51.1%、37.2%和11.7%。这表明：不管是平原、丘陵还是山区，均以保持现有规模占主体，这说明多数主体在粮食经营上是求稳的态度。在扩大规模还是压缩规模上，平原地区和山区扩大规模的比重大，而丘陵地区压缩面积的比重大。这说明，不同区域类型的地区在对未来经营规模的选择上存在着较大的差异。

在"对耕地的利用态度"的选择中，平原地区"想方设法多生产""顺其自然"和"保护性利用"的选择比例分别为48.7%、19.5%和31.7%，而丘陵地区相应的比例为22.5%、41.6%和36.0%，山区相应的比例为47.3%、10.8%和41.9%（见表5-8）。从以上调研结果不难看出：

（1）不管是平原、丘陵还是山区，保护性利用所占比例均不高，均未超过50%。

（2）单从"保护性利用"的选择占比来看，山区、丘陵和平原对耕地"保护性利用"的选择比重逐次下降。调研结果显示，山区"保护性利用"的比例高于丘陵地区5.9个百分点，丘陵地区又高于平原地区4.3个百分点。

① 胡继亮. 中部农户粮食种植行为的影响因素探析——基于湖北省农户的调查[J]. 经济前沿，2009（10）：55.

表 5 - 8　　　　　　四川不同区域耕地利用态度和意愿　　　　单位: %

	保持现有规模不变	扩大经营规模	压缩经营规模	想方设法多生产	顺其自然	保护性利用
平原	61.4	36.4	2.3	48.7	19.5	31.7
丘陵	65.5	14.3	20.2	22.5	41.6	36.0
山区	51.1	37.2	11.7	47.3	10.8	41.9

（3）如果综合考虑"想方设法多生产""顺其自然"和"保护性利用"态度，根据前面 3.1.1 节中回归结果，地貌类型对耕地保护意愿影响不显著。而且，根据前面对变量的赋值情况进行分类计算可以发现，从总体而言，丘陵地区的耕地保护意愿最强，山区次之，平原地区最弱，但差异较小（见图 5 - 4）。

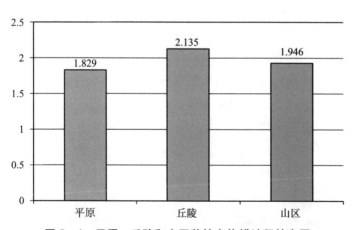

图 5 - 4　平原、丘陵和山区种粮主体耕地保护意愿

为了进一步验证平原、丘陵和山区耕地保护意愿差异是否显著，本书采用单因素方差分析方法进行验证，结果如下（见表 5 - 9）：

方差分析的结果显示，平原、丘陵和山区种粮主体对耕地的保护意愿不存在显著差异（$F(2, 220) = 2.056$，$P > 0.1$）。

表 5 - 9   单因素方差分析结果

方差来源	离差平方和	自由度	F 值	P 值
组间	3.082	2		
组内	164.918	220	2.056	0.130
总和	168.000	222		

综合上述分析，虽然平原、丘陵和山区种粮主体在"想方设法多生产""顺其自然"和"保护性利用"三种利用态度之间的选择结构上存在差异，但假设 H3 未得到验证，不同地貌类型种粮主体在耕地的保护意愿上并不具有显著的差异。

5.4

耕地利用行为变化对粮食安全的影响

从总体上来看，目前耕地利用行为的变化对保障粮食安全造成了实质性的不利影响，增加了粮食安全的保障压力，但是，从不同主体和区域的行为差异的深入分析中则可以看出，这或许为保障粮食安全提供了新的突破口。粮食生产重点县的向好性行为分化、大量农村劳动力转移形成的农村耕地流转供大于求状态以及农村产权制度改革深入推进形成的产权清晰化局面等，为土地的规范、有序和高效流转提供了有利条件，这为从经营制度、经营模式创新而增强粮食安全保障能力提供了机遇，特别是在当前可以借助国际粮食市场缓解国内粮食供需矛盾的情况下，可能通过机制和制度创新而走出一条有别于依赖化肥、农药等物质投入提高粮食安全短期保障能力的内生性、长效性发展道路。臧武芳等的研究成果也表明，农村剩余劳动力向非农产业转移将有利于农业提高劳动生产率，这主要是因为剩余劳动力的非农产业就业将促进农村土地逐步向种田大户集中，从而创造适度规模和集约经营的条件①。但是，我们必须清醒地认识到，非粮化和粗放化程度提高以及短期化利用等行为变化已经威胁到粮食增产、提质的基础支撑，必须高度重视其对粮食安全造成的严重不利影响。

5.4.1 耕地非粮化加剧可能降低粮食现实产能

根据前面 3.2 节中式（3.5）可知，粮食产量为粮食播种面积与单产水平之乘积。其中，粮食播种面积的基础则是耕地面积，而耕地资源的数量对我国粮食安全具有强烈的影响②。虽然从近年的经验来看，粮食播种面积对总产量的影响不大，但必须高度重视耕地减少对粮食生产的根本性影响。一方面，耕地的非农化直接减少用于农业生产的耕地，而另一方面，耕地的非粮化将减少用于粮食生产的耕地。改革开放以来，耕地非农化对粮食安全的影响很大，每年损失粮食在 6000 万吨左右，损失率约为 10%③。

根据 3.2 节中式（3.6）可知，在用于粮食生产耕地面积既定的情况下，可以通过提高复种指数增加粮食播种面积。但是，复种指数过高实际上是对耕地的掠夺式使用，耕地需要自然恢复其生产力。而且，前面 5.2.1 节的分析已经表明，粮食播种面积在农作物播种总面积中所占比重处于下降趋势。因此，由式（3.6）可以判断，耕地的非粮化加剧可能降低粮食现实产能。站在更高的视野来看，耕地的适度非粮化是调整种植结构，也是从更宏观的"食物观"而不仅是"粮食观"保障粮食安全的需要。所以，不能持一概否定态度，要采用一分为二的观点区别对待，一方面要坚守耕地红

① 臧武芳，潘华顺. 论粮食安全与城市化 [J]. 社会科学，2011（3）：13-14.

② 耿玉环，张建军，田明中. 论我国耕地保护与粮食安全 [J]. 资源开发与市场，2007（10）：313-319.

③ 张兴华. 耕地非农化对粮食安全影响的重新考察 [J]. 开发研究，2015（4）：129-132.

线，坚决防止耕地的非农化；另一方面要防止耕地过度非粮化，在保障粮食安全的基础上合理调整种植结构，满足多元化的食物需求。

5.4.2 耕地利用的粗放化从源头上对粮食质量带来不利影响

耕地利用粗放化可以分为两类：

一类是季节性抛荒的方式粗放耕种甚至是常年抛荒长期放弃耕种。对于此种行为不能一概否定，虽然此种行为也减少抛荒季节甚至是抛荒年份的粮食播种面积，从而对当年的粮食产量造成影响，但是在耕地过度开发利用，而且在适度进口战略下可以利用国际粮食市场形势较好的机遇降低国内粮食供需矛盾的情况下，适度的抛荒对于粮食产能不仅不造成实质性影响，而且还有利于耕地得以休养生息，通过农民自主休耕的方式保护甚至是提高粮食潜在的生产能力，而且适度的抛荒也有利于耕地产能的恢复[1]。但是，对于不合理的常年抛荒或者是季节性抛荒，尤其是不需要休耕土地的抛荒，或者说是过度的抛荒，仍将是需要防范的行为。

另一类是以大量施用除草剂、化肥、农药等替代劳动力投入的粗放经营行为。这类行为不仅对于生物的多样性造成不利影响，而且导致土壤甚至是地下水的质量下降，在前面分析中提到的滴滴涕、六六六、多环芳烃3类有机污染物主要就是来源于农药等生产资料的过度施用，而且，农药尤其是高毒、高残留农药的不当施用可能直接造成农残超标，这将成为从源头上导致粮食不安全的重要因素，不仅将对食品安全造成直接或者隐性威胁[2]，而且可能威胁

---

① 黄露莹，麻祖清，罗峦. 耕地利用形式变化对我国粮食安全的影响研究 [J]. 南方农村，2014（8）：51－52.

② 倪国华，郑风田. 粮食安全背景下的生态安全与食品安全 [J]. 中国农村观察，2012（4）：55.

到农业的可持续发展。

5.4.3 短期化行为降低粮食产业可持续发展能力

粮食安全问题不仅由来已久，在未来很长一段时期内仍将继续存在，而且是必须高度重视的国家战略问题。虽然耕地的短期化利用行为可以在短期内获得更多的粮食产出，但绝对不能被短期的产量增加或者是供求形势好转而蒙蔽，"竭泽而渔""饮鸩止渴"不仅不能从根本上解决问题，而且将导致未来面临的问题和挑战更加严峻。而且，土壤侵蚀、盐碱化和酸化、沙化以及地力贫瘠化和污染化等，往往不是自然事件而是人类活动引起的①。因此，必须清醒地认识到，正是种粮主体等农业生产主体的短期化利用行为导致农业资源长期透支、过度开发，韩长赋（2015）也认为，资源利用的弦绷得越来越紧，农业面源污染趋于加重，农业生态系统退化，生态环境的承载能力越来越接近极限②。因此，在资源和环境两个"紧箍咒"的制约下，短期化的利用行为只会加剧"紧箍咒"的制约，影响粮食产业的可持续发展。

---

① 郑风田，张曼. 土壤退化挑战粮食安全［J］. 社会观察，2014（7）：40.
② 乔金亮，韩长赋，破除生态环境和资源条件"紧箍咒"［N］. 经济日报，2015 - 8 - 20.

6

粮食种植行为变化及其对
粮食安全的影响

在"以我为主、立足国内、确保产能、适度进口、科技支撑"的粮食安全新战略下，虽然可以利用国际市场弥补一部分国内粮食供需缺口，但这不意味着可以依赖国际市场，必须注意的是，对进口只能是"适度"，否则不仅可能带来对国内粮食市场的过大冲击，甚至可能引发国际粮食价格大幅上涨进而威胁到粮食安全。从供求理论来看，在粮食供不应求时，粮食增产与增收之间是内在统一的，而且种粮主体的私人目标与国家保障粮食安全的目标趋于一致。但是，在粮食供求基本平衡尤其是供大于求的形势下，国家的宏观战略目标与种粮主体的微观主体目标之间就可能存在差异，而在粮食生产问题上政府"要粮"与农民"要钱"之间目标不一致的实质就是政府社会效率与农民私人效率之间的矛盾①。而且，只要粮食生产的比较利益低于非粮食产业或者是非农产业，粮食增产与农民增收就存在着矛盾②。因此，从客观上分析，种粮主体增收目标与国家粮食安全目标之间是存在矛盾的。四川作为西南地区唯一的产粮大省，更应该立足于"以我为主"。要实现这一目标，生

---

① 晋洪涛. 政府"要粮"和农民"要钱"目标的兼容性——基于粮食生产社会效率和私人效率的考察 [J]. 经济经纬, 2015 (9): 25.
② 张桂文. 二元经济转型视角下的中国粮食安全 [J]. 经济学动态, 2011 (6): 49.

产出数量更多、质量更好的粮食是基本支撑，这就依赖于种粮主体多种粮、种好粮，从而需要促成二者目标的一致性。鉴于粮食安全的公共属性，还需要政府相应的支持。但是，新形势下粮食种植行为的变化中诸多变化却对粮食增产提质形成不利影响。

6.1

粮食种植行为现状特征

虽然粮食安全涉及粮食消费、流通和生产三大领域，但粮食生产问题是粮食安全问题的首要问题[①]。同时，种粮主体的粮食种植行为是关系到粮食安全的主要行为，直接影响着粮食生产的数量和质量。在宏观政策和市场机制的综合作用下，种粮主体的种粮行为呈现出以下特征。

6.1.1　粮食种植投入产出效益持续降低

根据全国农产品成本收益资料汇编提供的相关数据，结合问卷调查情况，本书从粮食投入产出绝对效益、在种植业内部的比较效益变化情况以及与非农产业效益比较三个层面进行分析，从而更加全面、清晰地认识粮食生产效益的变化情况及趋势。

（1）粮食生产绝对效益水平下滑。根据《全国农产品成本收益资料汇编2014》，以水稻、小麦、玉米三种主要粮食作物的情况进行分析可以发现，从2008年到2013年，每亩总成本从562.42元上升到1026.19元，同期每亩产值从748.81上升到1099.13元，这意味着每亩净利润从186.39元下降到了72.94元。从成本利润率来看，从2008年的33.14%下降到了2013年的7.11%，而且基

---

① 谢琼，王雅鹏. 从典型相关分析洞悉我国粮食综合生产能力［J］. 数理统计与管理，2009（6）：1109.

本呈现出连续下滑趋势（见图6-1），这意味着投入成本增加而利润水平下降，粮食生产的绝对效益不断降低。

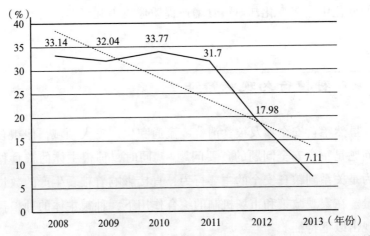

图6-1　2008~2013年中国水稻、小麦和玉米三大主粮成本利润率变化情况

（2）粮食生产在种植业中比较效益下降。对于耕地的利用者而言，耕地具有多种用途，为了获得更多的产出或者是更高的效益，往往需要对拥有的耕地资源在种植粮食作物、经济作物之间进行合理的安排和组合。因此，耕地持有者将根据不同种植作物的效益差异对种植结构安排作出决策。根据《全国农产品成本收益资料汇编2012》，2011年，水果中苹果每亩产值为8772.61元，总成本为4160.62元，每亩净利润为4611.99元；柑每亩产值为4776.74元，总成本为2714.58元，每亩净利润为2062.16元；而蔬菜平均每亩产值为6227.65元，总成本为4121.33元，净利润为2106.32元。同期，三大主粮的每亩产值为1041.92元，总成本为791.16元，每亩净利润为250.76元。比较分析可以发现，三大主粮每亩的利润水平为蔬菜利润水平的11.91%，是水果中苹果和柑种植利润水平的5.44%和12.16%，通过以上数据不难看出，粮食在种植业中比较效益均极为低下，微利性特征十分明显。

粮食比较效益不仅低，而且呈现下降趋势。根据《全国农产品成本收益资料汇编2014》，2013年，水果中苹果每亩产值为8141.33元，总成本为4894.61元，每亩净利润为3246.72元；柑每亩产值为4698.83元，总成本为2962.75元，每亩净利润为1736.08元；而蔬菜平均每亩产值为6669.03元，总成本为4170.89元，净利润为2489.14元。与三大主粮的相关投入产出情况对比可以看出，三大主粮每亩的利润水平仅为蔬菜利润水平的2.93%，只有水果中苹果和柑种植利润水平的2.25%和4.20%。对比2011年和2013年粮食在种植业中的比较效益情况可以发现，粮食比较效益在极为低下的基础上还在不断下降，而且下降趋势十分明显（见表6-1）。

表6-1　　三大主要粮食品种在种植业中比较效益变化情况　　单位：元

	每亩产值		每亩总成本		每亩净利润	
	2011年	2013年	2011年	2013年	2011年	2013年
三大主粮	1041.92	1099.13	791.16	1026.19	250.76	72.94
苹果	8772.61	8141.13	4160.62	4894.61	4611.99	3246.72
柑	4776.74	4698.83	2714.58	2962.75	2062.16	2489.14
蔬菜	6227.65	6669.03	4121.33	4170.89	2106.32	2489.14

（3）粮食生产效益与非农产业收益比较趋于下降。前面3.5节中已经分析得出粮食生产具有极强的微利性特征，上述数据就是很好的佐证。从调研获得数据来看，主粮中水稻、小麦、玉米的亩平成本分别为814元、593元和479元，亩平产值分别为1227元、752元和711元，这意味着，从会计核算的角度，投入一元钱的成本，只能获得1.5元、1.3元和1.5元的产出。种粮主体的决策不仅受会计成本的影响，更受机会成本的影响。调研数据显示，水稻、小麦、玉米的亩平利润分别为413元、158元和232元。即使与2015年四川1500元/月的最低工资标准相比，这也意味着需要

种 3.6 亩多地的水稻才相当于达到了 1 个月的最低工资收入,这还未将种子、农药、肥料等生产资料投入的货币时间成本计算在内。而随着劳动力成本的刚性提高和生产资料成本的持续上涨,加上粮食价格上涨和补贴增加均遭遇"天花板",因此,粮食种植不仅投入产出的效益持续降低,而且比较效益更呈下降之势。

由于耕地具有多种用途,但耕地拥有者选择其作为某种用途时,就会失去用于其他用途的机会,而用于其他用途可能获得的最高收益就是其选择该项用途的机会成本。从种粮主体的角度来看,当耕作行为带来的收益低于耕作付出时,肯定会产生弃耕行为,当粮食耕作行为带来的收益小于其他耕作或者其他生产行为时,种粮主体也必然会产生行为调整。所以,从理性的角度,种粮主体趋于将粮食作物更换为收益最高的经济作物,由此带来耕地的非粮化。但是,种粮主体的个体理性却会导致粮食供给能力的下降,从而对粮食安全形成威胁,从整体来看却形成了集体非理性决策。所以,要提高种粮主体的积极性,不仅要提高粮食生产的绝对效益,更重要的是提高其比较效益。而且,之所以在粮食生产绝对效益和比较效益低的情况下仍然有农业主体愿意生产粮食,笔者认为主要可以利用前景理论进行解释。虽然生产粮食的效益低,但国家对粮食长期以来持支持态度,通过最低收购价政策以及政策性保险等措施降低粮食经营风险,由于存在确定效应,在确定性收益和赌一赌可能带来更大的收益时,多数人会选择确定性收益,因此,粮食生产的确定性收益让部分主体愿意种植粮食作物。但是,由于存在参照依赖,在风险不变的情况下,即使粮食生产的绝对效益提高,只要比较效益下降,种粮主体的积极性仍将下降。因此,不仅要稳定粮食生产的收益预期,而且至少要保持粮食生产的比较效益才能保证粮食生产的积极性。

6.1.2 种粮所需社会化服务供给不足

近年来,种粮大户、粮食生产专业合作社等快速发展,粮食产业化经营水平不断提高，传统农户小而全的粮食生产方式向专业化分工转变，但在服务体系上，与之相应的农机、植保、仓储、烘干等社会化服务明显滞后。从全国来看，农业社会化服务供需矛盾突出①，而且适应农村需要的各种产前、产中、产后服务十分缺乏且不配套②，可以说，农业社会化服务供给不足将成为制约农业生产经营的主要问题③。

针对种粮大户和合作社的问卷调查结果显示，虽然在粮食生产经营过程中享受过社会化服务的比重高达87.4%，但进一步分析发现，所享受的主要服务是"种植培训""农机具配套服务""种子等生产资料供应"，所占比例为44.2%、23.4%和22.1%；相对应的，最希望得到的社会化服务中，最希望得到是"农机具配套服务"，占比达到27.6%，其次是"种植培训"和"种子等生产资料供应"，占比分别为20.9%和20.0%（见表6-2）。从获取的难度来看，认为获取社会化服务有难度的占95.7%，而且分布比较平均，技术、信息、销售、劳动力、金融服务、品牌的选择比例分别为：22.6%、19.7%、18.8%、17.8%、15.4%和5.8%。

表6-2 　　　　　　粮食经营社会化服务获得情况 　　　　　　单位：%

	种植培训	种子等生产资料供应	劳动力供应	农机具配套服务	销售服务	品牌建设
享受过的社会化服务	44.2	22.1	2.6	23.4	7.1	0.6
最希望得到的社会化服务	20.9	20.0	10.7	27.6	13.3	7.6

由此可以看出：一是获取社会化服务普遍存在困难，二是销售

---

① 赵冬缓，邓小刚. 我国农村社会化服务供求探析 [J]. 中国农村经济，1992（3）：18-22.

② 高铁生. 我国粮食安全形势与政策建议 [J]. 经济研究参考，2013（28）：24.

③ 金兆怀. 我国农业社会化服务体系建设的国外借鉴和基本思路 [J]. 当代经济研究，2002（8）：38-41.

服务和品牌建设在已经获取、获取难度以及获取意愿三个选项中的占比都处于低比例水平。从表面上来看，这是相互矛盾的，而实质上这样的结果折射出需求与供给均存在不足，这凸显出在国家实行最低收购价收购且价格连续提升的情况下，"卖粮难"不是种粮主体关注的主要问题，而由于大多种植的是普通品种，因此"品牌建设"的需求也较小。但是，这并不代表着可以忽视销售和品牌建设，而且可以预见，随着新型经营主体的增加和提高收购价难度的加大，销售和品牌等社会化服务的供需缺口将成为矛盾的主要方面。新型粮食经营主体开展粮食适度规模经营的竞争优势主要来源于专业化分工、社会化服务带来的生产成本降低和规模效益提升。可以说，新型经营主体发育不足最为突出的原因就是社会化服务缺失的短板制约。

6.1.3　种粮融资难度大

在金融机构市场化运作的情况下，对资金安全性和盈利性具有更为强烈的要求，因此即使在政府通过农村产权制度改革、担保、贴息以及票据贴现、人民银行支农再贷款等方式加大农村金融支持的情况下，粮食经营主体面临的融资难问题依然存在而且难度加大。

一方面，融资需求增加。问卷调查结果显示（见表6-3），选择借贷金额"大幅增加"和"增加"的占52.4%，而只有7.4%的调查对象选择"降低"和"大幅降低"；此外，在种植粮食过程中存在借贷行为的种粮大户和合作社的比例高达71.3%。从以上调研结果可以看出，种粮主体的融资需求处于增长态势，尤其是开展规模化经营的种粮大户和合作社的融资需求大。而且，这并不是四川的特殊情况，而是全国的普遍现象。史清华、陈凯在山西的跟踪调查结果也显示：从借贷行为发生总量来看，农村借贷行为增加，有借贷行为的农户比例从1990年的29.63%上升到2000年的

40.67%；从借贷的用途结构来看，呈现出由生存性消费借贷向发展性生产借贷转变的趋势①。而且，可以预见，随着种粮大户、合作社等新型粮食经营主体的不断增加，加上其实体化运作和产业化经营发展，新型粮食经营主体的生产性金融需求将呈继续增长态势。

表6-3　　　　　　　近年来种粮大户和合作社借贷情况　　　　单位：%

	大幅增加	增加	基本不变	降低	大幅降低
借贷金额	13.4	39.0	40.2	3.7	3.7
借款难度	12.3	42.0	22.2	13.6	9.9
	升高		保持不变	降低	
借款成本	41.3		36.3	22.5	

　　另一方面，种粮主体融资难度大。在土地资源日益稀缺的情况下，农业产出水平和产出效率的提高主要取决于资本和技术的投入，虽然政策性农业银行、商业银行、农村合作金融组织，以及村镇银行和小额贷款公司等众多机构基本上涵盖了农业生产经营所需金融服务的各个方面，但是由于农业具有前期投入大、经营风险高、回报周期长、比较效益低等弱质性特征，加上普通农户、种粮大户和合作社等贷款缺乏有效抵押物，导致金融机构对普通农户、种粮大户以及合作社的贷款甚为谨慎。在长期的农村调研中发现，有少量资金需求的主要通过亲戚朋友进行借贷或者寻找合伙人的方式解决，有大量资金需求的主要通过信用社借贷，但由于农村地区宅基地（农村建设用地）、承包地经营权、农村房屋产权等农村产权还难以实现直接抵押，即使在部分改革试点地区能抵押融资，但获得的贷款额度相对较小，很难解决生产发展资金需求。调查结果显示，在借贷渠道中，"亲戚朋友"占41.5%、"金融机构"占

---

　　①　史清华，陈凯. 欠发达地区农民借贷行为的实证分析——山西745户农民家庭的借贷行为的调查［J］. 农业经济问题，2002（10）：29-33.

40.2%、"信贷公司"占 3.7%、"民间借贷"占 7.3%、"其他"占 7.3%。由此可以看出,亲戚朋友依然是农村借贷的主要渠道,这也从侧面反映出种粮主体从金融机构获取贷款难。根据问卷调查统计结果,选择借款难度"大幅增加"和"增加"的占 54.3%,而只有 23.5%的调查对象选择"降低"和"大幅降低";选择借款成本"升高"的有 41.3%,选择"降低"的只有 22.5%。

综合以上分析可以发现,种粮大户和合作社在粮食生产经营过程的借贷金额、难度和成本均呈上升之势。新型粮食经营主体在粮食生产经营过程中融资面临的需求金额、借款难度和成本高是制约新型粮食经营主体发展壮大的关键因素。

6.1.4 粮食生产就地务工吸纳能力强

农业作为劳动密集型产业,虽然在水稻、小麦等粮食生产中机械化程度不断提高,但是,由于四川地形地貌的限制,机械化作业水平无法与东北等地区相比,而且灌溉、田间日常管理等仍然以劳动力投入为主,因此,粮食生产仍然具有较强的劳动力吸纳能力。问卷调查结果显示,种粮大户和合作社在 480.3 亩的平均经营规模下平均雇佣 14 人,而且雇佣人员均来自于"本村"和"周边临近村镇",其中来自于本村的占 68.9%,来自于周边临近村镇的占31.1%。虽然调查问卷中未涉及关于雇佣劳动者年龄的问题,但在与基层干部和种粮大户、合作社的访谈中了解到,雇佣劳动人员以60 岁左右人员居多。从问卷调查反映的工资水平来看,平均达到91.1 元/天,最低的为 60 元/天,最高的为 180 元/天。一方面,种粮大户、合作社等新型粮食经营主体的发展为农村留守的劳动力甚至是老龄人提供了就近务工增收的渠道;另一方面,对于种粮主体而言,雇佣劳动力的成本较高,而且劳动力成本占粮食生产总成本的比重也呈上升趋势。以水稻为例,问卷调查数据显示,种粮大户和合作社亩平成本中劳动力成本占比高达55.3%。而从全国的数据来看,《全国农产品成本收益资料汇编2014》中的资料显示,水稻、小麦和玉米三大主要粮食作物每亩生产的人工成本从2008年的175.02元上升到2013年的429.71元,五年期间增长145.52%,而同期每亩总成本增幅为82.55%,从人工成本的占比来看,2013年每亩总成本中人工成本占41.87%,比2008年的31.12%提高10.75个百分点。这说明,农村人工工资呈现快速上涨之势,由于粮食产业属于劳动密集型产业,而新型粮食经营主体雇佣劳动力主要来自于本村或者是周边村镇,因此,对当地劳动力具有较强的吸纳能力,而且对其就地务工增加工资性收入具有较强的拉动作用。

6.2
粮食种植意愿实证分析

虽然前面分析表明,粮食单产是导致粮食产量波动的主要因素,但是粮食播种面积对稳定粮食产量具有基础性支撑作用。如果粮食播种面积出现大幅下滑,那么依靠单产提高来弥补播种面积减少带来的产量损失将十分困难。而且,在新常态下,"非农化"以及"非粮化"的动力足,因此,稳定种粮主体的种粮积极性对于保障粮食安全极为重要。

6.2.1　变量选择

为了分析粮食播种面积增减变化的影响因素及其影响差异,本书选择种粮主体类型、是否为粮食生产重点县、地貌类型和是否流入耕地、粮食生产方式、耕地质量作为解释变量,利用多元线性回归方法对种粮主体的粮食播种面积变化情况进行分析。同时,为了便于进行计量分析,对变量进行赋值处理,并对各指标变量定义和赋值作如下说明（见表 6-4）：

（1）本书将种粮主体的粮食播种面积作为因变量 y_{21}，其中，若种粮主体近年来"减少粮食播种面积"的则赋值为 1，若"粮食播种面积不变"则赋值为 2，若"增加粮食播种面积"则赋值为 3。

（2）本书模型中的自变量包括土地流转情况（x_{21}）、粮食生产方式（x_{22}）、种粮主体类型（x_{23}）、是否为粮食生产重点县（x_{24}）、地貌类型（x_{25}）和耕地质量 x_{26} 共 6 个变量。其中，未流入土地的赋值为 1，有流入土地的赋值为 2；粮食生产方式中选择"更加粗放"的赋值为 1，"没有变化"的赋值为 2，"更加精细"的赋值为 3，"机械化程度提高"的赋值为 4；种粮主体类型若是普通农户则赋值为 1，种粮大户则赋值为 2，粮食生产经营合作社则赋值为 3；若不是粮食生产重点县赋值为 1，若是粮食生产重点县则赋值为 2；地貌类型若是高原地区则赋值为 1，山区则赋值为 2，丘陵地区则赋值为 3，平原地区则赋值为 4；耕地质量变化中选择"变差很多"的赋值为 1，"变差一些"的赋值为 2，"不变"的赋值为 3，"变好一些"的赋值为 4，"变好很多"的赋值为 5。

表 6-4　　　　　　　　变量定义和赋值说明

模型符号	变量名称	变量赋值
y_{21}	粮食播种面积	减少 = 1，不变 = 2，增加 = 3
x_{21}	土地流转情况	未流入土地 = 1，流入土地 = 2
x_{22}	粮食生产方式	更加粗放 = 1，没有变化 = 2，更加精细 = 3，机械化程度提高 = 4
x_{23}	种粮主体类型	普通农户 = 1，种粮大户 = 2，粮食生产经营合作社 = 3
x_{24}	是否为粮食生产重点县	否 = 1，是 = 2
x_{25}	地貌类型	高原 = 1，山区 = 2，丘陵 = 3，平原 = 4
x_{26}	耕地质量	变差很多 = 1，变差一些 = 2，不变 = 3，变好一些 = 4，变好很多 = 5

6.2.2 计量结果及分析

本书利用 SPSS20.0 对数据进行分析，通过建立多元线性回归模型，选择 Enter 方法。得到回归结果如下（见表 6 – 5）：

表 6 – 5   模型参数结果

模型	非标准化回归系数		标准化回归系数	t 值	显著性水平	共线性统计		DW 统计量
	B	标准差	Beta			公差	VIF	
常量	0.445	0.215		2.076	0.039			
x_{21}	0.723	0.133	0.455	5.453	0.000	0.340	2.942	
x_{22}	0.098	0.043	0.128	2.298	0.022	0.762	1.308	
x_{23}	0.169	0.095	0.154	1.773	0.078	0.312	3.207	2.020
x_{24}	– 0.088	0.088	– 0.052	– 1.000	0.318	0.881	1.135	
x_{25}	– 0.049	0.053	– 0.048	– 0.915	0.361	0.866	1.154	
x_{26}	0.084	0.036	0.127	2.295	0.023	0.770	1.298	

回归模型的拟合优度 $R^2 = 0.467$，调整后的拟合优度 $\overline{R}^2 = 0.453$，模型的显著性检验（$F = 32.910$，$P < 0.000$）。模型中 VIF 值小于 5，表明模型不存在多重共线性问题；DW 统计量位于 1～3，表明不存在自相关问题。根据以上回归结果可以看出，以上 6 个解释变量中，是否为粮食生产者重点县和地貌类型对粮食种植面积变化没有显著影响，而土地流转情况、粮食生产方式、种粮主体类型和耕地质量对粮食播种面积变化有显著影响，相应的标准化回归系数分别为 0.455（$t = 5.453$，$P < 0.001$）、0.128（$t = 2.298$，$P < 0.05$）、0.154（$t = 1.773$，$P < 0.1$）和 0.127（$t = 2.295$，$P < 0.05$）。

6.2.3 结果运用

根据以上回归分析结果可知：

（1）土地流转情况和种粮主体类型对粮食种植面积变化具有正向影响，即流转有耕地的种粮主体更趋向于增加粮食播种面积，而普通农户一般经营自有耕地，更趋向于减少粮食播种面积。这主要是由于普通农户粮食生产效益低，趋向于为自食而种，而家庭人口中由于外出务工和就学，常年在家人口少，而且缺乏劳动力，从而引起普通农户粮食播种面积呈减少趋势。流转耕地开展粮食规模经营的种粮大户、合作社等主体更趋向于增加粮食播种面积。

根据表6-4对不同粮食播种面积变化情况的赋值，计算不同种粮主体粮食播种面积的平均变化情况，也可以发现，普通农户的平均值为1.59，在粮食播种面积不变赋值2以下，因此，普通农户的粮食播种面积总体上处于减少态势；而种粮大户、合作社的平均值分别为2.44和2.78（见图6-2），大于粮食播种面积不变赋值2，因此种粮大户和合作社的粮食播种面积呈现出增加态势。

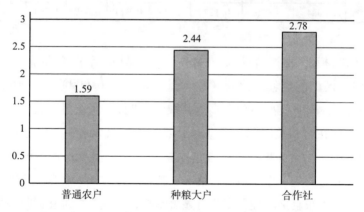

图6-2　不同种粮主体类型粮食播种面积平均变化情况

（2）粮食生产方式变化对粮食播种面积变化具有正向影响，即粮食机械化程度提高有利于促进粮食播种面积增加，粗放化经营的种粮主体趋向于减少粮食播种面积。这主要是由于机械化耕作可以降低粮食生产成本，而且采用机械化耕作的种粮主体其粮食种植规模一般较大，容易获得规模经营效益，因此更趋向于增加粮食播种面积。

（3）耕地质量变化对粮食播种面积变化具有正向影响，即耕地质量变好的趋向于增加粮食播种面积，而耕地质量变差的趋向于减少粮食播种面积。这主要是因为，对于已经在种植粮食的主体而言，耕地质量变好可以提高粮食产量或者是增强对自然风险的抵御能力，因此为了提高总体获益能力，因此趋向于增加粮食播种面积；而如果耕地质量变差，加上粮食生产本身的弱质性特征，种植粮食的收获将更少，因此，为了避免收益缩水甚至是出现损失，种粮主体将选择减少粮食播种面积。结合第 4 章和第 5 章的分析还可以发现，耕地质量变差正是导致粮食播种面积减少的原因之一。

6.3
粮食种植行为变化分析

在新形势下，种粮主体的种粮行为发生着极大的变化，无论是粮食生产的地位、目的还是方式均产生了显著的变化。

6.3.1 粮食生产目的从商品经济向自给经济倒退

一方面，随着农民收入的多元化，粮食在农民收入中所占比例急剧降低。2014 年，四川农村居民人均纯收入为 8803 元，比 2013 年增加 908 元，同比增长 11.5%。而且比较分析可以发现，家庭经营纯收入为 3571 元，比 2013 年仅增加 250 元，增长 7.5%，家庭经营纯收入在纯收入中仅占 40.6%，比 2005 年的 61.6% 相比下降 21 个百分点。

另一方面，随着食物来源的多元化，原粮的人均消费量也趋于下降。2013 年，四川农村居民人均原粮消费量为 154.3 千克，比

2005 年 222.4 千克的人均消费水平减少 68.1 千克，降幅达 30%。

在以上两大因素的共同作用下，加上农村的老龄化特征和粮食的微利性特征，农户种粮增收解决温饱的动力不复存在，农户种粮行为从解困增收向为自食而种转变，从而引致粮食从商品经济向自给经济倒退。

（1）对于大户和合作社而言，种粮的目的是追求利润，如果种粮不挣钱，种粮主体必然会放弃粮食种植。张建杰（2008）基于河南农户的调查结果也表明，农户从事粮作经营的主要动机中，种植规模扩大推动其增加现金收入的动机增强，而满足自家需要的动机趋于减弱①。这说明，随着粮食种植规模的扩大，增加现金收入或者说增加利润将成为种粮主体最为重要的目的。

（2）对于普通农户而言，即使种粮不划算、不挣钱，也可能会种植粮食。问卷调查结果显示，在针对普通农户"从事粮食生产的主要目的"中，选择"满足口粮和饲养牲畜等需要"的占比高达 93.6%，只有 6.4% 的调查对象选择的是"追求收入和利润"。而且晋洪涛（2009）基于河南 24 县 455 户农民的调查结果也表明，高达 89.4% 的样本农户认为种粮并不划算，但他们还是选择了种植粮食作物，"种粮不赚钱为何还要种"的回答中"日常生活所需要"占了 65.3%②。

由此可以看出，普通农户种粮的主要目的已不再是增收，而是满足家庭的需要。史清华等指出，浙江粮食种植在农户家庭收支中的比重已经不足 2%，农户的粮食生产经营行为已经成为一种典型的以自给性生产为主的行为③。农民种田"保口粮，而不是保增

---

① 张建杰. 粮食主产区农户粮作经营行为及其政策效应［J］. 中国农村经济，2008（6）：46.

② 晋洪涛. 农户行为"四化"：粮食安全潜在危机与政策建议——基于河南 24 县 455 户农民调查［J］. 经济问题探索，2010（12）：45.

③ 史清华，卓建伟. 农户粮作经营及家庭粮食安全行为研究——以江浙沪 3 省市 26 村固定跟踪观察户为例［J］. 农业技术经济，2004（5）：29.

产"的倾向日益严重①。虽然近年来我国不断加强涉农投入，尤其是针对粮食生产出台了诸多惠农政策，包括取消农业税、给予粮食直补等四大补贴以及对主要粮食品种实行最低收购价等政策，但是，由于生产成本的提高和国际粮食价格的走低，目前无论是提高粮食价格还是增加粮食补贴都遭受到"天花板"。因此，农民对发展粮食的增收前景并不看好。根据前面的前景理论，大多数人持损失规避态度，所以普通农户将主动回避种粮增收的风险，从而将增收的路径转移到非粮产业，而种粮成为满足自家需求的一种"有限理性"决策。浙江等发达地区已经表现出的粮食产业严重的副业化现象预示着未来全国多数地区的走势，可以预见，未来普通农户为自用而种的目标导向将更为明确。

6.3.2 粮食生产地位从主业向副业转变

长期以来，农村习惯性地使用"农林牧副渔"对整个农业产业进行分类，其中的"农"指种植业。但是，随着农村生产结构的变化，从 2003 年开始，在统计上已经转变为统计农业、林业、牧业、渔业及农林牧渔业服务业产值，副业已经不再作为单独的统计，由此可以看出副业在其中的地位下降很多。

针对普通农户的问卷调查结果显示，务农收入占家庭总收入的比重为 37.5%，即使种植有粮食的农户，种粮在其中也仅占45.1%。四川 2013 年平均每人经营耕地面积只有 0.97 亩，比 2011年的 1.15 亩减少 0.18 亩，减幅为 15.7%。在人均经营耕地面积减少和种粮比较效益下降的情况下，粮食生产的"副业化"特征不断凸显。从全国来看，其他地区也存在同样的趋势，在不少沿海和城市郊区，外出务工农民增多，只有农忙时短暂回乡，从而让种粮成

---

① 蒋黎，祝福守. 我国主产区粮食生产现状和政策建议 [J]. 农业经济问题，2012(12)：21.

为一种副业①。

　　而且，当前粮食生产的"副业化"程度还在加深。由于外出务工收入水平相对较高，而粮食生产比较效益持续下降，近年来农民返乡种粮、收粮增加的收入与耽搁的务工收入和往返交通等费用之和基本持平甚至是入不敷出。在调研中发现，前些年农民工在粮食播种、收获的农忙季节纷纷请假返乡抢种、抢收的现象大量减少甚至绝迹。这表明，粮食生产的"副业化"性质已经产生了明显的变化，对于一些外出务工群体而言，粮食生产已经连副业都不是了，他们已经与农业尤其是粮食产业彻底脱离，并且这一趋势还将扩大。这也预示着，传统的种粮主体将不断减少，也自然可以引申出另一个结论，未来的种粮主体结构将发生实质性的变化。

6.3.3　粮食生产方式从分散小规模开始向适度规模演进

　　四川是典型的人多地少地区，人地矛盾极为突出，人均耕地面积仅1.12亩，比全国1.52亩的平均水平还少0.4亩。如果没有土地流转，农户在如此少的耕地上显然能够解决温饱问题已经很难得，不可能仅仅依靠家庭的承包地实现致富奔小康。尤其是由于粮食产业的弱质性，因此更不可能通过分散小规模的粮食生产实现家庭收入的大幅增长。因此，通过土地流转提高规模经营效率和效益就成为未来发展的必由之路。

　　从四川省2015年土地流转情况来看，土地流转规模在300亩以上的比重最高，占规模流转总数的27%，流转面积为270万亩；而2003年，土地流转规模在50～99亩的占比最高，占规模流转总数的21.9%，流转面积为166万亩（见表6-6）。对比分析可以发现，流转规模总体呈上升趋势。具体到粮食产业，2015年全省从

---

① 高铁生. 我国粮食安全形势与政策建议［J］. 经济研究参考，2013（28）：24.

事粮食产业的合作社有 3864 个，比 2012 年的 1473 个增加 2391 个，增幅高达 162%；从事粮食产业的家庭农场共有 4051 个，比 2013 年的 1500 个增加 2551 个。其中，经营面积在 50~200 亩的有 3405 个，占比高达 84.05%；经营面积在 200~500 亩的有 485 个，占 11.97%，经营面积在 500~1000 亩的有 115 个，占 2.84%，经营面积在 1000 亩以上的只有 46 个，仅占 1.14%。虽然到目前为止，传统的分散小规模经营仍然占主体地位，但笔者认为，逐步向适度规模经营转变的趋势已经形成，未来适度规模经营将替代一家一户耕种自有承包地的超小规模经营成为粮食经营的主要模式。

表 6-6　　　　四川 2013 年土地流转规模经营情况　　　单位：亩

年份 ＼ 流转面积	10~29	30~49	50~99	100~199	200~299	300 以上
2013	1645670	1008251	1661633	1125944	638777	1494225
2014	1903038	1138628	1317107	1053817	709826	1967517
2015	2197918	1414391	1496973	1256879	942513	2703668

在粮食适度规模经营中，机械化耕作是其中最为重要的推动力量，推进农业机械化特别是以大型农机为主导的农业机械化的发展，有利于培育新型农业经营主体[①]。问卷调查结果也显示，在关于粮食生产方式的回答中，选择"机械化程度提高"的比例占到四个选项的 41.1%。因此，对于四川这样以丘陵、山区为主的地区而言，虽然多数区域不适宜发展大型机械化，而且其机械化程度无论如何赶不上东北平原，但必须因地制宜发展中小型农机，从而为新型粮食经营主体的发育提供机械化支撑。

粮食生产方式从分散小规模开始向适度规模演进，不仅有机械

① 姜长云. 农户分化对粮食生产和种植行为选择的影响及政策思考 [J]. 理论探讨, 2015 (1): 70.

化水平提高的推动作用，更为重要的原因在于，人地关系的调整以及土地制度的改革为粮食生产方式调整提供了条件和支撑，而且开展粮食适度规模经营才能实现种粮致富，并且改变一家一户分散小规模经营质量难以管控的弊端，从而适应市场机制和消费变化趋势的要求。

6.4

粮食种植行为差异分析

在粮食种植行为变化的基础上，为了进一步精准施策，从不同主体和区域的粮食种植行为进行对比分析可以发现，由于自然条件、经济社会基础以及主体等差异造成粮食种植行为存在明显的差异。而且，已有研究成果表明，经营规模、所在地区和文化素质不同的农户，其生产经营结构和行为具有显著的差别①。

6.4.1 对粮食补贴政策的敏感性差异大

自 2002 年开始在全国部分粮食主产区进行粮食直补政策试点以来，2004 年，共发放粮食直补资金 116 亿元。近年来，补贴总规模实现了较大幅度增长，到 2014 年粮食直补资金增长到 151 亿元，若加上农资综合补贴，资金总额达到 1222 亿元。2004 年在全国实行以来，粮食补贴政策曾对粮食增产和农民增收发挥重要促进作用，但是，从总体上而言粮食补贴政策的效率偏低，粮食补贴政策对农户种粮积极性的激励作用有限。

在针对普通农户关于"粮食直补、良种补贴对您扩大种粮面积、增加粮食产量积极性的影响"的回答中，选择"非常大""较

---

① 卫新，胡豹，徐萍. 浙江省农户生产经营行为特征与差异分析 [J]. 中国农村经济，2015（10）：55.

大""有一点作用""没有作用"和"完全没有作用"的比例分别
为 6.8%、22.6%、54.1%、15.7%、0.7%，认为作用非常大和
比较大的仅占 39.4%，而认为有一点作用的比重最高，占到
54.1%，还有 16.4% 的被调查对象认为没有作用甚至完全没有作
用。因此，综合而言，粮食直补和良种补贴等政策对于普通农户而
言，激励其种粮的效果仅仅是"有一点"作用。根据前面所讲期望
理论，调动人的积极性和创造性是激励的主要目的，但是否能够达
到激励的目的与期望值和激励强度有关。从粮食直补等补贴政策的
实际情况来看，是处于激励不足状态，因此很难实现其调动积极性
的政策设计初衷。可以说，在是否生产粮食上，普通农户对于补贴
政策已经缺乏灵敏的反应。

虽然调研中发现，农民对粮食直补政策普遍满意，而且周强等
的调研结果也表明，对粮食补贴政策选择满意或比较满意的农户占
71.2%[①]。但是，必须清醒地认识到，农民对粮食直补政策的满意
程度较高实质上并不是粮食直补政策对粮食增产的效果好，而是在
取消"皇粮国税"的基础上破天荒的农民种田还能由政府发补贴，
额外增加一笔"旱涝保收"的收入。之所以会形成这样的结果，主
要是由于粮食直补存在三大不容忽视的政策偏差。

一是粮食直补普遍与粮食生产"脱钩"导致粮食直补政策存在
导向偏差。虽然财政部在相关文件中提出了按粮食种植面积补贴、
按农业计税面积补贴、按计税常产补贴三种形式由各地政府结合当
地实际选择。在实际操作中，普遍的做法是以农业计税面积作为依
据进行补贴。如此一来，形成了不管种植粮食作物还是种植经济作
物、不管在耕种还是已抛荒都能获得粮食直补的格局，甚至有的耕
地已经用作非农用途仍在领取粮食直补，导致粮食直补与粮食生产
"脱钩"而"名不副实"。

① 周强，夏显力. 粮食主产区农户种粮行为及其影响因素分析——以山东省安丘
市为例 [J]，广东农业科学，2012 (5)：211.

　　二是普通农户种粮目的从"商品化"向"自给型"倒退导致粮食补贴刺激粮食生产存在假设条件偏差。前面已经分析得出，为自食而种成为多数普通农户的现实选择。在这样的行为选择模式下，粮食直补不仅对普通农户种粮多少的行为选择不构成实质性影响，而且事实上已经严重偏离以此激励农户扩大商品粮生产规模的假设性前提。

　　三是粮食直补政策从"激励型"向"福利型"转变而形成政策目标偏差。粮食直补实际上是两个目标，一个是粮食增产，另一个是农民增收，若两个目标一致，那么政策效果将会非常显著，但实际情况是两者经常不一致。虽然国家实行了粮食最低收购价政策，但粮食的比较效益仍然很低，微利性特征十分明显。粮食直补加上良种补贴和农资综合补贴，三项补贴收入加总亩平补贴水平也只有100余元，离农民的期望值还有很大的差距，加上无差异的平均补贴方式，所以激励效果不明显，难以真正调动农民的种粮积极性。

　　粮食直补的初衷是鼓励粮食生产，从理论上来讲，是"谁种补谁"。随着人口的变化和土地的流转，人地关系已经发生巨大的变化，但是，仍然按照承包耕地的计税面积作为依据进行补贴发放且实行"一卡通"直接发放给耕地承包户。即使在2013年，四川率先在省内11个县（市、区）启动首批种粮农民直接补贴政策调整完善试点，2014年又新增24个试点县（市、区），按照"有种有补，无种无补""多种多补、少种少补""谁种粮谁受益"原则对粮食直补政策进行调整完善，流转土地开展粮食规模经营的新型粮食经营主体仍然难以实际获得调整而来的粮食直补收入。这包括两种情况：

　　一是在需要稳定土地租赁关系压力较大的背景下，种粮大户在签订土地流转合同时，有的明确约定政策性补贴由原承包户享有。即使在广汉等试点区域，获得了政府给予粮食直补款的种粮大户，还须依据合同挨家挨户将粮食直补款分别转付给耕地流出方，新型粮食经营主体只是扮演着"二传手"的角色。

二是即使有些土地流转合同中未作出明确约定或是未签订书面合同，转出土地的农户往往也会以上涨租金的方式实现对粮食直补款部分或全部的实质性占有。因此，粮食直补对于流入耕地生产粮食的新型农业经营主体而言，不仅只是"过路财神"，而且还导致土地流转双方矛盾增加，不利于土地规范有序流转和粮食适度规模经营的良性发展。

相对于普通农户而言，粮食补贴政策对于种粮大户和合作社而言不再是"可有可无"的小事，不管是农田水利基础设施建设补贴，还是种粮大户补贴，亦或是贷款贴息等政策对于种粮大户、合作社而言都极为重要。张改清认为，小规模、中等规模和大规模的粮食生产经营户由于粮食规模的不同对粮食最低收购价政策的敏感程度也不一样，并且敏感程度依次提高，前者属于粮食最低收购价政策作用的边缘群体，而大规模粮食生产经营户将对粮食最低收购价政策作出积极的响应①。下面以种粮大户补贴为例进行分析。为了促进种粮大户的发展，四川从 2011 年对种粮大户②实行直接补贴并不断完善补贴政策、提高补贴标准。对种粮面积 30 亩以上的种粮大户给予每亩 20 元的直接补贴，从 2013 年开始实行分档补贴，到 2015 年，仍然是实行分档补贴，最低补贴标准为每亩 40 元，最高标准为每亩 100 元（见表 6 - 7）。虽然每亩地的补贴看起来不

---

① 张改清. 粮食最低收购价政策下农户储售粮行为响应及其收入效应 [J]. 农业经济问题，2014（7）：89.

② 四川在实行种粮大户直接补贴政策中，将种粮大户界定为承包或租种耕地达到一定规模，集中种植主要粮食作物的农户、法人或其他组织. 按经营主体划分，主要有种粮农户、农民专业合作社、家庭农场、土地股份合作社、农业产业化龙头企业等类型，与本书研究的界定范围有区别，本部分中涉及四川粮食种植大户补贴以《四川省财政厅四川省农业厅关于印发〈四川省 2015 年种粮大户财政奖补制度实施方案〉的通知》中的界定为准. 而在一个县（市、区）区域内需达到的种粮面积：种粮农户 30 亩，其中平原地区 50 亩；土地股份合作社 200 亩，其中平原地区 300 亩；农民专业合作社和家庭农场 300 亩，其中平原地区 500 亩；农业产业化龙头企业等 500 亩，其中平原地区 1000 亩.

高，但由于大户种植面积往往十倍甚至百倍于普通农户的种植规模，因此补贴收入是种粮大户利润的重要组成部分。按照问卷调查统计结果480亩的户均规模计算，户均可获得粮食直补近3万元。在调研中常听到大户、合作社对种粮大户粮食直补政策连续性的关注和担忧，尤其是在成都平原等经济比较发达、土地租金较高的地区，"如果没有补贴，谁还种粮哦"这样的说法经常听到。因此，种粮大户对种粮大户粮食直补的敏感度极高。未来，需要根据不同经营主体对粮食补贴政策的敏感性差异进行针对性调整，提供差异化的补贴机制以增强激励效果。

表6–7　　　　四川2015年种粮大户粮食直补分档补贴标准

	30~100亩（不含100亩）	100~500亩（不含100亩）	500亩以上
补贴标准	40元/亩	60元/亩	100元/亩

6.4.2　对社会化服务的需求度和满意度差异大

普通农户由于生产规模小，在传统的一家一户生产方式下，对社会化服务的需求较少，即使在播种、收获等劳动投入量大的农忙季节，也多以邻里换工等方式解决。近年来，随着农村劳动力结构性短缺矛盾日益突出，在水稻收获等环节也有部分普通农户聘请社会化服务组织，但相对而言，普通农户社会化服务的需求面窄、需求度低。

相对于普通农户而言，种粮大户、合作社等新型粮食经营主体开展粮食规模化经营，对社会化服务提出了更多、更高的要求。而与规模化发展相应的是生产性服务的社会化程度明显提高，主要服务内容涉及农资、农机、植保等方面[①]。从问卷调查结果来看，最希望得到的社会化服务涵盖种植培训、种子等生产资料供应、劳动

---

① 罗丹，陈洁. 我国粮食生产方便转变的多位选择：3400 种粮户例证［J］. 改革，2014（7）：37–38.

力供应、农机具配套服务、销售服务、品牌建设等方面。进一步分析可以发现，即使种粮大户与合作社之间在社会化服务的需求度和满意度方面也存在很大的差异。

（1）从社会化服务的需求情况来看（见表6-8），种粮大户享受过的社会化服务以种植培训为主，占比高达49.5%，而合作社虽然享受过的社会化服务仍以种植服务为主，但占比只有34.0%，比种粮大户低15.5个百分点。同时，合作社获得的种子等生产资料供应、劳动力供应、农机具配套服务服务、销售服务比重分别高于种粮大户6.6个、1.8个、4.6个和3.5个百分点。这表明，种粮大户更需要培训以外的其他社会化服务；种粮大户和合作社最需要的都是农机具配套服务，分别为26.4%和30.0%，但合作社在农机具配套服务方面的需求更高，比种粮大户高出3.6个百分点，而且合作社在种子等生产资料供应方面的需求也较高，占比为25.0%，比种粮大户高出7.8个百分点。

表6-8　　　　四川种粮大户与合作社社会化服务获得情况　　　单位：%

		种植培训	种子等生产资料供应	劳动力供应	农机具配套服务	销售服务	品牌建设
享受过的社会化服务	种粮大户	49.5	19.8	2.0	21.8	5.9	1.0
	合作社	34.0	26.4	3.8	26.4	9.4	0.0
最希望得到的社会化服务	种粮大户	21.4	17.2	12.4	26.4	15.2	7.6
	合作社	20.0	25.0	7.5	30.0	10.0	7.5

（2）从社会化服务的获取难度来看（见表6-9），合作社在技术和金融服务方面的获取难度高于种粮大户，分别比种粮大户高出8.5个和8.1个百分点，这主要是由于合作社在金融和技术上的要求高引起的。而种粮大户在信息和销售服务方面的获取难度大于合作社，分别比合作社高出9.3个和10.1个百分点，这主要是由于种粮大户规模小，而且一般不具有自己的信息渠道和销售渠道，而

合作社特别是公司领办型的合作社在信息和渠道方面往往占有优势，因此，获得信息和销售服务的难度相对较小。

表6-9　　　　四川种粮大户与合作社社会化服务获取难度　　　　单位：%

	技术	信息	销售	劳动力	品牌	金融
种粮大户	19.9	22.7	22.0	17.7	5.0	12.8
合作社	28.4	13.4	11.9	17.9	7.5	20.9

6.4.3　粮食生产投资来源渠道差异大

分析种粮大户和合作社具体的投资来源渠道，可以发现，虽然两者均流转土地开展粮食规模经营，但两者之间的投资渠道依然存在较大的差异。

首先，种粮大户在种植过程中有借贷行为发生的占比为57.1%，而合作社相应的比例则高达93.9%。这意味着，绝大多数合作社在粮食生产中均有借贷行为产生。进一步分析，这既有合作社资金需求额度大的原因，也有合作社目前实体运作能力较弱，自我积累能力差的因素。从另一个角度来看，这说明种粮大户利用自有资金进行粮食生产投资的比重较高，占到了42.9%，而合作社利用自有资金进行投资的仅占6.1%。

其次，进一步分析有借贷行为发生的主体实际的资金获得渠道。从调研统计结果可以看出（见表6-10），种粮大户的资金来源渠道相对多元化，既有通过亲戚朋友、金融机构、信贷公司、民间借贷的融资，也有通过其他渠道的融资，但合作社只有通过亲戚朋友、金融机构和少量民间借贷进行融资。而且，种粮大户的借贷渠道中以亲戚朋友为第一融资来源渠道，占比为39.5%，而合作社则以金融机构为第一融资来源渠道，占比为48.7%，比种粮大户高出16.1个百分点，但是，通过亲戚朋友的融资比例也有43.6%。这表明，合作社在融资上，既有部分合作社作为本土化的新型农业经营主体在通过亲戚朋友融资上的便利性，同时，合作社在融资渠道上也较种粮大户更为规范化。

表 6 - 10　　　　四川种粮大户与合作社融资渠道来源　　　　单位：%

	亲戚朋友	金融机构	信贷公司	民间借贷	其他
种粮大户	39.5	32.6	7.0	7.0	14.0
合作社	43.6	48.7	0.0	7.7	0.0

最后，由于融资需求和借贷渠道的差异，种粮大户和合作社在融资难度和成本的评价上也具有差异。从近年来的借贷资金变化情况来看（见表 6 - 11），大户的借贷金额以"基本不变"为主体，占到 52%，而"大幅增加"和"增加"的占 40.0%；合作社则以"增加"为主体，占到 50%，如果加上"大幅增加"的合计占比则高达 71.9%，比种粮大户高出 31.9 个百分点。由此可以看出，合作社近年来的借贷金额总体呈较强的增长趋势，而种粮大户的借贷金额虽然有所增加，但明显弱于合作社。尤其值得注意的是，在对于融资难度的评价上，虽然认为难度上升的比难度下降的比例高，但在借贷金额增长的合作社大幅多于种粮大户的情况下，合作社中认为借款难度"降低"和"大幅降低"的比重却比种粮大户高出 18.1 个百分点。这说明，在政府一系列改善农村融资环境、缓解新型农业经营融资难问题的举措下，合作社由于具有更多的资产，在破解"融资难"问题上获益更多。

表 6 - 11　　　　近年来种粮大户和合作社借贷情况　　　　单位：%

		大幅增加	增加	基本不变	降低	大幅降低
借贷金额	种粮大户	8.0	32.0	52.0	6.0	2.0
	合作社	21.9	50.0	21.9	0.0	6.3
借款难度	种粮大户	16.3	42.9	24.5	10.2	6.1
	合作社	6.3	40.6	18.8	18.8	15.6

		升高	保持不变	降低
借款成本	种粮大户	40.8	34.7	24.5
	合作社	41.9	38.7	19.4

6.4.4 粮食生产效益差异大

四川由于受人均耕地面积小的限制，普通农户主要是分散的小规模经营，种粮大户、合作社则通过开展规模经营破解"小生产"的制约，因此，在粮食生产效益上呈现出较大的差异，而且显示出种粮大户、合作社在促进粮食生产增产、提质方面具有重要的作用。

长期以来，虽然学术界普遍认为小规模经营具有其固有的弊端，大量研究也表明，小规模分散经营生产成本高、效益低，负面影响日益显著（闫海涛，2001；阮正福，2003；陶林，2005；王蕙、李尚红，2008；李守雷，2010）。但是学术界关于规模经营的研究较多，争论也较大。主要观点包括三类：其一是土地规模化经营推崇论，认为我国粮食生产经济效益不高的根本原因是经营规模过小，规模经营是粮食生产发展的必然趋势（韩俊，1998；蒋献光，1992；张志红、黄季焜、许庆等，2001；梅建明，2002；钱贵霞、李宁辉，2005；温铁军，2010；朱颖，2012；陈章良、党国英，2013）；其二是规模经营质疑论，认为土地经营规模对粮食总量的供给不一定有促进作用，把农业规模经营作为农业现代化路径的思路值得商榷（罗必良，2000；张德元、钱海燕，2003；刘凤芹，2006；王建军等，2012；陈锡文，2013）；其三是适度规模经营论，认为不能盲目追求"规模"而应注重"度"的把握，稳定粮食生产的根本办法是推行粮食适度规模经营（丁春福、卫新等，2003；张红宇、张晓山，2011；胡小平，2012；韩长赋、蒋和平、袁宁、刘小川等，2013）。虽然对粮食规模化经营有争论，但不可否认的是，粮食适度规模经营确实能够有效利用规模经济效应提高粮食生产经营效率。笔者认为，既不能走原有一家一户耕作自有承包地的超小规模经营老路，也不能走盲目追求规模的过度规模化道路，尤其是在丘陵和山区。

以四川水稻种植为例,问卷调查结果显示(见表6-12),普通农户户均播种面积为3.1亩,而种粮大户为230.6亩,合作社则为1381.1亩,合作社的种植规模明显高于种粮大户,而大户又明显高于普通农户;在亩平产量和产值上,合作社最高,种粮大户居中,普通农户最低。其中,种粮大户亩平产量是普通农户的1.01倍,而合作社是普通农户的1.12倍,种粮大户亩平产值是普通农户的1.17倍,而合作社是普通农户的1.30倍。这与李国祥(2014)通过调研发现的"同一地方不同经营主体的粮食单产水平存在着明显的差异"是一致的[①]。而且,这也表明四川种粮大户和合作社的适度规模经营属性较强,通过适度规模经营获得了比普通农户分散小规模、超小规模经营更高的生产效率。

表6-12   种粮主体水稻生产情况

	户均播种面积(亩)	亩平产量(斤)	亩平产值(元)	亩平成本(元)
普通农户	3.1	973.9	1060.5	658.3
种粮大户	230.6	988.4	1236.6	784.2
合作社	1381.1	1090.0	1383.7	998.0

进一步分析,在产值差异上即使剔除产量差异因素,合作社水稻的销售价格也高于种粮大户,种粮大户又高于普通农户。这主要是由于两个方面的原因造成的,一是合作社和大户的粮食产量大,在粮食销售价格谈判上具有优势,而且单位运输成本也相应降低;二是合作社和大户种植的品质相对较高,因而价格也相应较高。但是,值得注意的是,虽然合作社的亩平产量和产值最高,但是,由于合作社管理成本和生产成本较高,亩平利润水平反倒最低,在利润水平上,种粮大户亩平利润最高,普通农户次之。而且,上海市物价局成

① 李国祥.2020年中国粮食生产能力及其国家粮食安全保障程度分析[J].中国农村经济,2014(5):6.

本调查队对种粮合作社的成本收益调查结果也表明，与普通种粮户相比而言，呈现出产量高、成本高和收益高并存的特征①。由此，也可以看出，不同的种粮主体在生产效率和经济效率上并不一致。

虽然不同的种粮主体在生产效率和效益上存在差异，但在粮食生产微利性特征十分明显的情况下，要实现种粮致富，就必须扩大粮食种植规模。更为重要的是，种粮主体为了获取更多的收益而扩大粮食经营规模的自发行为与政府促进种粮主体增收的目标出现了交集②，而且种粮大户和合作社等新型粮食经营主体更加注重粮食品质与政府提高农产品质量安全的导向也具有一致性。

综上所述，开展粮食适度规模经营是未来粮食发展的必然走向，如果引导得当，可以实现公共目标和私人目标、数量目标和质量目标、短期目标和长期目标的多目标合一性，从而有助于从根本上避免粮食政策选择的"二难困境"。

6.5
粮食种植行为变化对粮食安全的影响

粮食种植目的、地位、方式的变化以及政策效应的差异性对粮食的质量安全和数量安全造成双重影响。

6.5.1　粮食播种面积趋于下降

为了保证粮食产量，各级政府从粮食价格、补贴、融资支持、基础设施建设倾斜等多方面给予支持，但在市场机制的作用下，由

---

① 上海市物价局成本调查队. 新农村新经济组织种粮效益浅析——对上海市种粮合作社成本与收益的调查 [J]. 价格理论与实践, 2009 (1): 60-61.
② 许庆, 尹荣梁, 章辉. 规模经济、规模报酬与农业适度规模经营——基于我国粮食生产的实证研究 [J]. 经济研究, 2011 (3): 70.

于粮食比较效益日益降低,粮食种植面积依然趋于下降。

一方面,对于普通农户而言,粮食生产目的从商品经济向自食而种倒退,而且粮食地位也从主业向副业转变,因此普通农户的粮食种植面积趋于下降。

另一方面,对于种粮大户和合作社而言,虽然在经济利益的驱动下多种粮,但是前面已有分析,在流转土地开展规模经营的过程中,非农化趋势严重,种粮大户和合作社等新型粮食经营主体适度规模经营带来的粮食生产效率提高根本无法弥补耕地流转中非农化造成的粮食生产耕地的减少损失。

综合两方面的影响来看,粮食播种面积处于下降趋势。而且,在粮食安全新战略下,国际粮价对于国内的冲击将加大,而生产成本将刚性增加,尤其是在探索实行耕地休耕等制度的影响下,粮食的实际播种面积将进一步下降。粮食播种面积下降对于粮食安全的影响不言自明,根据 3.2 节中式(3.5)和式(3.12),在其他条件不变的情况下,粮食播种面积减少将直接带来粮食产量减少,进而引起粮食安全程度降低。

6.5.2 粮食生产注重数量而忽视质量

综合在农村的调研情况和问卷调查结果,尤其是在访谈中获得的信息可以发现,在食品安全日益重视的情况下,粮食质量可以说是总体下降。这主要是由于以下三方面的原因引起的。

一是耕地质量下降和耕作环境恶化的影响。前面已有分析,此处不再赘述。但必须强调的是,这从源头上对粮食质量安全带来了极大的挑战,虽然治理周期长、成本高,但必须加强粮食产地环境的源头治理,为实现粮食这一基本农产品的质量安全提供基础保障。

二是农产品质量安全意识的影响。在调研中发现,无论是普通农户,还是大户、合作社等新型农业经营主体的质量意识较以往均有所提高，但目前存在的主要问题是，在信息不对称而且品质又难以判别的情况下，生产主体尤其是普通农户往往不关心所销售的农产品是否符合质量安全标准，对于粮食而言更是如此。但是，对于满足家庭自身需求的农产品则十分注意农药施用的控制甚至是避免，从而形成"两块地"现象，也可以说是"一家两制"①。"一块"地是种出来"卖"的，"一块"地是种出来"自用"的，在两块土地上采用的是不同的生产方法，使用的是不同的农资投入品，由此导致市场上销售的农产品质量堪忧。

三是政策导向的作用。无论是实行粮食最低收购价政策，还是粮食直补等政策，基本都是规模导向和数量导向。由于在这些支持政策中缺乏足够的质量导向，因此种粮主体在粮食生产过程中注重数量而忽视质量。虽然消费者的消费从"温饱"向"小康"转变，在"吃得饱"的问题基本解决后，"吃得健康"的要求日益提高，部分新型粮食经营主体开始种植口感佳、品质好的优质品种，并通过绿色认证、有机认证等提高质量，打造品牌，但总体而言，比例还很小。因此，四川虽然粮食供需处于紧平衡态势，但调入粮食中由于饲料加工等对玉米的需求量大而以玉米为调入主要品种，在食用的粮食中则以优质大米、优质小麦为主，这深刻表明，四川不仅需要增加粮食数量，更需要提高粮食质量。

---

① 郑风田，张曼. 土壤退化挑战粮食安全［J］. 社会观察，2014（7）：41.

7

技术选择行为变化及其对
粮食安全的影响

科学技术是第一生产力，科技进步是农业生产力增长的主要源泉。"杂交水稻之父"袁隆平的杂交水稻为我国解决吃饭问题作出了突出贡献。可以说，依靠科技进步是关键。我国粮食发展的经验表明，每次更换品种都有效促进了粮食单产水平的提高。2014年，全国谷物单位面积产量达到392.8公斤，比2005年348.3公斤的单产水平增加44.5公斤，与1995年相比则增加82.2公斤。从四川来看，前面第三章的分析结果表明，四川粮食单产的变化是影响粮食产量波动的主要因素。虽然从数据上来看，四川主粮中水稻、小麦和玉米的亩产水平与全国相比具有一定的差距，粮食单产具有一定的提升空间，但由于耕地质量、灌溉条件以及气候等自然因素难以改变，因此，四川要增加粮食，在作为西部不发达省份加快推进结构转型升级、工业化和城镇化水平处于快速提升阶段的情况下，依靠大幅增加粮食播种面积增加粮食产出显然不现实，要提高粮食产量和质量只能依靠技术进步和生产经营模式创新提高单产水平。李效顺等研究认为，在单产水平不变的情况下，到2020年我国粮食安全视角的耕地稀缺量高达1486.43万公顷，而在单产水平提高情况下则耕地稀缺量减少到179.80万公顷①。这说明，单产水

---

① 李效顺，蒋冬梅，卞正富. 基于粮食安全视角的中国耕地资源盈亏测算 [J]. 资源科学，2014（10）：2057－2064.

平不仅是以往粮食产量变化的主要影响因素，也将是影响未来粮食安全极为重要的因素，正如彭克强等研究指出的那样，"持续提升粮食单产是确保 2020 年以前中国粮食安全的战略支点[1]。"

粮食单产水平受品种、基础条件、生产经营模式、科技水平等多重因素的影响，但是从微观的角度来看，单产水平与种粮主体的生产方式尤其是技术选择行为关系最为密切。同时，也必须客观地看待科技进步对粮食安全的作用，尤其是不能孤立地看待科技进步，从而忽视其他因素的作用，实际上，包括粮食补贴政策[2]、农民受教育程度[3]等因素均对农业生产技术效率具有较大的影响，而这些影响最终都会在农民的技术选择行为中得到集中的体现。

从调研的情况来看，不同主体对粮食生产经营技术的选择行为存在明显的分化，普通农户主要依靠经验种植，对新技术的采用意愿、能力呈现出"双低"特征，而种粮大户和合作社则相对强烈，但进一步分析发现，采用新技术的主要目的是减少劳动力投入和增加产量，内在的品种更新和质量提升动力不足。

7. 1

技术选择行为现状特征

农业部数据显示，2014 年农业科技进步贡献率达到 56%。蒋松等（2012）利用改进的多要素 CES[4] 生产函数为基础对 1985 ~ 2010 年省级面板数据的研究表明，科技进步对粮食生产的贡献率

① 彭克强，刘枭. 2020 年以前中国粮食安全形势预测与分析 [J]. 经济学家，2009 (12)：99.

② Taylor T, Shonkwiler J. Alternative stochastic specifications of the frontier production function in the analysis of agricultural credit programs and technical efficiency [J]. Journal of Development Economics, 1986, (1)：149 – 160.

③ Phillips J, Marble R. Farmer education and efficiency: A frontier production function approach [J]. Economics of Education Review, 1986, (3)：257 – 264.

④ CES 为 Constant Elasticity of Substitution 的首字母缩写.

为 51.7%①。在"科技支撑""藏粮于技"的粮食安全战略下，科技应在粮食生产中发挥更为重要的作用。2015 年中央一号文件《关于加大改革创新力度加快农业现代化建设的若干意见》提出，从优化整合农业科技资源协调机制、健全农业科技创新激励机制、加强对企业开展农业科技研发引导扶持、继续实施种子工程等方面"强化农业科技创新驱动作用"。毋容置疑，加强农业科技研发是提高粮食生产科技进步贡献率的基础。但是，要提高科技进步贡献率，激发科技人员创新创业积极性和提高科技的研发能力显然还不够。因为，科技要产生效果，技术研发只是基础和必要条件，关键是采用和应用情况。然而，在长期以来科技研发明显不足的情况下，还存在成果转化应用不足的弊端。从现实来看，技术的选择和应用是制约粮食生产技术进步的重要桎梏。

7.1.1　产量导向

长期以来，我国在粮食生产上主要是以解决温饱问题为目标，因此，推动粮食增产的政策导向非常明显。笔者认为，增加粮食产量固然没有错，但是长期以来单一的产量导向却造成了追求粮食产量的"路径依赖"。粮食的数量导向至少表现在以下六个方面：一是在粮食品种审定上，产量增幅是其中的重要考虑因素；二是在粮食最低收购价上，虽然有等级差价，但没有品种差价；三是在粮食直补上，将粮食播种面积实际上是承包地面积作为其主要发放依据，并未体现耕地质量或者是粮食质量因素；四是在产粮大县奖励上，将粮食商品量、粮食产量、粮食播种面积作为奖励因素，三个因素所占权重分别为 50%、25%、25%②，实质上，三个指标均为

---

① 姜松，王钊，黄庆华，等．粮食生产中科技进步速度及贡献研究——基于 1985~2010 年省级面板数据［J］．农业技术经济，2012（10）：40-49．
② 数据来源于 2015 年《财政部关于印发中央财政对产粮大县奖励办法的通知》．

数量指标，即使将地区类型差异和财政困难程度作为奖励系数进行考虑，但其中仍没有质量因素；五是在粮食生产目标上，长期以来也是主要阐述粮食产量目标，在《全国新增1000亿斤粮食生产能力规划（2009～2020年）》[①]中提出，"到2020年全国粮食生产能力实现5500亿公斤以上，比现有能力增加500亿公斤。"虽然提出了改造灌溉条件和改造中低产田、选育推广优良品种、改革耕作制度、推广使用先进适用农业机械及配套技术和防控重大病虫害等主要技术路线，但从"培育高产、高抗、广适的优良品种"的表述中不难看出，即使在优良品种中也是为了生产数量更多的粮食，依然缺乏质量导向，在重点培育的玉米、水稻、小麦和大豆品种上，只有关于水稻的表述是"满足不同稻区生产条件且丰产性好、米质优、多抗的水稻新品种"，其中有"米质优"的提法。类似的导向性政策很多，仅列举其中部分，但足以看出质量导向的缺失甚为严重。

在缺乏质量导向的政策影响下，种粮主体的技术选择行为必然也缺乏足够的质量意识。张蕾等对全国13个粮食主产省份的抽样调查结果也显示，农户的技术需求主要集中在粮食增产型技术，其中病虫害防治、良种及配套栽培技术和施肥技术是最想获得的三大技术类型[②]。从问卷调查结果来看，针对"您采用新技术的主要目的"的回答中，选择"提高产量"的占比最高，为37.3%，而"提高农产品品质"的只有20.7%。虽然保障粮食数量安全是第一位的，但不得不清醒地认识到，粮食"十二连增"背后是化肥、农药等生产资料的超量投入，"透支"资源和环境实现的，可以说，我国为此付出了十分高昂的资源环境代价[③]。而且，虽然粮食实行

---

① 中国网.全国新增1000亿斤粮食生产能力规划（2009～2020年）[EB/OL].ht-tp://www.china.com.cn/policy/txt/2009 – 11/04/content_18823297_3.htm, 2009 – 11 – 04.

② 张蕾,陈超,展进涛.农户农业技术信息的获取渠道与需求状况分析 [J].农业经济问题,2009 (11)：78 – 83.

③ 李国祥.2020年中国粮食生产能力及其国家粮食安全保障程度分析 [J].中国农村经济,2014 (5)：11.

托底收购政策解决了种粮主体的"卖粮难"问题，但对于整个国家而言，却是粮食产量增加、进口增加和库存增加并存，这表明，一方面，粮食不足，需要通过进口来解决；另一方面，托底收购的粮食缺乏市场，积压在粮库可能形成负担。

通过以上现实情况的分析，不得不令人产生疑问，难道只是需要足够多的粮食吗？生产出足够多的粮食就解决了粮食安全吗？答案显然不是。姜长云认为，"我国粮食供求的主要矛盾已经开始由总量矛盾转向结构矛盾，粮食的区域平衡和品种调剂问题越来越需要引起高度重视"①。以上分析在粮食总量问题基础上提出了区域以及品种的结构平衡问题，已经指明了粮食供给侧结构性改革的重要原因，但是还不够全面，至少粮食质量、品质的供需矛盾还尚未涉及。实质上，粮食安全不仅是数量安全，也包括质量安全，只是在解决温饱问题的阶段，数量安全是主要矛盾，或者说是矛盾的主要方面。而且，随着消费水平的提高和对健康的重视，粮食质量安全的要求将不断提高。

虽然国家的政策已经开始重视粮食质量问题，在 2015 年中央一号文件《关于加大改革创新力度加快农业现代化建设的若干意见》中明确提出，要"加强农业生态治理""提升农产品质量和食品安全水平"，但必须清醒地认识到，引导粮食品种选育、生产的政策调整需要一定的时间，不可能一蹴而就，而且种粮大户在既有技术下形成的种植习惯在短期内是难以改变的，因此，必须下更大的功夫，以更强的政策来纠正过度重视数量而忽视质量的行为倾向。

7.1.2 风险厌恶

新技术实质就是一种创新，任何创新都具有潜在的风险，任何

---

① 姜长云. 关于我国粮食安全的若干思考 [J]. 农业经济问题，2005（2）：45.

利用创新的行为也会具有潜在的风险。但是，如果技术研发出来不利用，再好的技术也无法发挥作用。

在农业技术推广上，我国形成了整套的推广体系，农民通过这套自上而下的体系参加技术培训不收取任何费用。从理论上讲，免费获得技术培训应该是都愿意参加，但是，从实践反馈的情况来看，却未必如此。问卷调查结果显示，245 个问卷调查对象中有244 个受访对象回答了此问题，其中有 28 个受访对象表示不愿意"参加粮食生产经营技术培训或辅导"，占比达到 11.4%。而且，在"是否愿意采用新技术"的回答中，共有 238 个受访对象回答了此问题，其中表述"不愿意"的有 27 个，占比为 11.3%。这不仅表明了两者之间的高度一致性，也说明还有部分种粮主体缺乏技术培训和新技术采用意识。进一步分析发现，即使在回答"愿意"采用新技术的受访对象中，对于新技术的态度中，选择"有新技术马上就采用"的仅占 29.2%，"先看效果再采用"的占到 66.1%，"其他人都采用之后再采用"的占 4.7%。由此可以看出，在愿意采用新技术的人群中，态度依然比较谨慎，这反映出种粮主体多属于风险厌恶者，实际上，农民基本都属于风险厌恶型①。

对于个体而言，新技术采用比较谨慎也是一种理性的选择。对于整个国家而言，如果新技术得不到合理的推广，种粮主体不愿及时采用新技术，那么新技术的利用效率和效益必然受到影响。针对种粮主体对于技术培训和新技术采用的风险厌恶态度，必须加强新技术的示范。虽然"获得新技术的渠道"来自于"政府技术人员"的比例为 44.8%，这证明政府农技推广体系在农业推广上的确发挥着重要的作用，但同时也要看到，"跟着其他农户干"的占12.8%，即使加上来源于"龙头企业、合作组织"的选择，合计占比也只有 26.1%，而依靠自己摸索的占比仍然占 20.5%。因此，

---

① 顾和军，纪月清. 农业税减免政策对农民要素投入行为的影响——基于江苏省句容市的实证研究 [J]. 农业技术经济，2008（3）：37.

无论是龙头企业、合作社还是先期采用新技术的其他主体示范带动作用仍显不足。在风险厌恶和示范带动不足的双重作用下，技术选择意愿明显不足和滞后，对于在既定技术水平下及时有效利用技术研发成果提高粮食生产水平造成不利影响。

7.1.3 供需错位

从总体上看，农业生产技术供给不足，而且同时还存在供需错位的问题，加剧了技术的供需矛盾。从问卷调查的结果来看，最需要的技术中，"松土、翻耕等耕作技术"占 12.2%，"病虫害防治等生物化学技术"占 29.2%，"灌溉、排水等技术"占 12.9%，"种子、新品种培育、种植技术"占 20.9%，"先进机械技术"占 16.8%，"其他"占 8.1%。由此，可以看出，对于生产技术的需求分布较为平均。但是，从技术供给来看，一方面是供给不足，在日常调查中发现，生态种植技术、适宜于山区使用的机械技术等存在缺失，不能满足粮食生产主体的需求；另一方面是在现行科技研发推广机制下，由于激励机制不足，科技人员研发积极性不高，而且发表研究成果和获得职称晋升是其重要研究目标，因此，不少粮食生产技术研究成果与种粮技术的需求脱节，仅仅作为研究成果"束之高阁"。王雅鹏等提供的数据显示，我国每年大概有 7000 项农业科技成果面世，其中仅有 40% 左右的成果转化为现实生产力，而真正形成规模的不到 30%，与日本、美国、法国、德国和英国等发达国家 70% 以上的农业科技成果转化率相差甚远[1]。

当前的技术培训方式也是造成技术供需错位的重要原因。涉农部门开展了很多的涉农技术培训，但是一般采用下指标、定内容的方式进行，制定开展某某培训班多少期、多少人的培训计划，经费

---

① 王雅鹏，吕明，范俊楠，等. 我国现代农业科技创新体系构建：特征、现实困境与优化路径 [J]. 农业现代化研究，2015（2）：164.

预算与之挂钩，抛开培训时间、培训形式等不说，就培训内容而言，很少根据接受培训者的实际需求来制定培训计划，导致培训内容很可能不符合参加培训者的需求。

一方面，培训项目只有培训费用，但没有与之配套的前期调研费用等，而且很多培训项目的完成时限较短，因此，相关部门在实施过程中不愿意也不能有效地针对培训需求开展前期调研，导致在培训内容设计上存在先天不足。

另一方面，为了完成上级下达的培训任务，很多时候是"凑人数"，只要把资料做齐，顺利通过项目验收即可，很少关注实际效果。在调研中多次听到基层干部"抱怨"，"现在的农民，免费参加培训还要给误餐费、交通费才来。"农民真的有那么"刁"吗？不尽然。而且，从参加培训者的角度来看，提供的培训并不是自己所需要的，按照农户的逻辑，"不是我要来参加的，是你要我来参加的"，如果提供的培训服务不仅对其没有实际价值，而且占用其时间、精力，那确实应该对其进行"补偿"。

与基层农技人员走村串户的调研中，发现有两种现象，一种是村民看到那些农技人员非常热情，不仅知道其姓名，甚至还主动咨询相关的技术问题；另一种是相互都不认识。那么，哪种情景下所在地方的科技服务做得好就不言而喻了。为了"凑人数"而做的培训，不可能取得好的效果，在访谈中有基层干部坦言，"有的老人都快成为职业培训户了"，由于劳动力缺乏，而且参加免费培训还给"补助"，根本不种地的农民却有好几个参加农技培训的"本本"。如此这般，不仅从根源上造成技术的供需错位，而且造成培训资源的浪费。更为严重的是，这给群众造成不好的印象，"原来他们就是应付交差的"，而且导致种粮主体真正需要的技术培训缺失。

因此，以政府为主导的农业技术供给模式是一种被动性、强制性的技术供给方式，缺乏需求导向，也就是说，未充分发挥种粮技术最终使用者的主体地位，更缺乏参与性。因此，必然形成供需错位的结果。在加强粮食供给侧结构性改革的过程中，迫切需要从技术研发以及推广的供给侧结构性改革开始，从源头上加强供给侧结构性改革的技术支撑。

7.2
技术选择行为变化分析

由于种粮主体的分化、生产要素结构的变化以及生产模式的调整等因素的综合影响，种粮主体的技术选择行为正在悄然发生转变，归纳起来，种粮主体技术选择行为的变化主要表现为技术需求多元化、劳动投入减量化、技术合作空壳化和技术选择行为短期化。

7.2.1 技术需求多元化

随着农户的分化以及种粮大户和合作社等新型主体的发展，经营范围从粮食生产逐步向仓储、加工以及营销等环节延伸，种粮主体对于技术的需求日益多元化。从现状来看，种粮主体不仅需要灌溉技术、耕作技术、病虫害防治技术和机械技术，也需要信息技术、管理技术和营销技巧等，多元化需求特征较为明显。

多元化的技术需求不仅对技术提供者提出了更多的要求，而且在精准服务、个性服务方面提出了更高的要求。由于农业技术服务具有公共产品属性，而社会化服务体系发育滞后，因此，不仅存在政府失灵问题，还存在市场失灵问题。所以，迫切需要加快构建新型农业社会化服务体系。虽然国家致力于构建综合配套的农业社会化服务体系，但就现实情况来看，仍然是以政府为主的技术供给模式，因此，技术的供给调整往往落后于需求的变化，难以满足技术需求多元化的发展需求。

7.2.2 劳动投入减量化

由于农村劳动力资源的大量外出，虽然技术需求具有更加多元化的变化趋势，但是，减少劳动投入是选择技术的重要目标和考虑因素。自改革开放以来，水稻、小麦和玉米三大粮食作物的劳动投入减少了 50% 以上，同时，机械投入增加了 5 倍以上，化肥投入也增长了 1 倍以上[①]。何蒲明等（2014）基于 1991～2011 年的时间序列数据分析结果也表明，"粮食生产的单位劳动投入呈逐年下降趋势"[②]。农户用地方式出现"省工性"变化，用于粮食生产的劳动力明显下降，而农业机械、化学肥料与农药等物质投入则显著上升[③]。这表明，传统的投入大量劳动力进行精耕细作的生产方式不断转型，粮食生产中劳动投入减量化已经成为普遍现象。

结合调研情况进一步分析，在关于"您采用新技术的主要目的"的回答中，"减少劳动力投入"占 32.0%，仅次于"提高产量"居于第二位。之所以在粮食生产中呈现出劳动投入减量化趋势，主要是由以下两方面的原因引起的：

一方面，从产业发展的规律来看，粮食产业属于劳动密集型产业，随着技术水平的提高，物质装备对劳动的替代是必然趋势，而且生产技术的进步和种植模式的变革也将提高劳动生产率而减少对劳动投入的需求，这是产业结构优化升级的合理走向。

另一方面，从现实需求来看，由于农村劳动力从过剩向结构性短缺转变，在"农村空心化"背景下，劳动力成本不断攀升，而且

---

① 胡瑞法，冷燕. 中国主要粮食作物的投入与产出研究 [J]. 农业技术经济，2006（3）：7.

② 何蒲明，娄方舟. 我国粮食综合生产能力分析——基于劳动投入与重量收益的视角 [J]. 农业技术经济，2014（4）：72.

③ 刘成武，黄利民. 农地边际化过程中农户土地利用行为变化及其对粮食生产的影响 [J]. 地理研究，2015（12）：2268－2282.

在粮食生产中所占的比例趋于提高。新制度经济学也提出了要素稀缺性技术诱导假说，认为理性农户倾向于用相对丰裕的要素替代相对稀缺之要素[1]。因此，为了减少劳动成本，必须通过提高机械化程度减少劳动投入，否则，如果依靠采用雇佣劳动力进行粮食规模生产常规粮食，必然面临亏损。问卷调查结果显示，33 个被调查的合作社中，自己拥有农业机械的就有 31 个，占比高达 93.9%。

此外，刘怀宇等还从闲暇效用的角度给出了劳动投入减量化的另一种解释，认为为了追求收入和闲暇的效用最大化，劳动力农业投入的机会成本升高使农民倾向于选择"被动闲暇"，而且认为农民势必寻求以机械替代显著低于闲暇值的粮食生产的劳动力投入[2]。

事实上，2013 年，四川家庭承包经营的农户数为 18752263 户，家庭承包经营的耕地面积为 58370299 亩，户均经营规模只有 3.11 亩。问卷调查结果显示，普通农户平均有 2.7 人从事农业生产，这意味着人均经营规模只有 1.15 亩。种粮大户和合作社在 480.3 亩的平均经营规模下平均雇佣 14 人，而自身家庭投入劳动力平均只有 1.3 人，这意味着平均每人的经营规模超过 30 亩。因此，种粮大户和合作社等新型农业经营主体劳动减量化投入现象十分明显。

7.2.3 合作社空壳化

四川 2013 年共有农民专业合作社 35603 个，合作社成员中普通农户有 238.66 万个、专业大户及家庭农场有 79880 个，带动非成员农户为 544.2 万户。从数量来说，平均每个合作社成员中有普通农户 67 个、专业大户及家庭农场 2.2 个，带动非成员农户 153 个。具体到粮食产业，2013 年四川从事粮食生产的合作社有 2050

---

① 齐振宏，喻宏伟，王培成，等. 农户粮食生产中的技术选择——以湖北省稻农水稻品种的技术选择为例 [J]. 经济评论，2009 (6)：93.

② 刘怀宇，李晨婕，温铁军. "被动闲暇"中的劳动力机会成本及其对粮食生产的影响 [J]. 中国人民大学学报，2008 (6)：21-29.

个，只占种植业合作社的 13.1% 。从问卷调查结果来看，加入专业合作社等合作组织的被调查对象占 19% 。根据《中华人民共和国农民专业合作社法》，"农民专业合作社以其成员为主要服务对象，提供农业生产资料的购买，农产品的销售、加工、运输、贮藏以及与农业生产经营有关的技术、信息等服务。"[1] 但是，在这些合作社中规范运作的合作社少，具有实体化运作能力的更少，导致有合作之名，却无合作之实。国外学者 Ole Borgen[2] 和 Nilsson et al. [3] 等的研究成果也表明，随着合作经济组织的成员增加，成员之间会变得愈加生疏，并由此产生不同观点和行为差异，不仅不利于合作经济组织的发展和成员利益的保护，而且可能导致成员收入目标难以实现。以种子为例，问卷调查结果显示，在针对普通农户和种粮大户关于"您主要通过哪些途径购买种子"的选择中，选择"乡镇集市"购买的有 51.6% ，而选择"专业合作社等合作组织"的仅占 5.9% 。这主要是由以下原因导致的：

一是合作社管理制度所致。2006 年 10 月 31 日第十届全国人民代表大会常务委员会第二十四次会议通过的《中华人民共和国农民专业合作社法》和 2007 年 7 月 1 日起施行的《农民专业合作社登记管理条例》规定，只要有五名以上符合规定的成员、有符合规定的章程、组织机构、名称和章程确定的住所以及成员出资即可，但在实际操作中，不仅不验资，而且不收费，登记注册的门槛极低，而且管理松懈。虽然规定"许可证或者其他批准文件被吊销、撤销的"和"许可证或者其他批准文件有效期届满的""应当自事由发

---

① 新华网. 中华人民共和国农民专业合作社法（全文）[EB/OL]. http：//news. xinhuanet. com/fortune/2006 – 10/31/content_5273564. htm, 2006 – 10 – 31.

② Ole Borgen, S. Identification as a Trust – Generating Mechanism in Cooperatives [J]. Annals of Public And Cooperative Economics, 2001 (72)：209 – 228.

③ Nilsson, J., Kihlén, A., Norell, L. Are Traditional Cooperatives an Endangered Species? About Shrinking Satisfaction, Involvement and Trust [J]. International Food and Agribusiness Management Review, 2009 (12)：101 – 121.

生之日起 30 日内申请变更登记或者依照本条例的规定办理注销登记",但实际上并无相关的审查或者说审核制度对其形成约束,导致许多合作社成立之后多年并无实际运行依然在统计之列。

二是扶持政策导向所致。鉴于合作社在推动规模化经营、带动农户等方面的作用,近年来在制定扶持政策中开始向合作社倾斜。四川 2011 年还专门出台了《四川省农民专业合作社省级示范社评选办法》并给予支持,合作社在基础设施建设、税收以及培训、补贴等政策方面获取政府的支持相对而言更加容易。因此,对合作社的倾斜性支持政策既促进了部分合作社的发展壮大,但同时,也造就了一些以套取政策支持为直接目的而成立的合作社。在此目的下成立的合作社自然难以发挥作为合作社应有的职能和作用。

三是合作社实力所限。虽然成立合作社应有的主要目的是"提供农业生产资料的购买,农产品的销售、加工、运输、贮藏以及与农业生产经营有关的技术、信息等服务"[1],但是能实现统一生产资料供应、统一技术培训、统一收购、统一价格、统一加工、统一品牌、统一销售等的合作社极少。在调研中发现,通过合作社实行技术培训和农机服务的相对较多,少数具有实体化运作的合作社能够统一收购和销售,能够统一价格和统一品牌的极少,因此合作的广度和深度都存在不足。

7.3
技术选择行为差异实证分析

种粮主体在技术选择上不仅产生了变化,而且深入分析发现,不同主体和区域在技术选择上存在较为明显的行为差异。准确把握这些差异,有利于提出具有针对性的应对之策。

---

[1] 新华网. 中华人民共和国农民专业合作社法(全文)[EB/OL]. http://news.xinhuanet.com/fortune/2006 - 10/31/content_5273564.htm, 2006 - 10 - 31.

7.3.1 新技术选择意愿差异实证分析与结果讨论

本书选择主体类型、地貌类型和是否是粮食生产重点县作为解释变量，利用多元线性回归方法对种粮主体的新技术采用意愿进行分析。同时，为了便于进行计量分析，对变量进行赋值处理，并对各指标变量定义和赋值作如下说明（见表7－1）：

（1）本书将新技术采用意愿作为因变量 y_{31}，其中，若种粮主体不愿意采用新技术则赋值为1，种粮主体愿意采用新技术则赋值为2。

（2）本书模型中的自变量包括种粮主体类型（x_{31}）、是否为粮食生产重点县（x_{32}）、地貌类型（x_{33}）3个变量。其中，种粮主体类型若是普通农户则赋值为1，种粮大户则赋值为2，粮食生产经营合作社则赋值为3；若不是粮食生产重点县赋值为1，若是粮食生产重点县则赋值为2；地貌类型若是高原地区则赋值为1，山区则赋值为2，丘陵地区则赋值为3，平原地区则赋值为4。

a. 一般而言，由于普通农户、种粮大户和合作社等种粮主体在粮食生产目的、规模以及自身能力方面存在差异，可能导致其对新技术的采用意愿存在差异。因此，本书提出如下假设：

假设H4：不同种粮主体对新技术的采用意愿存在差异。

b. 对于是否是粮食生产重点县而言，由于在粮食产业支持政策以及支持力度等方面存在差异，种粮主体对于新技术的采用意愿可能存在差异。因此本书提出如下假设：

假设H5：粮食生产重点县与非粮食生产重点县的种粮主体对新技术的采用意愿存在差异。

c. 对于平原、丘陵、山区和高原县而言，由于人均耕地面积、耕地质量和耕作条件存在差异，可能导致对新技术的采用意愿存在差异。因此，本书提出如下假设：

假设H6：不同地貌类型的种粮主体对新技术的采用意愿存在差异。

表 7 - 1 变量定义和赋值说明

模型符号	变量名称	变量赋值
y_{31}	是否愿意采用新技术	不愿意 = 1，愿意 = 2
x_{31}	种粮主体类型	普通农户 = 1，种粮大户 = 2，粮食生产经营合作社 = 3
x_{32}	是否为粮食生产重点县	否 = 1，是 = 2
x_{33}	地貌类型	高原 = 1，山区 = 2，丘陵 = 3，平原 = 4

本书利用 SPSS20.0 对数据进行分析，通过建立多元线性回归模型，选择 Enter 方法对模型假设进行检验，结果如下（见表 7 - 2）：

表 7 - 2 回归结果

模型	非标准化回归系数		标准化回归系数	t 值	显著性水平	共线性统计		DW 统计量
	B	标准差	Beta			公差	VIF	
常量	1.610	0.096		16.855	0.000			1.720
x_{31}	0.091	0.029	0.203	3.136	0.002	0.954	1.048	
x_{32}	0.090	0.044	0.135	2.054	0.041	0.930	1.076	
x_{33}	−0.004	0.027	−0.010	−0.154	0.878	0.930	1.076	

回归模型的拟合优度 $R^2 = 0.067$，调整后的拟合优度 $\overline{R^2} = 0.055$，模型的显著性检验（$F = 2.737$，$P < 0.01$）。模型中 VIF 值小于 5，表明模型不存在多重共线性问题；DW 统计量位于 1 ~ 3，表明不存在自相关问题。根据以上回归结果可以看出，地貌类型对种粮主体的新技术采用意愿不具有显著影响，而种粮主体类型和是否为粮食生产者重点县对新技术的采用意愿具有显著影响，相应的标准化回归系数分别为 0.203（$t = 3.136$，$P < 0.005$）和 0.135（$t = 2.054$，$P < 0.05$）。

首先，对不同种粮主体类型对新技术的采用意愿进行分析。

所谓"态度决定一切"，种粮主体在技术选择态度上的差异往往是导致不同技术模式和生产效率的关键所在。因此，分析不同种粮主体的新技术选择意愿对于采取针对性的措施并提高粮食生产效率具有重要的作用。根据上述回归结果，种粮主体类型对新技术的采用意愿具有显著影响，而且表明，种粮主体类型与新技术的选择意愿之间呈正相关关系，即普通农户对新技术的采用意愿弱，而种粮大户、合作社的新技术采用意愿趋于增强。

问卷调查结果显示，针对"是否愿意参加粮食生产经营技术培训或辅导"的回答中，被调查对象中有28个普通农户表示"不愿意"，只有1个种粮大户表示不愿意，而合作社均表示"愿意"。这说明，种粮大户和合作社对技术培训的需求更强烈。从实际参加培训的情况来看，普通农户中只有22.5%的受访对象参加过技术培训，而种粮大户和合作社参加过技术培训或辅导的占96.96%。这说明种粮大户和合作社不仅有参加技术培训的意愿，而且付出了实际行动，这也是种粮大户和合作社粮食生产效率高于普通农户的重要原因之一。从新技术的采用意愿也发现具有同样的规律。问卷调查结果显示，普通农户中愿意采用新技术的比重为82.1%，而种粮大户和合作社愿意采用新技术的比重为98.9%。

根据前面对新技术采用态度的赋值，计算不同种粮主体的平均新技术采用意愿，也可以发现普通农户、种粮大户、合作社的新技术选择意愿逐渐增强（见图7-1）。

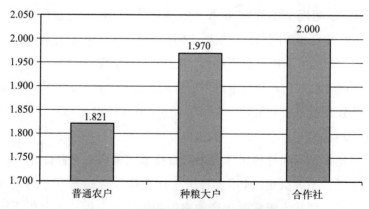

图7-1 不同种粮主体新技术选择意愿

为了进一步验证不同种粮主体对新技术的采用意愿差异是否显著，本书采用单因素方差分析的方法进行验证，结果如下（见表7－3）：

表7－3 单因素方差分析结果

方差来源	离差平方和	自由度	F 值	P 值
组间	1.732	2	9.603	0.000
组内	21.463	238		
总和	23.195	240		

方差分析的结果显示，普通农户、种粮大户、粮食生产经营合作社对新技术的采用意愿存在显著差异（$F(2, 238) = 9.603$，$P < 0.001$）。

综合上述分析，假设 H4 得到验证。

此外，在愿意采用新技术的受访对象中，对于采用的时间先后顺序有明显的差异，比较而言，普通农户中"有新技术马上就采用"的比例明显低于种粮大户和合作社，而"先看效果再采用"的比例则明显高于种粮大户和合作社（见表7－4）。

表7－4 四川种粮主体技术选择态度 单位：%

	有新技术就马上采用	先看效果再采用	其他人都采用了再采用
普通农户	16.4	78.2	5.5
种粮大户	42.1	54.4	3.5
合作社	56.0	40.0	4.0

其次，对不同区域类型的新技术采用意愿进行分析。

根据上述回归结果，是否为粮食生产重点县对新技术的采用意愿具有显著影响，而且表明，种粮主体类型与新技术的选择意愿之间呈正相关关系，相比而言，粮食生产重点县的种粮主体在粮食生产上采用新技术的意愿更强，而非粮食生产重点县的种粮主体在粮食生产上采用新技术的意愿更弱。

从区域来看，四川粮食生产重点县的被调查对象中，愿意参加技术培训的比例高达90.1%，但非粮食生产重点县只有76.1%。

关于"是否接受过新技术培训",粮食生产重点县的被调查对象中,参加过新技术培训的比例为 60.5% ,而非粮食生产重点县只有 40% 。对比分析粮食生产重点县和非粮食生产重点县的情况可以发现,粮食生产重点县的被调查主体参加培训的意愿高出 14 个百分点,而且接受过技术培训的高出 20.5 个百分点。

根据前面对新技术采用的赋值,计算粮食生产重点县与非粮食生产重点县的平均新技术采用意愿,也可以发现粮食生产重点县种粮主体的新技术采用意愿比非粮食生产重点县强(见图 7 - 2)。

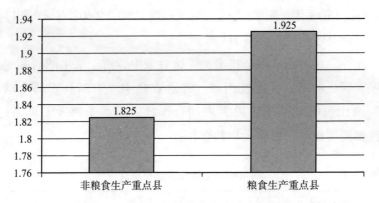

图 7 - 2　粮食生产重点县与非粮食生产重点县新技术选择意愿

为了进一步验证粮食生产重点县与非粮食生产重点县种粮主体的新技术采用意愿差异是否显著,本书采用单因素方差分析的方法进行验证,结果如下(见表 7 - 5):

表 7 - 5　　　　　　　　单因素方差分析结果

方差来源	离差平方和	自由度	F 值	P 值
组间	0.539	1		
组内	22.656	239	5.691	0.018
总和	23.195	240		

方差分析的结果显示，是否为粮食生产重点县对新技术的采用意愿存在显著差异（$F(1, 239) = 5.691$，$P < 0.05$）。

综合上述分析，假设 H5 得到验证。

结合调研获取的信息，以上分析结果不仅说明粮食生产重点县的种粮主体对种粮技术更加重视，而且还说明粮食生产重点县的培训覆盖面和效果高于非粮食生产重点县。这从另一个侧面也反映出，粮食生产重点县更加重视粮食技术培训，而且倾向于粮食生产重点县的政策资源配置确实发挥了更好的作用。因此，在未来的技术培训资源配置中，应坚持倾向于大户、合作社等种粮主体和粮食生产重点县，对于普通农户主要是提高技术培训的覆盖面。

7.3.2 技术来源渠道差异分析

对于种粮主体，获取技术的渠道是多元化的。Kaivan Munshi 对印度粮食生产过程中技术来源渠道进行分析后也认为，不同种粮主体将采用不同的方式去接受或者是获取粮食生产技术，获取的渠道包括接受社会教育、吸取邻居的经验等[1]。为了摸清种粮主体的技术来源，在调查问卷中专门设计了"您获得新技术的渠道"一问，从问卷调查的结果来看，普通农户、种粮大户和合作社在主要的新技术来源渠道上存在着较大的差异（见表 7-6），主要表现为以下三个方面：

一是虽然对于三大种粮主体而言，政府技术人员均是其获得新技术的第一来源渠道，但是普通农户中新技术来源于"政府技术人员"的比例比大户和合作社要低 20 个百分点，具有明显的差距。这主要是由于普通农户涉及面广，政府技术人员主要把服务精力投入在种粮大户和合作社等新型粮食经营主体上。

---

① Kaivan Munshi. Social Learning in a Heterogeneous Population：Technology Diffusion in the Indian Green Revolution ［J］. Journal of Development Economics，2004，（1）：185－213.

二是合作社新技术中来源于成员经验的比例明显低于普通农户"凭经验"的比例，比普通农户低 19.1 个百分点，比种粮大户低 14.5 个百分点。这说明合作社的新技术主要来源于外部，而不是来自于成员内部。

三是新技术来源中普通农户"跟着其他农户干"的比例明显高于种粮大户"跟着其他大户干"的比例，而且高出 17.6 个百分点，这说明大户的从众现象明显弱于普通农户。综合来看，普通农户凭借自己经验和跟着其他农户干的比重合计达到一半。

同时，还发现，无论是普通农户、种粮大户，还是合作社的新技术，来自于媒体宣传的比例均很低，由此可以推论，在技术推广中，通过媒体宣传的效果并不好，充分发挥政府农技推广服务体系的作用至关重要。

表 7-6　　　　　　　四川种粮主体新技术获得渠道　　　　　单位：%

	凭经验	跟着其他农户（大户）干	合作的农业龙头企业、合作组织	媒体宣传	政府技术人员
普通农户	26.8	23.2	10.7	8.9	30.4
种粮大户	22.2	5.6	12.0	10.2	50.0
合作社	7.7	0.0	38.5	2.6	51.3

7.3.3　技术选择内容差异分析

从问卷调查结果来看（见表 7-7），无论是普通农户、种粮大户，还是合作社，在生产技术选择的内容中，"病虫害防治等生物化学技术"的占比均较高，这说明病虫害防治是生产技术的关键，也是难点问题，当然，这也是农药施用量增加的一个重要因素。但是，由于种植模式等方面的差异，普通农户、种粮大户和合作社在最需要的粮食生产技术上仍然存在着差异。

表7－7	四川种粮主体最希望获得的粮食生产技术				单位：%	
	松土、翻耕等耕作技术	病虫害防治等生物化学技术	灌溉、排水等技术	种子、新品种培育、种植技术	先进机械技术	收割技术
普通农户	14.3	26.3	10.3	21.7	16.9	10.6
种粮大户	9.2	33.6	16.4	21.7	14.5	4.6
合作社	8.6	33.3	17.3	16.0	21.0	3.7

一是普通农户对于"松土、翻耕等耕作技术""收割技术"的需求比例大于合作社和农户，但这并不代表着普通农户需要大量的松土、翻耕等耕作技术，而是由于这些对于种粮大户和合作社而言已经不是主要的制约因素，或者说，这些方面的技术已经得到较好的满足，因此，大户和合作社未来对其需求程度不高。

二是普通农户对于"灌溉、排水等技术"的需求明显低于种粮大户和合作社，这一方面是因为普通农户种植面积少，对于灌溉、排水等技术的需求相对较小；另一方面是因为普通农户常年耕作自己的耕地，对灌溉、排水等情况比较了解，即使通过代种等方式耕种有邻里的耕地，一般都是"捡"条件很好的地耕种，因此灌溉、排水的问题相对不大。而且，即使发生旱灾或者是洪涝灾害，也相对容易解决。而种粮大户和合作社种植面积大，相对集中连片，一旦遭遇旱灾、洪涝灾害时灌溉、排水跟不上，将遭受极大的损失。

三是综合比较可以发现，种粮大户和合作社在技术选择内容上的差异较小，而普通农户与种粮大户及合作社之间的差异大，这充分体现出普通农户的分散小规模经营模式对于粮食生产技术的需求与种粮大户和合作社的规模经营模式之间存在较大的差异。因此，与其说这是种粮主体之间的差异，不如说是粮食生产模式之间的差异更为准确。

7.4

技术选择行为变化对粮食安全的影响

分析技术选择行为的特征以及变化，结合粮食选择行为的差异，可以发现，虽然技术的供需错位特征对于粮食安全具有明显的负面影响，但如果从宏观的视野来看待种粮主体行为的多重技术行为变化对粮食安全的影响，用简单的有利或者有弊来进行概括都显得有失偏颇，可以说，虽然从具体的变化方面来看可能利大于弊或者弊大于利，但如果综合来考虑则会发现种粮主体行为变化对粮食安全的影响具有很强的两面性。因此，关键在于如何发挥其正面效应而抑制其负面效应。

7.4.1 风险厌恶对粮食安全的两面性影响

根据前面对种粮主体技术选择态度的分析，可以发现，种粮主体对新技术采用持谨慎态度，尤其是普通农户对技术的态度呈现出明显的风险厌恶特征。

一方面，由于地形地貌、气候条件以及掌握程度的差异，即使是小规模实验已经证明有效的技术也存在适应性差或者效果降低的风险。而且，虽然粮食作为同质性很强的商品，理论上处于完全竞争市场，但对种粮主体而言，由于国家对粮食市场的调控，尤其是实行最低收购价政策，因此，先期采用新技术并不一定带来竞争能力的显著提高，尤其是难以通过新技术获得市场的支配地位。因此，从个体理性的角度来讲，谨慎的新技术采用态度有助于防止一哄而上，并降低新技术运用中面临的自然风险和市场风险，从而有利于保持粮食生产以及市场的稳定性。

另一方面，由于对新技术采用的风险厌恶态度，可能延缓新技术的采用，甚至是不愿意接受新技术，从而错失利用新技术提升粮食产能的机会。从整个社会的宏观视野来看，对新技术的崇尚和追逐有利于提高社会的科技进步水平，而对新技术的采用意愿不足以及滞后性，将降低科技成果的使用范围和效率，从而降低技术进步对粮食生产的贡献。

综合来看，需要合理利用种粮主体的态度，在加强粮食生产经营技术研发，提高其适应性、实用性的基础上，加强对科技成果的推广，尤其是利用新型粮食经营主体采用新技术相对积极的有利因素加强科技示范，从而带动科技成果的运用。

7.4.2 技术需求多元化和劳动投入减量化对粮食安全的两面性影响

从表面上看，技术需求的多元化和劳动投入的减量化之间可能存在矛盾，但实质上，两者是内在统一的。在规模经营劳动力雇佣难和成本高的作用下，提高机械化水平以及改进栽培技术是技术需求的主要方面，但同时，由于技术环境的改善、产品需求的多元化以及种植模式的差异性，技术需求呈现出多元化趋势具有必然性，而且可以预见，未来粮食生产经营技术的多元化趋势将趋于增强。

从有利的方面来看，在市场经济条件下，需求决定供给，多元化的技术需求往往带来多元化的技术供给，这将可能带来技术的全面进步。在产业发展过程中，科学技术和物资装备进步往往带来劳动投入的减少，而且在劳动密集型行业的表现尤为明显，在粮食生产中减少劳动投入，既能降低生产成本，又能提高耕作效率。

从不利的方面来看，技术需求的多元化可能导致新技术研发成果的覆盖面变窄，这意味着对研发成本的分摊费用将增加，也可能降低研发主体对于部分应用技术的研发积极性，从而对技术进步形成不利影响。劳动投入减量化可能是由多种原因引起的，其中，机械化程度提高带来的劳动投入减量化总体有利，但大量施用除草剂、减少有机肥施用等耕作技术带来的劳动投入减量化则是以牺牲产出能力、可持续发展能力为代价，这对于粮食数量安全和质量安全均会形成不利影响。

7.4.3 主体间差异化技术选择行为对粮食安全的两面性影响

从总体上来看，种粮大户和合作社等新型粮食经营主体是技术进步的生力军和主力军，但是这并不意味着其作用就一定是积极性的和正面的，前面分析到的合作空壳化的影响就是明显的负面影响。

一方面，种粮大户和合作社的粮食生产目的不是满足自身需求，而是为了出售盈利。因此，种粮大户和合作社在新技术采用上具有更高的积极性，而且也具有更强的运用能力，对于技术进步具有极为重要的推动作用。而且，在市场机制的作用下，种粮大户和合作社更倾向于生产适销对路的产品，甚至是采用新技术生产优质粮食，通过满足部分高端客户的个性化需求而提高盈利水平，这不仅有利于利用市场机制调整粮食种植结构，缓解目前的粮食供需结构矛盾，更有利于通过种粮主体的自主变革加快粮食供给侧结构性改革的推进进程。

另一方面，技术选择具有明显的短期化倾向，问卷调查结果显示，在关于"采用新技术的主要目的"中，选择"为长期从事种植业做准备"的仅占6.3%。前面5.2节的分析表明，在耕地利用上，流转耕地开展粮食规模经营的主体具有明显的短期化行为倾向，在经济利益的驱使下，种粮大户和合作社的技术选择行为同样可能短期化。尤其是合作社的空壳化，不仅不能促进技术的长久进步，而且还造成有限的支持政策的浪费，对于提高粮食质量无益，甚至是对粮食质量安全形成潜在的不利影响。

8

储粮售粮行为变化及其对
粮食安全的影响

　　粮食生产是实现粮食安全的基础，但粮食储存和流通仍然是影响粮食安全的重要环节。俗话说，"手中有粮，心中不慌"，即指粮食储备的问题。种粮主体既是粮食生产主体，也是储存主体和销售主体。从理论上来讲，在粮食产量一定的情况下，粮食生产主体的消费量与出售量之间呈此消彼长的关系，而储粮行为与售粮行为紧密相关，因此本书将种粮主体的储存行为与销售行为一并进行分析。为保障粮食安全，我国目前实行的是中央储备、地方储备和农户自储三级粮食储备制度，但其中种粮主体的储备量不容忽视。虽然每个种粮主体的粮食储存总量不多，但由于种粮主体数量多，因此，民间储粮总量不可小觑。邹彩芬等认为，农户粮食储备占全国粮食储备总量的75%以上[1]，郑轩等提供的数据显示，农村有2.4亿多农户存粮，每年储存量约占全国粮食总产量的60%以上[2]。张安良[3]和郑风田[4]均认为农户储粮占粮食年产量的40%～50%。虽然

---

　　① 邹彩芬，王雅鹏，罗忠玲. 民间粮食储备研究综述及其政策启示 [J]. 乡镇经济，2005 (7)：11.

　　② 郑轩，赵志强. 农户科学储粮探析 [J]. 农村经济，2007 (6)：125.

　　③ 张安良，马凯，史常亮. 粮食价格与农户家庭储粮行为的响应关系研究 [J]. 价格理论与实践，2012 (11)：25.

　　④ 郑风田，王大为.《粮食法（送审稿）》九大问题 [J]. 河南工业大学学报（社会科学版），2015 (1)：17.

无法获取全国农民粮食储存的准确数据，但通过以上研究成果至少可以得出一个结论：农户储粮总规模大，在整个粮食储备体系中占有相当大的比重，对于保障粮食安全具有十分重要的作用。

为了对粮食安全提供必要的保障，必须拥有一定量的粮食储备。在既定的安全储备规模下，中央储备、地方储备与农户自储之间实际上就是此消彼长的关系，也就是说，如果农户储粮规模减少，那就需要更多的包括中央储备和地方储备在内的国家粮食储备。而现实情况是，国家储备和民间储备均面临着压力。

一方面，"三量齐增"实际上暴露出国家粮食储备的库存中存在大量的无效库存，虽然粮食储备能力的增强可以提高国家粮食安全程度，但是在目前的情况下，粮食库存量增加不仅导致储粮成本大幅增加，而且也潜藏着粮食结构性矛盾加剧的风险。

另一方面，随着城镇化水平的不断提高，粮食净消费者不断增加，而且从调研中发现，民间粮食储存量也不断减少，农民售粮减少，因此普通农户对保障粮食安全的贡献趋于下降，加剧粮食安全的风险。

下面重点分析种粮主体储粮售粮行为。

8.1

储粮售粮行为现状特征

从全国来看，粮食生产量、进口量和库存量呈现出齐增的格局，这既有粮食生产结构性矛盾的作用，也有粮食最低收购价政策的作用，更有储粮售粮行为的作用。在新形势下，种粮主体的储粮售粮行为呈现出储粮口粮化、销售渠道多元化和销售行情来源多元等特征。

8.1.1　储粮口粮化

种粮主体作为粮食生产者和消费者的统一体，从理论上来讲，种粮主体储存的粮食包括两部分：一部分是自用的消费储备，主要是口粮和饲料用粮；另一部分是错峰的销售储备，主要是商业周转粮，即为了错峰销售增加销售收入的存粮。前面第 6.2 节中已经分析得出普通农户粮食种植目的从商品经济向自给经济倒退，这一变化体现在粮食储存上，加上传统的生猪养殖等已经从分散饲养向集中的规模化养殖转型，从而形成了农户储粮的口粮化特征。

针对普通农户"您家生产粮食的用途"调查统计结果显示，"自家使用"的粮食量平均比例高达 80.6%，呈现出极强的为自用而种的特征。进一步分析使用的结构，食用和牲畜用粮的比例为 55.5：44.5，这表明作为口粮使用的粮食比用于饲养牲畜使用的粮食占比要高出 11 个百分点。这主要是由于养殖结构变化所致。四川作为全国生猪调出大省，除了养殖鸡鸭等小家禽外，家家户户都有养猪的习惯，而农户种植的玉米主要是作为饲料使用，而且小麦、稻谷的部分以及加工的副产物基本都用于养殖，因此，在粮食用途中作为养殖饲料的粮食比重较高。但随着近年来农村劳动的短缺以及效益降低，生猪分散养殖已经由适度规模养殖所取代，据统计，2015 年四川生猪养殖的适度规模户已经达到 52%，随之而来的是，普通农户家庭饲养生猪大幅减少。在农村调研中发现，已经有相当比例的农户不再养殖生猪，即使养殖，只养殖 1~2 头的占多数，因此，从总体上来看，普通农户用于饲料的粮食大幅减少。所以，口粮所占的比重相对上升。

8.1.2　销售渠道多元化

长期以来，我国对粮食流通实行严格的管理和调控。根据 1953 年 10 月 16 日发布的《关于粮食统购统销的决议》和同年 11 月 19 日发布的《关于实行粮食的计划收购和计划供应的命令》，我国粮食流通实行统销统购制度。1985 年发布的《关于进一步活跃农村经济的十项政策》则标志着农产品购销体制由统购统销走向"双轨制"。而 1993 年下发的《关于加快粮食流通体制改革的通知》取消了城镇居民粮食统销制度。虽然统销制度取消，但对于农户而言，销售渠道依然主要是各地的粮站。直到 2004 年，《国务院关于进一步深化粮食流通体制改革的意见》明确以"放开购销市场，直接补贴粮农，转换企业机制，维护市场秩序，加强宏观调控"作为粮食流通体制改革基本思路，全面放开粮食收购市场，实现粮食购销市场化和市场主体多元化。同时，为了保护粮食生产的积极性，维护粮食流通秩序，2004 年发布的《粮食流通管理条例》第九条规定，"取得粮食收购资格，并依照《中华人民共和国公司登记管理条例》等规定办理登记的经营者，方可从事粮食收购活动。"这推动了粮食购销市场主体的多元化发展，也形成了比较灵活的机制，售粮农户选择较多①，因此，各地粮站在粮食收购中的地位逐渐下降。

随着粮食购销体制改革的不断深入推进，粮食的销售渠道日益多元化。虽然姜长云认为，"自己到市场上销售和消费者、收购商到家里收购这两种传统的销售方式，仍是农户农产品销售的主要方式"，但同时也指出，"消费者、收购商到家里收购的比重明显超过农户自己到市场上销售者的比重"②。问卷调查结果也显示，对于"您销售粮食的主要渠道"中，选择"送到当地粮库"的仅占 14.6%，而通过"粮食收购商贩"销售的比重最高，达到 30.3%，而且还有超市自营、消费者订购、网络销售平台等渠道，虽然目前占比不高，但随着粮食需求的多元化和粮食销售的品牌化，新兴的销售渠道将更多。因此，可以作出判断，种粮主体的粮食销售模式

---

① 江涌. 国有企业可以有效抗衡跨国资本的垄断与扩张 [J]. 经济研究参考，2012 (18)：31.

② 姜长云. 农户分化对粮食生产和种植行为选择的影响及政策思考 [J]. 理论探讨，2015 (1)：73.

已经发生实质性改变，不仅从单一销售模式走向多元化，而且在销售模式上产销直接对接减少中间环节的方式趋于增加。

8.1.3 行情来源多元化

为了破除粮食增产不增收的不利影响，防止"谷贱伤农"，在2004年放开粮食购销市场的同时，开始实施粮食最低收购价政策，由国家发展改革委、财政部、农业部和国家粮食局等综合考虑生产成本、市场供求、比较效益、国际市场价格和产业发展等多重因素制定并公布每年稻谷、玉米和小麦的最低收购价格。

从理论上来讲，每年公布的粮食最低收购价是唯一的官方粮食价格来源，但实际上，种粮主体往往是卖不到最低收购价的价格水平。由于实行最低收购价制度，负责粮食收储的部门、企业为了执行规定不得不按照发布的价格进行收购，但却往往利用粮食分等级计价以压低等级的方式来降低收购价格，而且运输成本、售粮排队成本增加。因此，各地粮库虽然执行最低收购价，但常常达不到规定的三等水平的价格。因此，官方公布的粮食最低收购价并不等于种粮主体的最低卖价。在进行粮食销售的时候，种粮主体往往是"看当地市场行情"，问卷调查结果显示，选择该渠道的占总数的41.0%，选择"政府部门发布的信息"的比重仅为11.0%。

问卷调查结果还显示，种粮主体的粮食平均销售价格均低于最低收购价。以水稻为例，根据《关于公布2015年稻谷最低收购价格的通知》，"经国务院批准，2015年生产的早籼稻（三等，下同）、中晚籼稻和粳稻最低收购价格分别为每50公斤135元、138元和155元，保持2014年水平不变"。但是问卷统计结果为，普通农户、种粮大户和合作社平均每斤稻谷的销售价格为1.18元、1.25元和1.27元，明显低于最低收购价格。虽然很多人习惯将最低收购价称作"最低保护价"，但实质上却具有一定的"最高价"

指导性质。因此，种粮主体在粮食实际销售过程中并不能以公布的最低收购价作为准确的粮价行情，而是通过多元化的信息渠道在其中寻找最高的销售价格。

8. 2

储粮行为变化分析

在新形势下，种粮主体的行为已经发生明显的变化，虽然种粮大户和合作社等新型粮食经营主体的储粮售粮行为变化相对较弱，但普通农户的储粮售粮行为变化却非常明显。

8.2.1 农户储粮经济目标增强

从理论上看，农户的粮食储备动机主要是为了保证家庭粮食安全①，而且以往大部分农户储粮的确是为了保障粮食安全，在这种情形下，农户粮食储藏量对市场粮价的弹性较小，储粮模式相对稳定②。

问卷调查结果显示（见表 8-1），除了"留作口粮"和"作为家禽、牲畜的饲料"之外，农户储粮的经济目标增强。在储粮目标中，农户选择基于"粮食安全"目标的仅占5.9%，而且是种粮主体中最低的。种粮大户和合作社开展粮食规模化经营主要是追求利润目标，在储粮行为上主要考虑经济目标在情理之中，而农户"等待价格上涨，获得更多收益"和"收购现价太低，储粮观望"的合计比例达到9.4%，高于对粮食安全因素的考虑。这说明，虽然普通农户的售粮比例不高，只占生产粮食的18.7%，但是，储粮的

---

① 易小兰. 粮食安全保障体系下农户粮食储备行为研究——以南京为例 [J]. 粮食科技与经济，2013 (8)：18.

② 张安良，马凯，史常亮. 粮食价格与农户家庭储粮行为的响应关系研究 [J]. 价格理论与实践，2012 (11)：25.

经济性仍然具有重要的地位，加上农户种粮目的从商品经济向自给经济倒退，而储粮呈现出口粮化特征，所以农户不再跟温饱尚未解决时期一样不计成本尽可能多地储粮，而是采取适量储存的方式，避免不必要的损失。

虽然粮食是私人物品，但粮食储备却具有准公共物品属性。农户若出于粮食安全考虑大量存粮，实际上是承担了部分应该由国家承担的粮食安全保障责任，即支付了更多的私人储粮成本从而减少了社会所承担的成本。在与农户进行访谈中发现，由于对粮食安全的考虑较少，加上减少粮食储存中不可避免的损坏以及防止品质变差等因素的影响，农户储粮经济目标增强，实质是减少了保障粮食安全的私人成本支出。这表明，粮食安全储备责任更多地推向社会，正如史清华等研究得出的结论一样，"农户正将家庭的粮食平衡与安全问题推向社会，由自我防范向社会防范转移"①。因此，国家需要支付更多的成本才能达到保障粮食安全的合理储备水平。

表 8-1   四川种粮主体储粮目的   单位：%

	留作口粮	粮食安全考虑	作为家禽、牲畜的饲料	等待价格上涨，获得更多收益	收购现价太低，储粮观望	其他
普通农户	44.3	5.9	39.2	5.5	3.9	1.2
种粮大户	—	14.1	—	47.9	33.8	4.2
合作社	—	37.5	—	50.0	12.5	0.0

8.2.2 农户粮食储存比例降低

虽然农户粮食储存情况尤其是储存比例的变化情况缺乏连续的统计数据，但是根据农业部 2013 年在黑龙江、吉林、内蒙古等 12 个省（区）67 个县 686 户农户的调查结果显示，与 5 年前和 10 年

---

① 史清华，徐翠萍．农家粮食储备：从自我防范到社会保障——来自长三角 15 村 20 年的实证 [J]．农业技术经济，2009（1）：30．

前相比，农户储粮的绝对数量分别减少 152 公斤和 254.5 公斤，降幅达到 11.9% 和 18.4%①。

从四川的情况来看，关于"近年来储粮的比例变化情况"的调查结果表明，无论是"小幅度降低"还是"大幅度降低"的比例均高于相应的"小幅度提高""大幅度提高"的比例，而且大幅度提高的仅占 1.7%，从总体上来看，近年来储粮比例降低的农户占比为 32.4%，比储粮比例增加的农户占比高出 10.2 个百分点。综合来看，农户储粮总体呈现出降低趋势。这主要是由以下两方面的因素引起的：

一方面是家庭粮食需求减少。由于多数家庭劳动力外出务工，因此，虽然由于缺乏劳动力带来粮食生产减少，但相应的在家消费粮食的人口减少，而且前面的分析表明，农村留守的主要是以老龄人为主，而劳动力少，因此家庭人均口粮消费减少。同时，由于生猪饲养等饲料用粮减少，因此，无需储存太多的粮食，即使降低储粮比例，维持家庭所需的粮食保障水平也并不意味着一定降低。

另一方面是粮食安全担忧下降。在粮食短缺的年代，有钱都不一定能买到粮食，还需要"粮票"才能购买。虽然从国家的角度来看，保障粮食安全的压力不断加大，粮食进口量连续攀升。但是，对于普通的消费者而言，粮食实际上是处于买方市场，对于普通农户而言只要有支付能力，基本不存在买不到粮的担忧。而且，普通农户拥有耕地，即使市场上出现粮食危机，也可以通过调整生产行为，增加粮食生产满足家庭自身需求。

8.3

储粮售粮行为差异分析

种粮主体的储粮售粮行为虽然不同于粮食种植行为决定粮食的

---

① 农业部市场与经济信息司课题组. 农户储粮行为变化情况调查 [J]. 农产品市场周刊，2014（4）：26-29.

供给能力，但种粮主体的储粮售粮行为直接关系到粮食流通，是保障粮食安全的重要方面，尤其是在粮食生产量、进口量和库存量"三量齐增"的情况下，深入分析普通农户、种粮大户和合作社之间的储粮售粮行为，有利于提供更为有效的储粮售粮环节支持政策。

8.3.1 储粮比例变化差异分析

从调研的情况来看，普通农户与种粮大户和合作社的储粮变化趋势存在显著的差异。从总体上来看，普通农户中储粮比例降低的被调查对象比例高于提高的被调查对象，而种粮大户和合作社中储粮比例提高的被调查对象比例大幅高于降低的被调查对象（见表8－2）。因此，种粮大户和合作社提高粮食储存比例的占比高于普通农户，而普通农户降低粮食储存比例的占比高于种粮大户和合作社。具体而言，近年来，合作社储粮比例"大幅度提高"的占25.0%，比普通农户高出23.3个百分点；合作社储粮比例"小幅度提高"的占30.0%，比普通农户高出9.5个百分点；种粮大户储粮比例"大幅度提高"的占20.0%，比普通农户高出18.3个百分点；种粮大户储粮比例"小幅度提高"的占53.3%，比普通农户高出32.8个百分点。

表8－2　　　　　　四川种粮主体储粮比例变化情况　　　　　单位：%

	大幅度提高	小幅度提高	不变	小幅度降低	大幅度降低
普通农户	1.7	20.5	45.3	25.6	6.8
种粮大户	20.0	53.3	23.3	3.3	0.0
合作社	25.0	30.0	40.0	0.0	5.0

之所以形成以上格局，这主要是由于普通农户储粮以自用为主，虽然储粮比例呈现出下降趋势，但总体来说相对稳定，近年来

储粮比例"不变"的占到 45.3%。而由于在粮食收获季节集中售粮价格相对较低，为了卖出更好的价格，种粮大户和合作社倾向于储存部分粮食，以期获得更高的收益。因此，种粮大户和合作社中提高储粮比例的主体较多。

从种粮大户和合作社的对比来看，种粮大户中"小幅度提高"的主体占比远超出合作社的占比，高出 23.3 个百分点，在此作用下，虽然"大幅度提高"粮食储存比例的种粮大户占比比合作社低，但种粮大户储粮比例总体提高的仍比合作社高出 18.3 个百分点。

这主要由于种粮大户一般自身在农村拥有宅基地和房屋，建设储粮设施提高储存能力相对容易，而合作社不仅规模较大，而且难以找到建设仓储设施的建设用地，因此，合作社即使想多储粮获得更多的收益，但却受到储藏条件的限制。虽然有部分种粮大户和合作社通过租赁储藏设施解决粮食储藏问题，但调查结果显示只占 20% 的比例。

良好的仓储设施有助于减少农户在粮食收获后进行集中销售的行为[1]，农民合作社、家庭农场、专业大户等新型农业经营主体有较强的储粮意愿和储粮需求，但是缺乏储粮设施[2]。因此，未来在仓储设施的支持上需要以合作社、大户为主体，提升其粮食储藏的"蓄水池"功能，降低国家粮食储备的库存压力。

8.3.2 储粮目的差异分析

根据普通农户与种粮大户生产粮食用途的实际情况，在设计问卷时充分考虑其口粮和饲料用粮需求，而对种粮大户和合作社而

---

[1] 李竣，杨旭. 跨国粮商冲击下的粮食收储参与主体决策分析 [J]. 世界农业，2015 (1)：26.

[2] 刘慧. 新型农业经营主体储粮意愿上升——"藏粮于民"悄然变化 [N]. 经济日报，2014 – 07 – 30.

言，由于种植规模大，口粮和饲料用粮需求较小甚至没有，因此，在针对种粮大户和合作社的问卷中，关于"储粮的目的"未给出"留作口粮"和"作为家禽、牲畜的饲料"两个选项。

从比较的价值出发，重点对种粮大户和合作社的储粮目的进行分析。从问卷调查的结果来看（见表8-1），合作社出于粮食安全考虑储粮高出大户23.4个百分点，这充分说明合作社比种粮大户具有更强的社会责任感。而种粮大户选择"收购现价太低，储粮观望"的比例大幅高于合作社，高出合作社21.3个百分点。与上面分析的原因类似，种粮大户在粮食销售或者储存上具有比合作社更为灵活的选择余地。

8.3.3 售粮渠道影响因素差异分析

从调研的情况来看（见表8-3），普通农户、种粮大户和合作社在粮食销售渠道的选择上的影响因素具有很大的差别，这些差别主要体现在以下几个方面：

表8-3　　　　　四川种粮主体售粮渠道影响因素　　　　单位：%

	销售价格	销售的运输等成本	保持长期的粮食销路	降低销售风险	劳动力不足	其他因素
普通农户	46.2	18.9	10.8	7.1	15.1	1.9
种粮大户	46.4	22.4	10.4	11.2	8.0	1.6
合作社	39.4	23.9	14.1	16.9	5.6	0.0

一是销售价格影响程度不同。无论是普通农户、种粮大户还是合作社，销售价格都是选择销售渠道第一位的考虑因素，但是合作社的比例却低于种粮大户7个百分点。单独来看很难理解，但是，粮食销售时考虑的因素并不是单一的，最终选择什么样的销售渠道是多因素综合作用的结果。结合合作社对于保持长期的粮食销路和

降低销售风险来看则不难发现，合作社为了保持经营的稳定性，在风险和价格收益之间采取了更为稳妥的售粮策略。因为，合作社在"保持长期的粮食销路"和"降低销售风险"上的选择比例高于种粮大户 9.4 个百分点。

二是售粮成本影响不同。普通农户在考虑销售渠道时，"劳动力不足"的影响明显多于种粮大户和合作社，这主要是在多数家庭劳动力外出务工的情况下，售粮不得不考虑劳动力不足的影响。

三是销售风险态度不同。调研数据显示，合作社选择"降低销售风险"的比例最高，种粮大户次之，普通农户对于降低销售风险的考虑最少。这主要是因为普通农户总体售粮少，而且在自用和销售之间的选择余地很大，而对于合作社而言，生产粮食的目的就是为了出售，即使储存部分粮食最终也是为了销售而不是消费，因此，合作社对于销售风险持更强的规避态度。

8.4

储粮售粮行为变化对粮食安全的影响

种粮主体的储粮售粮行为对粮食安全具有重要的影响。一方面，从主体数量来看，到 2013 年，全国农村人口仍然占总人口的 46.27%，虽然城镇人口已经超过农村人口，但国际经验表明，遭受饥饿和营养不良威胁的主要是农村人口。因此，通过合理的储粮售粮行为提高农村居民的粮食安全保障能力，解决了农民的粮食安全问题，实际上就在很大程度上解决了国家的粮食安全问题。另一方面，种粮主体的储粮行为具有"蓄水池"作用，其合理的售粮行为对于平抑市场波动具有重要作用，而其不合理的售粮行为不仅将增加国家的粮食收储压力，而且可能加剧市场波动，放大粮食不安全因素。从目前的变化趋势来看，普通农户储粮行为的变化对于提高粮食安全保障能力具有极为不利的影响，而种粮大户等新型粮食经营主体的储粮售粮行为有利于提高粮食安全保障能力。

8.4.1　普通农户行为变化加大粮食安全保障压力

随着农户的分化，农村非农户和兼业户增加，纯农户减少，这意味着种粮的农户减少，能够实现家庭粮食自求平衡的农户趋于增加，这自然可以得出一个推论：需要通过市场获取粮食的家庭增加。因此，对保障粮食安全的市场调控能力要求提高，国家通过粮食政策以及粮食储备保障粮食安全的压力加大。

即使是种粮的农户，由于其储粮的口粮化以及储存比例的降低也改变了以往的储粮格局。以往农民出于粮食安全的考虑，无论是口粮还是饲料用粮储存比例都较高，在遭受自然灾害减产时可以"以丰补歉"，在面临粮食价格上涨的市场风险时无需为了获取生活必需的粮食支付高额的成本甚至还可以出售部分粮食获得更多的收益。然而，当前的趋势是，农户储粮比例明显下降。农民把"米缸"建在市场上，不仅弱化了自身粮食需求的可获得性，在粮食库存量激增、仓容紧张的情况下，农户降低储粮比例必然增加中央和地方政府的粮食收储压力。而且，从整个社会的角度来看，保障粮食安全不仅要保障城镇人口和农村贫困人口的粮食有效供给，而且还可能出现普通农户的粮食安全风险。因此，无形之中增加了粮食安全的保障难度。

此外，在调研中发现，部分种粮农户甚至在粮食收获后大量出售粮食，然后再从市场上购买自己所需的粮食，这表明，农民种的粮食并不是自己需要的。可以说，这是粮食供需结构矛盾在种粮农户储粮售粮行为上的生动反映。

因此，在农户粮食生产行为变化基础上的储粮、售粮行为变化，不仅加剧了国家从总量上保证市场供求平衡的难度和压力，而且增加了粮食的结构平衡难度。

8.4.2 种粮大户和合作社行为变化有助于缓解粮食安全保障压力

在粮食收获集中上市期间，在市场供需机制的作用下，一般而言，粮食市场价格相对走低，因此合作社和大户理性的选择行为是增加储存比例而减少粮食收获季节的售粮额度，从而形成了种粮主体的粮食分期销售行为。这种行为作用于市场，实际上是一种经济、实用、有效的市场化调控机制，一定程度上可以分担国家储备调控的部分任务[①]。根据期望理论，在粮食储存过程中，当粮食价格开始上涨时，会倾向于继续储存粮食等待粮食价格进一步上涨，若粮食价格继续上涨，跟种粮主体的期望一致，种粮主体将出售存粮兑现储粮的期望收益，因此必然增加粮食市场的供给，从而改变粮食市场的供需平衡态势，有效抑制粮食价格过快上涨甚至是下降。如果粮食价格上涨超过政府认为的合理范围，政府必然抛售储备粮以促进价格回落。而若粮食价格止涨回落，由于对损失比获得更为敏感，因此将促进其迅速出售存粮，由此导致粮食价格快速回落，当然，在最低收购价的支撑下，粮食价格不会无限下跌，因此，市场价在最低收购价附近形成均衡价。

因此，在市场无形之手的作用和政府有形之手的调控下，合作社和种粮大户等不断增强的储存粮食分期销售的行为对于平滑粮食收储矛盾具有很好的作用，实质上，种粮大户和合作社的个体理性决策促进了集体理性，而且种粮大户和合作社相对于普通农户而言具有更强的销售市场风险防范意识和市场行情走势判断能力，这也有利于减少粮食市场的波动。当然，必须看到，合作社和种粮大户等可能由于缺乏粮食储藏设施、流动资金等而不得不提前售粮，甚

---

① 秦中春. 完善我国粮食储备管理制度的建议 [N]. 中国经济时报，2009 - 12 - 18.

至是在粮食收获后就急于出售粮食。因此，在普通农户粮食储存比例下降而种粮大户和合作社等新型粮食经营主体不断发展壮大的背景下，尤为需要支持种粮大户、合作社等建设仓储设施或者是通过"粮食银行"等机制创新解决其储粮问题，通过土地经营权抵押贷款等制度创新解决其资金融通问题，充分发挥新型粮食经营主体对市场的有效调节作用。

古典经济学研究的假设前提为人是理性的经济人，农民是理性的。从前面的分析中也可以看出，无论粮食生产从主业向副业的转变，还是流转主体耕地利用行为的短期化，亦或是注重数量而忽视质量，甚至是降低储粮比例等行为，对于种粮主体而言，都是在既定的政策制度、生产条件和市场环境下作出的理性选择。但是个体经济理性与集体经济理性之间往往存在冲突，而且由于粮食具有准公共产品属性，私人成本与社会成本、私人收益与社会收益之间并不完全一致。本书认为，所有主体都是理性的，是在约束条件下选择对自己有利的行为，而这些行为正是导致粮食不安全的主要原因。因此，要保障粮食安全就必须改变其行为取向，而要优化其行为，就必须改变约束条件，而且，要纠正种粮主体不利于粮食安全整体能力提升的个体理性决策行为十分困难，必须以更大的力度、更优的政策来促进行为的优化，进而提高粮食安全保障能力。

9

种粮主体行为变化应对建议

通过前面的分析可以发现，在新常态下，粮食安全形势更加严峻，而种粮主体的耕地行为、粮食生产行为、技术选择行为以及储粮售粮行为已经或者正在发生明显的变化。种粮主体行为变化对粮食安全的影响是多种行为对粮食安全的多维度影响，仅对其中某种行为变化进行分析很难清楚地认识其全貌，更难以准确地判断其综合影响。更为重要的是，种粮主体耕地利用行为、粮食生产行为、技术选择行为以及储粮售粮行为的内在统一性让每类行为的变化形成"叠加效应"，形成了"1＋1＞2"的效果，对保障粮食安全形成了巨大的影响。前面的分析表明，"用脚投票"是农民对粮食产业的无声应对，减少粮食种植面积甚至是弃耕外出务工成为许多家庭的现实选择，导致今后"谁来种粮""如何种粮"的问题日益严峻；"个体理性"是实现集体最优选择的现实障碍，要纠正种粮主体不利于粮食安全整体能力提升的个体理性决策行为十分困难，必须以更大的力度、更优的政策予以破解；"行为差异"是制定政策必须考量的重要因素，普惠式的政策不仅缺乏针对性，更缺乏实效性，既浪费政策资源，又无实质作用，要充分考虑不同对象之间的行为差异性精准施策，才可能使有限的政策资源发挥最大的效果。

因此，在"以我为主，立足国内、确保产能、适度进口、科技支撑"的粮食安全新战略下，优化种粮主体行为对于实现粮食安全新战略、增强粮食安全保障能力具有极为重要的作用。而且保障我国粮食安全的重要性以及粮食安全问题的公共属性决定了必须加大粮食产业支持力度，同时要高度重视个体理性与集体理性之间的冲突和主体之间的行为变化，根据种粮主体行为变化的丰富性、深刻性和差异性，有针对性地调整优化粮食政策导向、支持对象、支持领域以及提高粮食安全保障能力的推动机制，并提出具有可操作性的政策建议，以引导种粮主体行为作出合理调整，从而增强粮食安全保障能力。

9.1

在政策导向上，从注重数量安全向量质并重转变

针对粮食消费需求升级、质量安全逐步上升为粮食供求主要矛盾的趋势，围绕农产品质量安全既是"产"出来的，也是"管"出来的客观现实，利用粮食消费市场引导优质粮食生产，强化政策的调控作用，减弱资源环境双重"紧箍咒"的制约作用，缓解粮食供需的结构性矛盾，通过供给侧结构性改革促进粮食发展走上可持续发展道路。

9.1.1　提高种粮主体耕地保护意愿

根据前面的分析，在城镇化、工业化等冲击下，不仅坚守18亿亩耕地红线的难度日益加大，而且由于种粮主体的粗放化、短期化、非农化等利用行为，导致耕地质量下降。一方面，对于种粮主体而言，对耕地进行保护性利用具有长期的可持续收益，但由于产权制度、流转期限等因素的影响，因此保护耕地的意愿下降，平原、丘陵和山区种粮主体的耕地保护意愿均不高，而且粮食生产条件最好的平原地区种粮主体对耕地的平均保护意愿最低，这对于粮

食产业的可持续发展十分不利。另一方面，对耕地进行保护具有正的外部性，而且从耕地整体保护而言，也具有一定程度的公共属性。因此，需要在成都等地建立耕地保护基金加强耕地保护探索试点的基础上，在省级层面甚至是国家层面设立耕地保护基金，提高种粮主体对耕地进行保护的积极性，增强粮食产业的可持续发展能力。

（1）严格耕地保护和质量提升。一方面，针对城镇建设占用优质耕地甚至基本农田的趋势，为了坚守耕地红线，必须防止将耕地、基本农田随意调整为建设用地，防止不合理的"非农化"现象加剧。对四川而言，要坚守 1 亿亩的耕地红线。2015 年，国土资源部和农业部联合下发了《关于进一步做好永久基本农田划定工作的通知》，要求在已有永久基本农田基础上，将城镇周边、交通沿线现有易被占用的优质耕地优先划为永久基本农田，最大限度地保障粮食综合生产能力，确保实有耕地面积基本稳定和国家粮食安全。因此，要充分结合农村产权制度改革科学做好永久基本农田划定工作，既为耕地资源保护提供基本遵循，又为发展提供必要空间。另一方面，针对中低产田比重高的现实状况，继续加强高标准农田建设和中低产田改造及耕地综合治理，推广节水技术和地力培肥，促进地力有效恢复甚至得到提升。

（2）建立耕地保护基金。实行严格的耕地保护制度，必须有相应的制度支撑。虽然种粮主体的不当行为是导致耕地质量下降的重要因素之一，但客观地讲，工业污染和政府违规用地也是导致耕地污染和数量减少的重要原因。因此，必须建立起多方协同参与的耕地保护制度。一是加强政府用地管理，改革征地制度；二是引导农民合理利用耕地，并探索实施轮作制度和休耕制度，改变"想方设法多生产"占比高形成的"重用轻养"现象；三是加强耕地和水污染源的治理。笔者认为，至少应该在省级层面建立耕地保护基金。由于产粮大县耕地保护任务重、区位条件相对较差，根据产粮大县工商用地指标少、价格低，而市辖区及重点开发区工商用地指标多、价格高的情况，在土地出让金中，抽取一定的比例形成耕地保护基金，其中小部分用于弥补其在经济发展中将土地用于第二、三产业生产丧失的机会成本，大部分用于农户对耕地保护的奖励，从而确保耕地保护制度有效落实，维持现有的粮食生产能力。设立耕地保护基金的另一个重要作用在于增强群众对耕地保护的认知，从而促进不合理的耕地利用行为的自我调整和优化。

（3）增加粮食生产生态保护补贴。在资源环境约束日益加剧，而消费者对粮食质量要求日益提高的双重要求下，粮食的生态化发展是未来的必然趋势，而以前的粮食补贴方式显然不适应发展的需要，甚至已经在某种程度上成为持续发展的制约。因此，针对我国的实际情况，尤其是种粮主体以追求产量为主而对质量重视不足，进而造成化肥、农药等过量施用造成的负面影响，应采取发达国家普遍实行的有关保护粮食生产生态安全的措施，比如实行土地休耕补贴，对开展秸秆还田，采用有机肥替代化肥、采用绿色防控技术替代农药等行为给予适当的补贴，到"十三五"末，四川畜禽粪便养分还田率和秸秆综合利用率分别达到60%和85%以上，肥料和农药利用率至少提高到40%以上，争取达到50%的利用率，提高粮食质量和可持续发展能力。资金来源可以从原有粮食直补资金中调整部分作为生态补偿资金，既纠正原来粮食直补传递的错误信息，又增强耕地保有者进行耕地保护的意识。

9.1.2　优化粮食增产提质的科技导向

在粮食生产条件和生产方式之外，粮食品种是决定粮食质量的关键因素。要增强粮食安全的保障能力，首先就要实现粮食种子安全。农户之所以在技术选择上具有明显的产量导向，与粮食品种选育的产量导向也具有一定的关系。因而，需要从育种环节强化质量导向，并为种粮主体提供高产、优质的种子。

（1）加强粮食新品种研发。我国已经进入新的发展阶段，引致生活水平提高和膳食结构改善，消费从"吃得饱"向"吃得好""吃得健康"转型。虽然人均口粮消耗量呈下降趋势，但粮食转化而来的肉蛋奶等消费需求增加，粮食需求结构发生着深刻变化。但与之相对应的是，粮食生产的变化严重滞后于需求的变化，在品种选育、技术导向和政策支持方向上，仍然以产量为导向，质量导向不足，高端大米等优质粮食主要依靠调入和进口。因此，必须加强粮食新品种研发，尤其是要支持科研院所和高等院校重点培育优质、高产、多抗、高效的突破性品种、专用品种和特色品种，通过农业科技人员创新创业制度改革创新，提高农业科技人员的研究推广主动性和积极性，加强超级稻、优质稻、专用小麦、双低油菜、优质玉米以及优质马铃薯等新品种的研究和推广，从而引导种粮主体优化其在品种选择方面的技术选择行为。

（2）调整粮食品种审定制度。当前，在解决温饱问题阶段形成的以粮食高产、高抗为主要导向的粮食新品种审定制度已经对粮食质量提升形成制约。而且，由于品种的选育不是一朝一夕之事，因此，需要尽快调整粮食品种的审定制度，在稳定粮食产量的基础上强化口感导向、营养导向和质量导向，甚至对于一些具有重金属低吸附性、高品质的品种允许以一定程度的产量减少换取品质提升。通过有效发挥品种审定制度的导向作用，从品种选育上增强粮食质量安全的种源支撑。同时，优化新品种审定方法和程序，引导种源企业加强对口感好、营养价值高等优质品种选育和推广力度，提高科研成果转化效益，也从源头上为种粮主体摆脱重产量、轻质量提供技术支撑。

9.1.3 引导种粮主体形成良好的粮食质量安全行为

粮食是农产品中最为基础和重要的组成部分，也是生活必需品，因此，在加强农产品质量安全的同时，需要重点抓好粮食质量安全。而且，根据前面的分析，种粮主体注重数量而忽视质量的行为对保障粮食安全已经形成了实质影响，所以，需要采取针对性的政策措施引导种粮主体树立良好的粮食质量安全意识并形成自觉提高粮食质量安全的行为习惯。

（1）增强种粮主体的质量安全意识。完善粮食生产标准体系，明确投入品标准及生产规程，规范农药、化肥的施用标准，让种粮主体在粮食生产中具有明确的操作依据，提高粮食品质安全的可控性。同时，深入开展宣传和科普教育，强化种粮主体的质量安全意识，建立生产经营责任制和承诺制，并落实市场准入制度，有效杜绝"两块田"现象，防止达不到质量要求的粮食流入市场。

（2）鼓励开展粮食"三品一标"基地建设工作。可以预见，随着人均收入水平提高和恩格尔系数的下降，消费者将倾向于消费更多的优质粮，而对劣质粮的消费需求下降。因此，在粮食支持上就应该顺应这种变化趋势，以往的数量导向型粮食政策逐步向质量型粮食政策转变。而三品一标属于安全优质农产品的公共品牌，包括无公害农产品、绿色食品、有机农产品和地理标志保护产品。虽然近年来全国三品一标基地呈快速发展之势，但绿色、有机及地理标志保护产品主要集中在蔬菜、水果以及养殖领域，而粮食领域的绿色、有机及地理标志保护产品很少。而且，前面分析发现，差地种粮成为现实选择。若不改变这种格局，粮食质量安全将难以得到有效保障。因此，需要引导开展粮食三品一标基地建设，通过优质优价的市场机制促进粮食质量水平提升。

（3）加强粮食安全监管执法。要引导种粮主体对其粮食质量安全行为进行调整和优化，首先就要落实地方政府、监管部门责任，尤其是要结合农产品质量监管示范县和农产品质量安全建设，大力推进粮食标准化生产和质量网格化监管；其次是强化监管队伍体系和监管能力建设，加强农资打假，对使用违禁投入品、农残超标以及重金属超标等现象加强执法，对危及粮食质量安全的生产、加工及流通行为给予严惩，并形成种粮主体粮食生产行为的约束机制，既为种粮主体生产安全、优质粮食提供良好的环境和农资保障，又对种粮主体威胁粮食质量安全的行为形成有效的监管，从而为增强粮食质量安全保障能力提供基础支撑。

9.2

在支持对象上，从普通农户为主向种粮大户和合作社转变

家庭联产承包责任制的实施在很大程度上解放了农村生产力，在解决农民温饱问题上做出了无可置疑的重要贡献，但也导致了耕地较为分散、经营规模太小等问题，对务农致富形成了极大的制约。在当前的条件下，通过农户承包地的互换并地、社会化服务下的农户横向联合、土地股份合作和租赁承包等方式大力开展粮食适度规模经营是发展粮食生产、提高规模效益、增加粮农收入的必然选择，可以判断，种粮大户和合作社等新型粮食经营主体将是未来保障粮食安全的重要生力军。而且从前面的行为差异性分析可以看出，种粮大户、合作社等新型粮食经营主体与普通农户的行为及其变化具有很大的差异，普通农户在粮食生产上的低效、在技术选择上的滞后和在粮食储存上的口粮化，与种粮大户和合作社相比可以发现，种粮大户和合作社将是未来保障国家粮食安全的重要依靠。但是，种粮大户和合作社在融资、社会化服务以及粮食储存等方面却面临着比普通农户更为严重的制约。因此，需要为种粮大户、合作社等新型粮食经营主体提供具有针对性的支持以促进其快速发展。

9.2.1 培育粮食适度规模经营主体

通过现场观摩、经验交流、外出考察、大专院校和科研单位集

中培训等多种形式加强农民特别是种粮大户生产能力、管理能力和经营能力的培养。同时，要结合创新创业改革，鼓励和引导一批有志于粮食生产的年轻大学生、农业科技人员等到农村创业，并通过系统化的政策支持将其培育成为现代粮食产业的发展主体，逐步解决"谁来种粮"的问题。

（1）培育种粮大户，优化农户家庭经营主体支撑作用。农业的生产特点和农户的社会经济属性决定了家庭在农业经营上具有先天优势。世界农业的发展经验表明，农户家庭经营不等于小农经济，农户家庭经营同样可实现规模化、机械化和标准化。而且，现实表明，中国农业稳定发展必须以家庭经营为基础支撑，必须建立在以农业为终生职业、具有共同价值取向的农户家庭群体合作的基础之上。可以说，农户家庭是农业经营的微观主体，坚持家庭经营为主体的农业生产经营方式是历史的必然，是人类在经历无数次尝试后得出的适合农业发展的正确选择。因此，要加快培养新型职业农民、大力培育专业大户和家庭农场，提高家庭经营能力，优化家庭经营模式，对农业经营主体进行微观再造，在发挥家庭经营的制度优势和保障广大农民根本权益的基础上构建现代农业新的发展模式，让家庭经营成为新型农业经营体系的主体、主力和主导。

（2）加快发展农民专业合作社。鉴于粮食生产合作社已经开始在粮食生产中发挥重要作用，既要防止空壳化合作社带来的不良影响，也要针对不同发育形态、不同类型的农民专业合作经济组织实行分类管理和指导，对组织化程度低，但农民有强烈愿望和需求的，应积极引导其组建农民专业合作组织；对条件成熟、发展较好的合作社，结合示范社创建，引导其强化建章立制和规范化管理，提高实体化运作能力。

（3）支持粮食加工经营龙头企业做强做优。按照"扶优、扶强、扶大"的原则，大力培育发展粮食加工型、流通型龙头企业，选择一批辐射带动能力强、经营水平高、经济效益好的粮食加工流通龙头企业，集中财力给予重点扶持，引导其通过自建联建粮食生产基地、开展粮食订单等方式带动粮食基地建设和生产发展，要促进其"带动"种粮主体发展粮食适度规模经营，而不是"代替"甚至是将原有的种粮主体"挤出"。同时，建立和完善工商企业租赁农户承包地的准入制度、监管制度和风险防范机制，防止工商资本进入农业造成过度"非农化"和"非粮化"。

9.2.2 发展为粮食适度规模经营服务的新型农业社会化服务组织

新型粮食经营主体开展粮食适度规模经营的竞争优势主要来源于专业化分工、社会化服务带来的生产成本降低和规模效益提升。前面分析发现，种粮所需社会化服务供给不足，而新型经营主体发育不足最为突出的原因就是社会化服务缺失的短板制约。因此，要扶持农民专业合作社、供销合作社、专业技术协会、农民用水合作组织、涉农企业等社会力量广泛参与粮食生产产前、产中、产后服务，通过专业化分工提高效率、降低成本。

（1）在服务领域上，要不断延伸产后服务，在强化生产技术服务的基础上，通过加强农产品加工、包装、储藏等后续服务和品牌塑造、市场营销、金融保险等服务内容，拓展粮食生产社会化服务范围。

（2）在服务模式上，要充分围绕种粮主体的需求，重点发展"代耕""托管"和"农民专业合作组织＋社会化服务组织＋种粮主体""龙头企业＋基地＋种粮主体"等多元化服务模式，开展形式多样、内容丰富的社会化服务。

（3）在服务分工上，政府主要提供基础性和公益性服务，鼓励社会资本投资发展社会化服务，同时通过定向委托、政府采购和招投标以及奖励补助等方式推动经营性组织提供公益性服务，从而形成多元主体参与、多元模式协同的推进机制。

9.2.3 优化适度规模经营支持政策

在粮食安全新常态下，已有粮食直补政策已经失去了激励粮食生产的初衷，并且向普通农户传递出错误的政策信号，更难以对种粮主体形成增产提质的激励作用。因此，必须以提高政策绩效和资金使用效率为目标，在加大财政支持力度的基础上，对原有的政策进行合理的调整和优化，改变补贴结构和方式，提高补贴效果。

（1）针对目前补贴项目多、资金分散、行政成本高、补贴效果不明显的现状，改变现行将粮食直补、良种补贴和农资综合补贴等补贴政策与粮食实际种植和产量脱钩的补贴方式，去"福利化倾向"。在农作物良种补贴、种粮直补、农资综合补贴"三项补贴"合并为"农业支持保护补贴"的基础上，与已有农机购置补贴、支持新型农业经营主体的政策统筹实施，针对新型粮食经营主体最为薄弱和需要支持的机械化耕作、运输尤其是晾晒烘干和仓储等开展适度规模经营必需的配套服务加大支持力度，向种粮适度规模经营户特别是种粮大户和合作社倾斜，促进粮食生产由分散走向适度规模经营。

（2）加大粮食产业项目扶持力度。一是为了提高粮食生产的积极性，应该建立与粮食商品量挂钩的农业项目资金分配机制，促进农业项目资金向粮食主产区和产粮主体倾斜。二是将农业综合开发资金优先支持具备条件的新型农业经营主体改造农田基础设施、发展产业化、规模化经营。三是将新型粮食经营主体作为高标准农田建设、高产示范创建等项目的起报单位，独立申报和自主实施，并整合性质相近、用途相同、使用分散的农业项目资金，集中用于新型农业经营主体培育。

（3）强化用地、用电等方面的政策支持。第一，前面分析表明，部分新型粮食经营主体面临着仓储条件的制约而不得不在粮食收获后集中售粮。而且由于缺乏烘干设施和条件，新型粮食经营主体在粮食收获季节面临着极大的气候风险。但是，在建设烘干仓储设施过程中却面临着土地和用电等严重制约。因此，对于新型粮食经营主体建设烘干、仓储等必要的粮食规模经营配套设施的用地视为农用地管理，并在土地利用规划中预留部分产业用地，在不违背法律法规和政策规定的前提下为其提供用地支撑。第二，为提高土地和设施利用效率，应鼓励种粮主体联合建设储粮设施，探索推广"粮食银行"，并指导运用科技储粮，减少储粮损耗。第三，对新型粮食经营主体农田灌溉、粮食烘干等用电，执行农业电价标准，降低种粮主体运行成本。

9.3

在支持领域上，从注重单一环节向产业链系统集成转变

针对现代粮食产业发展模式产业链集成推进的现实需求，而且种粮主体的耕地利用、粮食种植、技术选择以及储粮售粮行为之间具有紧密的内在联系，因此，要摆脱传统经营模式下就生产支持生产、就仓储支持仓储、就加工支持加工形成的政策分散、部门分割格局，注重向产业链集成、系统支持转变，有效解决"短板"形成的制约。

9.3.1 统筹推进粮食生产经营基础设施建设

良好的基础设施对于降低粮食生产成本和增强旱灾、水灾等风险抵抗能力具有重要作用。改革开放以后，随着农村生产和经营体制的变革，以往靠国家计划动员农民兴建基础设施的方式已经失去

了效力。许多地方的农村基础设施老化现象严重，加上缺少维护，农村已有的基础设施损毁较多，功能严重退化甚至丧失。由于粮食生产重点县具有粮食总产占比大、粮食增产贡献大和粮食商品化高等特征，是保障粮食安全的重点区域，但是粮食生产重点县等粮食主产区的经济条件相对较差，因此基础设施更为落后，迫切需要加强。此外，农业基础设施建设项目资源分散在发改、交通、水利、农业、林业、畜牧以及财政和扶贫等多个部门，项目类别多、数量多、规模小、分散度高的特征十分明显，迫切需要整合资源统筹推进，有效改善粮食产业发展的基础条件，对四川而言，在未来五年内全省粮食综合生产能力应达到800亿斤以上。

（1）对于粮食产业发展重点区域和重点主体，探索采用项目建设报批制度，在政府发布的支持目录和范围下，根据其实际需要自行提出综合性、系统化支持需求，再由相关部门会商审批，减少自上而下式项目安排导致的"无效供给"。

（2）针对目前粮食生产劳动力成本占比高和上升快的实际，以粮食主产区为重点，在加强粮食基础设施建设，提高粮食产能过程中，集成农业、水利、交通、国土等部门的项目和资金资源打捆建设，结合农村产权制度改革，以土地整理为载体，促进"瘦土"变"沃土"、"小田"变"大田"，配套建设沟渠、机械耕道等设施，为提高机械化作业能力奠定基础。

（3）在基础设施建设过程中，针对粮食生产条件较差甚至倒退的现实和促进适度规模经营发展的需要，以村为单位将已有粮食直补资金打捆作为粮食产业公共资金。但鉴于规避"截、拿、卡、要"弊端和构建新型乡村治理机制改善干群关系的双重需求，需要同步改变基础设施建设模式，应该推广小型基础设施村民自建，将资金采用村民自建的方式集中用于耕作道路、沟渠以及田型调整、土壤改良等小型公共基础设施建设，增强种粮主体的参与性和基础设施建设的瞄准性，既从根本上提高产能，又增强粮食经营主体的参与积极性，还能让农户从中获取劳务收入。

9.3.2 提高全产业链科技支撑能力

科技进步是实现粮食持续增产的主要源泉，依靠科技创新也是实现粮食产业内涵式发展的必由之路，由于不同种粮主体在技术选择行为上具有明显的差异，所以，既要注重增强粮食产业链的整体技术支撑能力，又要采用具有针对性的措施提高科技进步贡献率。

（1）构建粮食科研多元投入转化机制。一是加大政府科研经费投入，完善以国家和省级为重点的科技创新体系，加强对育种、栽培和加工等领域关键技术的攻关和技术集成，为提高粮食科技水平提供基础支撑。二是引导粮食产业化龙头企业设立科技研发部门，鼓励企业与科研院所共同建立联合实验室、技术研发中心等科研机构，加强新品种选育、栽培及加工、储运技术的研发，形成从粮食种源到加工销售的全产业链技术研发机制，在推动粮食丰产、提质的基础上减少产后损失，提高优质商品率，为粮食产业提供系统科技支撑。

（2）开发实用粮食机械。针对农村劳动力大量外出务工，剩余劳动力结构性短缺，劳动力成本不断攀升的实际，以及种粮大户、合作社等开展适度规模经营对提高粮食生产全程机械化水平的需求，结合种粮主体技术选择的劳动力减量化趋势，重点研发推广在病虫害专业化统防统治、大田抗旱浇水、粮食烘干等方面价格低廉、性能优良、操作方便的专用机械和玉米、小麦和水稻等种植和收割机械，用机械替代劳动力的大量投入，降低生产成本。

（3）健全技术推广体系。由于种粮主体的结构变化以及技术选择行为的变化，因此，技术推广体系也需要作出相应的调整。一是在加强基层农技推广体系建设的基础上，依据主导优势产业建立"粮食专家大院"，积极促进统防统治、机械化、抗旱排涝等社会化服务组织的发展，从以政府职能部门为主的技术服务模式发展为政府引导、专家大院支撑、社会化服务组织参与"三位一体"的技术服务模式，充分发挥政府、科研院所和社会组织的技术服务功能，为粮食新技术推广服务好，有效满足种粮主体尤其是新型粮食经营主体多元化、个性化的技术需求。二是健全科技特派员制度，结合农业科技人员创新创业改革，探索采用技术参股、技术承包、有偿服务等形式，与种粮主体尤其是种粮大户、合作社等形成利益共同体，增强粮食科技成果转化的内在动力。三是采用购买服务或奖补方式引导合作社开展技术培训和服务，充分发挥合作社的技术传授和示范带动作用。利用种粮大户中的"土专家""田秀才"开展粮食科技推广示范，建立本土化粮食专家资源库，利用其在周边农户中的影响力和号召力，通过科技应用的实际效果现身说法，有效发挥科技示范带头和辐射带动作用。

9.3.3 为种粮主体发展壮大提供有效金融支持

由于粮食生产具有明显的微利性特征，因此，种粮主体的自我积累能力较差，尤其是种粮大户、合作社等新型粮食经营主体在支付土地租金、购买生产资料时常面临着短期的资金压力，前面分析表明，缺少资金是制约新型粮食经营主体发展壮大的重要因素。所以，为了提高种粮主体的粮食生产积极性，为种粮主体提供有效且具有针对性的资金融通服务对于促进粮食产业的健康发展具有极为重要的作用。

（1）加大金融支持力度。鼓励金融机构将职业农民、种粮农户、合作社等纳入信用贷款支持范围，建立信用贷款和抵押担保制度，为种粮主体短期贷款提供信贷担保支持。鼓励依托专业合作社、农业龙头企业和农业社会化服务组织建立资金互助社。结合农村产权制度改革，以新型粮食经营主体为重点优先开展土地经营权抵押贷款、粮食生产、储藏及加工设施设备抵押贷款等试点，有效解决其融资难的问题。

（2）降低种粮主体融资成本。由于粮食生产比较效益低，微利性特征突出，因此，种粮主体难以承受市场化的高额资金融通成本。因此，要对新型粮食经营主体用于扩大粮食生产规模、建设生产加工设施以及购置生产设备的贷款，加大贷款贴息力度，降低其融资成本。

（3）优化粮食保险制度。粮食政策性保险虽然为种粮主体提供了基本的保障，但面临着保险水平低、理赔程序复杂等问题。一方面，针对我国地形地貌复杂、防灾减灾能力较弱、粮食因灾损失大的情况，在将政策性保险覆盖到所有粮食品种的基础上，还需要进一步提高粮食作物保险水平，提高保费中央和省级补贴比例。另一方面，粮食生产市场风险低是许多种粮主体选择种植粮食的重要原因，因此，在国际国内粮价"倒挂"导致粮食最低收购价难以持续稳步提高的情况下，为了应对国际粮价波动的影响，并为种粮主体提供稳定的收益预期，还需要实行粮食价格保险制度，并结合粮食目标价格制度的进一步完善，弱化粮价波动的不利影响，促进种粮主体尤其是新型粮食经营主体平稳发展。同时，探索农民按不同费率缴纳保费、保险公司分级承保的风险保障制度，优化理赔程序，提高种粮主体风险应对能力。实行无赔款续保优待机制，以减轻参保主体负担和行政运行成本。

9.4

在推动机制上，从注重行政推动向充分利用市场机制转变

农业是弱质产业，粮食产业的弱质性特征尤为突出，无论是对农民而言还是对政府而言，粮食产业效益都低。一方面，普通农户

种粮收入远低于务工收入，宏观上国家要确保粮食安全和农民主观上依靠种粮增收积极性低的矛盾十分突出。另一方面，粮食安全是国家大事，层层分解目标任务，常常看到产粮大县、财政穷县的现象，甚至是产粮越多、经济越落后，因此，产粮大县应增加粮食播种面积和粮食产量的能力、意愿和积极性。

综合而言，产粮大县政府及农民的产粮行为呈现出三大基本态势。一是从投入来看，经济实力弱导致不能大幅提高粮食产能；二是从收益来看，比较效益太低导致不愿主动生产粮食；三是从责任来看，地方政府不敢大张旗鼓放弃粮食生产。因此，国家层面重视粮食安全问题、大力发展粮食与地方推动经济社会全面发展、不愿发展粮食产业的选择存在"矛盾"，而地方政府和农民的"理性"选择却形成了一定的"默契"，这样的格局无疑会让产粮大县政府及农民的实际行为更加固化。

推动粮食增产提质不仅仅是种粮主体的事情，也是政府的责任。前面对种粮主体行为变化的差异分析表明，粮食生产重点县的种粮大户在耕地保护意愿、新技术采用意愿等方面均优于非产粮大县，因此采取倾斜性的产业发展政策和支持政策具有必要性。同时，如果不能调动地方政府的粮食发展积极性，那么中央和省级层面的粮食政策效果将大打折扣、政策意图将难以实现，而引导种粮主体行为优化的想法必将落空。因此，同时调动种粮主体和地方政府的积极性，需要在粮食安全省长责任制下，加强落实政府责任和优化利益驱动机制"双管齐下"，有效发挥市场机制的资源配置决定性作用。

9.4.1 优化粮食生产激励约束机制

为了有效落实新形势下的国家粮食安全战略，2014 年，国务院下发了《关于建立健全粮食安全省长责任制的若干意见》，并于

2015 年配套制定了《粮食安全省长责任制考核办法》，将增强粮食可持续生产能力、保护种粮积极性、增强地方粮食储备能力、保障粮食市场供应、确保粮食质量安全、落实保障措施等 6 个方面纳入考核范围，并明确提出，"对考核结果为优秀的省（区、市）人民政府给予表扬，有关部门在相关项目资金安排和粮食专项扶持政策上优先予以考虑"，对考核结果为不合格的提出整改措施与时限，而且对因不履行职责、存在重大工作失误等对粮食市场及社会稳定造成严重影响的依法依纪追究有关责任人的责任。为了促进粮食安全责任制有效落实，还应该对以下制度进行调整和优化。

（1）调整考评激励机制。一方面，增加产粮大县粮食生产销售情况在县域经济发展考核中的比重。为了保障粮食安全，加大粮食生产任务分解落实情况的考核权重，促进产粮大县加大对粮食生产的重视程度。另一方面，建立与产粮大县粮食生产及任务完成情况挂钩的一般性转移支付制度。针对多数产粮大县财政入不敷出、在发展粮食产业中财税收入损失大的实际情况，将粮食总产量及分解任务完成情况与一般性转移支付挂钩，并加大产粮大县一般性转移支付的力度，从根本上改善产粮大县的财政状况，从源头上提高产粮大县的积极性。

（2）优化农田水利等与粮食生产密切相关基础设施建设的立项和资金配套制度。目前许多农业项目均采用竞争立项的方式，竞争立项"鞭打快牛"有利于提高效率，但多数产粮大县由于基础差、资金配套能力弱，常常在竞争中处于劣势，而且改变条件较差地区的基础设施具有更大的边际生产率，因此在农田水利等基础设施建设上应更多地考虑公平，有规划、有计划地循序推进，并将后续项目申请立项与已立项项目的完成考核情况挂钩。同时，逐步降低与粮食产业密切相关的农田水利和粮食晾晒设施及粮仓粮库等建设及维护项目的县级配套比例甚至取消产粮大县地方财政粮食风险基金配套等配套要求，从而加快产粮大县基础设施的改善，提高粮食生产、储存能力。

（3）优化产粮大县奖励资金分配机制。在加大奖励资金总额的基础上，将粮食播种面积、粮食产量以及商品量绝对值及增幅均考虑在奖励资金分配影响因素之中，以更好地调动产粮大县抓好粮食生产的积极性。

（4）优化税收政策。加大农产品加工业尤其是粮食加工业的扶持力度，改变农产品深加工企业增值税"高征低扣"现象，支持粮食主产区发展粮食深加工形成完善的产业链，并逐步减少其税收上缴比重，增强粮食主产县的自我发展能力和粮食产业发展积极性。

9.4.2 构建均衡发展机制稳定粮食发展积极性

粮食主产区是保障国家粮食安全的主力，但由于粮食比较效益低，无论是种粮主体还是粮食主产区地方政府在发展粮食的过程中均存在利益受损。因此，要充分考虑产粮大县政府和粮食生产主体的利益受损情况并给予适当补偿，同时调动粮食生产重点县政府和种粮主体两者的积极性。

（1）建立区域之间利益补偿机制。从我国目前的情况来看，粮食主产区的地方财力较弱，而粮食主销区的地方财力则较强，为了避免陷入种粮越多农民收入水平越低、政府财力越弱的恶性循环，需要建立起产销区之间的利益补偿机制。首先是建立产销区利益补偿机制。在上级政府的组织下依据粮食缺口指标，根据粮食主要产销关系建立粮食产销区对口帮扶的利益补偿机制，扭转"穷县补贴富县"的局面，形成优势分工、协调发展的格局。其次是量化补偿。将粮食富余供给量或者是粮食需求缺口提供量作为利益补偿的基准，形成多供粮多得补偿的良性循环机制，促进粮食主销区将少生产粮食获得的其他发展机会的增值收益合理地让渡给粮食主产区以弥补多生产粮食的机会成本。最后是拓展补偿途径。区域之间的补偿不仅是经济的补偿，也可以是基础设施建设、公共服务配套、优质品种、技术支援甚至是管理方法、经营模式输出和新型经营主体培训等，尽可能实现产粮大县之"所短"与销粮大县之"所长"的有效衔接，促进区域之间、区域内部协调发展，从而增强粮食主产区及种粮主体的粮食生产积极性。

（2）因地制宜完善利益联结机制。由于平原、丘陵、山区的生产条件、耕作成本等具有很大差异，因此，不能搞"一刀切"推行某种模式，必须根据生产条件和社会化组织发展程度，因地制宜地采用生产合作、股份合作、代耕、托管、订单等模式，促进粮食生产与产前和产后环节紧密衔接，形成完善的适度规模经营的利益链接机制。

9.4.3 以新型业态植入为方向提高粮食生产经营综合效益

提高粮食生产的绝对效益和比较效益是增强种粮主体积极性的重要动力，但是就粮食生产本身而言，其效益低的现实在国内粮食生产成本不断提高、国内外粮价倒挂的情况下难以改变。因此，只能跳出粮食问题来提高粮食生产的综合效益，重点是推进粮食产业"接二连三"，从而以粮食产业综合效益提升来稳定种粮主体的粮食生产积极性。

（1）在多元化的食品观下，针对种养业结合不紧、循环不畅，地力下降与养殖业粪污未能有效利用并存的问题，大力推动粮经轮作、种养结合发展模式，既促进资源的循环利用，又丰富产品供给和提高可持续发展能力，从而实现融合发展，增强粮食生产主体的综合效益。

（2）支持粮食企业兼并重组，通过横向一体化和纵向一体化组建大型企业集团，提高粮食生产、加工、流通和经营性服务的综合水平，并采用对外投资、共建基地、开展订单以及联合经营等多种形式提高全产业链经营水平。

（3）在农业多功能开发上做文章，促进单一粮食生产功能向经济、生态、旅游和文化等复合功能转变，在粮食生产过程中利用集中连片的粮食作物强化农田景观和农耕文化的创意设计，因地制宜发展彩色水稻观光、玉米迷宫、秸秆画、农事体验等休闲农业、观光农业和体验农业。

附录

附录1：种粮主体行为调查情况

一、调查区域概况

（一）调查区域选择

"没有调查，就没有发言权。"调查更是研究的前提和基础。虽然全面调查获得的资料全面、可靠，但花费的时间较长，而且人力、物力、财力花费较多，因此，在范围较广的时候采用全面调查的非常少，就全国而言，只有经济普查、人口普查等极少的普查方式，而且分别是5年一次和10年一次。在实践中，多数时候根据研究的目的，没有必要也不可能采用全面调查的方式，主要通过抽样调查的方式获取研究的资料。而抽样调查，最为重要的就是要保证样本的代表性，依据具有代表性的样本调查结果来推断总体才能保证样本与总体的一致性。为了增强调查的代表性，本书在调查区域选择中考虑了四大因素：一是粮食生产情况。为了兼顾产粮大县和非产粮大县的情况，并对两者之间的差异进行分析，选择的调查区域中有全国产粮大县德阳广汉市、自贡荣县和全省产粮大县广元苍溪县，非产粮大县成都新津县、宜宾筠连县。二是地形地貌。由于四川地形地貌复杂，平原、丘陵、山区兼而有之，而不同区域在粮食生产上具有明显的差异，因此，选择的调查区域中有平原地区的新津县、广汉市，丘陵地区的荣县，山区的苍溪县和筠连县。三是地理位置。既有成都及成都周边地区的代表，包括新津县和广汉市，也有川南地区的荣县、筠连县和川北地区的苍溪县，相对而言，新津县和广汉市区位条件好，荣县次之，苍溪县和筠连县相对偏远。四是经济发展水平。由于不同经济发展水平耕地流转成本、非农化和非粮化程度以及农村劳动力转移情况和地方政府对粮食生产的支持力度等存在明显的差异，选择的调查区域中有经济发达的新津县、广汉市，也有国家级贫困县苍溪、省级贫困县筠连县。

根据四川省统计局 2015 年 8 月《关于发布 2014 年四川省县级经济综合评价结果的通报》显示（见附表 1），选择的调查区域在所属类区配位均居于中间位置，这也反映出选择区域在类区中具有较强的代表性。

附表 1　　　　　　　2014 年四川省县级经济综合评价排位

	新津县	广汉市	荣县	筠连县	苍溪县
综合排位	10	15	64	86	121
所属类区	平原区	平原区	丘陵区	山区	山区
类区县市区数	22		69	33	
类区位次	10	15	33	12	23

（二）调查区域发展基本情况

为了充分了解调查地区的情况，也便于对文中典型案例的理解，特对调查区域粮食生产情况、土地资源情况及主要经济社会发展情况等作简要介绍（主要数据见附表 2）。

附表 2　　　　　　主要调查区域 2013 年基本情况

	单位	新津县	广汉市	荣县	苍溪县	筠连县
地区生产总值	亿元	1886805	2749759	1600437	931933	951413
总人口	万人	31.0	60.7	69.4	79.0	43.3
农业人口	万人	20.1	36.8	49.5	66.2	37.5
耕地面积	公顷	12045	28163	39824	37043	22340
有效灌溉面积	公顷	13490	25500	33560	23370	11930
农业机械总动力	万千瓦	17.1	24.7	40.4	73.4	13.9
化肥施用量（折纯）	吨	6320	25784	23452	24298	4260

资料来源：根据《四川统计年鉴 2014》整理。

　　成都新津县：位于四川盆地西部，成都市南部，面积330平方公里，2013年实现GDP188.68亿元，拥有耕地12045公顷，粮食播种面积15557公顷，粮食产量达到10.5万吨，总人口31万人，其中农业人口20.1万人。新津是"农业小县"，但拥有中粮（成都）粮油工业有限公司、成都市花中花农业发展有限责任公司等粮油加工企业，县内粮食加工企业每年转化粮食87.4万吨，粮油加工贸易企业年周转贸易规模为150万吨，是名副其实的"粮油加工转化大县"，粮油产业产值与农业产值比高达12.6∶1，是全国平均水平的7倍。

　　德阳广汉市：位于成都平原腹心，面积538平方公里，2013年实现GDP 274.98亿元，拥有耕地28163公顷。广汉是全国产粮大县，拥有四川盆地区现代粮食生产示范基地，2014年粮食播种面积达70.5万亩，粮食产量达到31.1万吨。2013年末全市总人口60.7万人，其中农业人口36.8万人，县域内平原面积占92.3%，浅丘占7.7%，境内地势平坦，气候温和，河流纵横，土地肥沃，6条主要河流的常年平均流量为34.29亿立方米，地下水总储量约15.62亿立方米，水质较好且易于开采利用。

　　自贡荣县：是川南地区典型的丘陵县，面积1609平方公里，地处长江上游沱江、岷江水系的低山丘陵地带，属中亚热带湿润气候区，是全国商品粮基地县、瘦肉型猪基地县、优质柑桔基地县。2013年，荣县实现GDP160.04亿元，耕地面积为39824公顷，粮食作物播种面积72011公顷，粮食总产量40.7万吨，是全国商品粮基地县，全国产粮大县。2013年末荣县总人口69.4万人，其中农业人口49.5万人。

　　广元苍溪县：位于四川盆地北部，秦巴山脉南麓、嘉陵江中游、广元市南端，面积2330平方公里，国家现代农业示范县，中国雪梨之乡，中国红心猕猴桃之乡，属于国家扶贫工作重点县、秦巴山区域连片扶贫开发工作县。国家连片扶贫开发重点县。2013

年实现 GDP 93.2 亿元，拥有耕地 37043 公顷，粮食播种面积 61233 公顷，粮食产量达到 35.8 万吨，是四川省产粮大县。2013 年末总人口为 79 万人，其中农业人口 66.2 万人。

宜宾筠连县：位于四川盆地南缘，云贵高原北麓川滇结合部，筠连素有"川南煤海""中国苦丁茶之乡"之称号，全县面积 1256 平方公里，2013 年全县实现 GDP 95.14 亿元，拥有耕地 22340 公顷，但中低产耕地占比高达 67%，全县 30 亩以上种粮大户只有 13 户，全面粮食产量为 15.27 万吨。2013 末，总人口 43.3 万，其中农业人口 37.5 万人。

二、问卷设计调查

（一）问卷设计方法

在借鉴已有文献基础上，结合长期在农村调研对相关情况的了解，结合研究目的和框架，充分考虑农村语言习惯、常用表述方式以及回答的简便性形成预调查问卷。通过预调查，对问卷的部分问题、个别用语以及所给选项等进行了修改完善，并对问卷进行合理排版，提高受调查对象的理解程度和回答方便性。鉴于普通农户、种粮大户和合作社之间存在的差异，对三类调查主体分别设计问卷，既体现问题的一致性，以便进行对比分析，又体现主体的差异性，减少不相干问题。

（二）问卷调查方法

问卷调查采用集中调查和分散调查两种方式进行。对于选定调研区域的种粮大户和合作社，鉴于其一般具有较强的理解能力，主要采用集中调查的方式提高调查效率。为了增强样本的代表性，对于普通农户以及选定调研区域以外的种粮大户和合作社则以分散的方式，在基层调研中随机进行一对一的问卷调查。同时，还借助学生假期回家机会对父母、邻居及亲戚朋友等进行一对一的问卷调查。

（三）问卷回收情况

通过集中调查和分散调查，共计发放问卷 270 份，回收问卷 262 份，对其中部分前后存在矛盾的问卷进行剔除后，获得有效问卷 245 份，问卷有效率为 93.5%。有效问卷中，成都新津县、德阳广汉市、自贡市荣县、广元苍溪县和宜宾筠连县 5 个选定问卷调查县（市）有 128 份，在有效问卷总数占 52.2%。

三、样本统计特征

对样本进行统计汇总，基本情况如下：从总体来看，样本共计覆盖四川 75 个县级地区，占四川省 183 个县级行政区域的 41%，若考虑到成都市青羊区、武侯区、金牛区、成华区、锦江区，攀枝花市的东区、西区和自贡市自流井区等 8 个非农比重在 70% 以上的县级单位粮食生产极少，也未纳如四川省县级经济综合评价范围，那么在四川省非农比重 70% 以下的县域覆盖面则为 43%。而且，样本覆盖 49 个粮食生产重点县，占 90 个粮食生产重点县的比例为 54%，因此，问卷调查具有较强的代表性。从分类来看，一是以粮食生产重要性分类，全省粮食生产重点县共有样本 163 份，占样本总数的 66.5%，比粮食生产重点县占全省县级地区的比重高 17.3 个百分点，充分体现了粮食生产重点县在全省粮食生产中的重要性；二是从地形类型来看，平原地区共有样本 44 份，占样本总数的 18.0%，丘陵地区共有样本 95 份，占样本总数的 38.8%，山区共有样本 101 份，占样本总数的 41.2%，还有少数民族地区县调查样本 5 份，占样本总数的 2.0%；三是从主体类型看，共有普通农户样本 149 份，占样本总数的 60.8%，共有种粮大户样本 63 份，占样本总数的 25.7%，共有粮食生产经营合作社样本 33 份，占样本总数的 13.5%。

对样本作进一步分析，可以发现，样本具有以下特征：

（1）受访对象呈现"老龄化"特征。问卷中将受访对象分为

30 岁以下、30 岁至 45 岁、46 岁至 60 岁、60 岁以上四个阶段，统计发现，受访对象中 60 岁以上的占 34.8%，如果加上 46 岁至 60 岁的，合计占比达到 71.3%。而 35 岁以下的仅占 2.5%，30 岁至 45 岁的占比为 26.2%。这表明，受访对象呈现出明显的老龄化特征，这也从侧面反映出农村劳动力大量转移之后造成的农村"老龄化"和劳动力结构性短缺矛盾，这也是导致粮食生产日益粗放化和经验依赖的重要原因。

（2）受访对象呈现"低质化"特征。问卷中将受访对象分为小学及其以下、初中、高中、大专及其以上四个层次，统计发现，受访对象中小学及其以下的占 34.0%，如果加上初中学历的，合计占比达到 76.2%。而大专及以上的仅占 6.2%，高中学历为 17.6%。这表明，受访对象呈现出明显的低质化特征，这既有"老龄化"因素的影响，也有高素质劳动力非农转移比重高的影响，这也是农村劳动力整体呈现"低质化"的缩影。实质上，农村资源流出不仅有劳动力的流出，更重要的是高素质的劳动力净流出，导致粮食生产新技术的接受意愿低，新技术和新模式推广难度大，难以适应现代粮食产业发展的需要。

（3）受访对象呈现"多元化"趋势。近年来，种粮大户、合作社等快速发展，截至 2015 年年底，四川共有从事粮食产业的家庭农场 4051 个，比 2013 年的 1500 个增加 2515 个，增长 170.1%，在家庭农场总数中占 17.4%；从事粮食产业的合作社有 3864 个，比 2013 年的 2050 个增加 1814 个，增长 88.5% 占全省合作社总数的 6.6%。更为重要的是，通过问卷分析，新型农业经营主体的来源呈现出"多元化"趋势，虽然目前从事粮食产业的仍然以长期从事农业的农民为主，但个体工商户、农技员、企业职工和党政及科研教育从业人员等也开始加入到粮食产业发展中，新型农业经营主体样本中占比达到 17.2%。

附录2：普通农户粮食生产经营调查问卷

问卷编号

您好，本调查问卷旨在了解种粮主体粮食生产经营行为，主要包括土地利用行为、粮食生产行为、技术选择行为、粮食储藏行为和粮食销售行为五个方面，调查数据按照匿名性和保密性原则供学术研究使用，不会对被调查者产生不利影响，在"＿＿＿"上填写或者在适当的选项后"（　　　）"内打"√"反映您的真实情况和真实想法即可，真诚地感谢您的合作！

一、农户及家庭基本情况

1. 您家位于＿＿＿＿省（直辖市、自治区）＿＿＿＿县（市区）＿＿＿＿乡（镇）＿＿＿＿村（社区）

2. 您的性别是：男（　　　）女（　　　）

3. 您的年龄为：

30 岁以下（　　　）　　　　　30 ~ 45 岁（　　　）

46 ~ 60 岁（　　　）　　　　　60 岁及以上（　　　）

4. 您的文化水平是：

小学及其以下（　　　）　　　　初中（　　　）

高中（　　　）　　　　　　　　大专及以上（　　　）

5. 您家共有＿＿＿＿人，其中劳动力＿＿＿＿人，有＿＿＿＿人从事农业生产，有＿＿＿＿人常年在外打工

6. 您是否有外出务工经历：有（　　　）无（　　　）

7. 您家在城镇购买住房情况：未在城镇购买住房（　　　）在

乡镇上有住房（　　　）在县城有住房（　　　）在其他城市有住房
（　　　）

二、耕地利用情况

1. 家庭共有承包地_____亩，其中田_____亩、土
_____亩。目前在耕作的土地有_____亩，季节性抛荒有
_____亩，常年抛荒有_____亩

2. 您家的土地目前是否流转出去：

①是（　　　），共流转出_____亩，其中田_____亩，年
收入_____元/亩；土_____亩，年收入_____元/亩。流转
形式为：邻里交换、代种（　　　）直接出租（　　　）成立土地合
作社（　　　）入股其他农业经营主体（　　　）其他（　　　）
_____；将土地流转出去最主要的原因是：缺乏劳动力（　　　）
种地效益低（　　　）流转土地收益高（　　　）有利于进城务工
（　　　）其他（　　　）_____；土地流转前主要用途是：种植粮
食作物（　　　）种植经济作物（　　　）发展养殖业（　　　）其他
（　　　）_____；土地流转后主要用途是：种植粮食作物（　　　）
种植经济作物（　　　）发展养殖业（　　　）其他（　　　）_____

②否（　　　），目前土地的主要用途是：种植粮食作物（　　　）
种植经济作物（　　　）发展养殖业（　　　）其他（　　　）
_____；土地未流转出去最主要的原因是：自己能够耕作（　　　）
没有外出务工的能力（　　　）不愿意离开家乡（　　　）种地收益可观
（　　　）土地无人来流转或价格低而不愿意流转（　　　）担心流转后
失去生活保障（　　　）其他（　　　）_____（最多可选3项）

3. 您是否有流转而来的耕地：①否（　　　）；②是（　　　），
共流转入_____亩，其中田_____亩，年费用为_____元/
亩；土_____亩，年费用为_____元/亩。流转形式为：邻里
交换、代种（　　　）直接出租（　　　）其他（　　　）_____流

入土地最主要的原因是：种地效益高（　　）无流转费用（　　）流转费用低（　　）流入土地耕作条件好（　　）其他（　　）_____；土地流入后主要用途是：种植粮食作物（　　）种植经济作物（　　）发展养殖业（　　）其他（　　）_____

4. 您打算未来几年的土地经营规模：保持现有规模不变（　　）扩大经营规模（　　）压缩经营规模（　　）

5. 土地是否已经确权颁证：

①是（　　）确权颁证后，您流转土地的意愿：增强（　　）不变（　　）减弱（　　）

②否（　　）确权颁证将让您流转土地的意愿：增强（　　）不变（　　）减弱（　　）

6. 您对耕地的利用态度：想方设法多生产（　　）顺其自然（　　）保护性利用（　　）

7. 您认为近年来耕地质量：变好很多（　　）变好一些（　　）不变（　　）变差一些（　　）变差很多（　　）

8. 您认为近年来道路、水利等耕作条件：变好很多（　　）变好（　　）不变（　　）变差很多（　　）变差（　　）

三、农户粮食种植行为

1. 您家粮食种植面积和种植情况

	水稻	小麦	玉米	豆类	薯类	其他
面积（亩）						
亩平产量（斤）						
亩平产值（元）						
亩平成本（元）						
其中：劳动力成本（元）						
生产资料成本（元）						

2. 您家近年粮食播种面积是否有变化:

①增加（　　）。增加了哪些品种的播种面积:水稻（　　）小麦（　　）玉米（　　）豆类（　　）薯类（　　）其他（　　）_____。增加播种面积的原因是:获取口粮（　　）获得耕地容易（　　）粮食市场价格上涨,种粮收益增加（　　）国家保底收购价格提高,种粮风险降低（　　）当地灌溉等农业基础设施较完备（　　）其他（　　）_____（最多可选3项）。

②不变（　　）。

③减少（　　）。减少播种面积的品种:水稻（　　）小麦（　　）玉米（　　）豆类（　　）薯类（　　）其他（　　）_____。减少播种面积的原因是:获得耕地难（　　）缺少劳动力、资金等生产要素（　　）粮食价格低、获利水平低（　　）农资涨价、种植成本上升（　　）土地价格上涨（　　）从事其他行业收益更高（　　）其他（　　）_____（最多可选3项）

3. 您家务农收入占家庭总收入_____%,种粮收入占务农收入_____%

4. 粮食生产方式:更加粗放（　　）没有变化（　　）更加精细（　　）机械化程度提高（　　）

5. 您从事粮食生产的主要目的:满足口粮和饲养牲畜等需要（　　）追求收入和利润（　　）

6. 您家目前在生产经营中最需要的是什么:资金（　　）耕地（　　）新技术（　　）信息（　　）销售渠道（　　）其他_____（最多可选3项）

7. 粮食直补、粮种补贴对您扩大种粮面积、增加粮食产量积极性的影响:

非常大（　　）较大（　　）有一点作用（　　）没有作用（　　）完全没有作用（　　）

8. 您认为政府应该采取哪种措施调动农民的种粮积极性:提高

粮食价格（　　）提高种粮补贴标准（　　）加强对农资市场管理，降低粮食生产成本（　　）完善社会化服务体系，解决农民后顾之忧（　　）组建中介组织，提供多种服务（　　）制定相应法规，保障农民土地流转收益（　　）其他（　　）＿＿＿＿（最多可选3项）

四、农户种粮技术行为

1. 您是否愿意参加粮食生产经营技术培训或辅导：愿意（　　）不愿意（　　）

2. 您是否接受过新技术培训或辅导：

①是（　　）。您获得新技术的渠道是：自己摸索，凭经验（　　）跟着其他农户干（　　）合作的农业龙头企业、协会（　　）媒体宣传（　　）政府农技推广站的农技人员（　　）其他（　　）＿＿＿＿（最多可选3项）②否（　　）

3. 您是否愿意采用新技术：

①愿意（　　）。您对新技术采用的态度是：有新技术，马上采用（　　）看看效果，稍后采用（　　）其他人都采用了，我再采用（　　）

②不愿意（　　）。原因：新技术对提高种粮收益无效（　　）不懂有哪些新技术（　　）新技术投入成本高、风险大（　　）其他（　　）

4. 您采用新技术的主要目的是：提高产量（　　）减少劳动力投入（　　）为长期从事种植业做准备（　　）提高农产品品质（　　）响应地方政府的号召（　　）其他＿＿＿＿（最多可选3项）

5. 影响您采用新技术的制约因素为：家庭经济基础（　　）技术投入成本（　　）技术投入风险（　　）对技术了解、掌握程度（　　）其他＿＿＿＿（最多可选3项）

6. 您最需要的粮食生产技术包括哪些：松土、翻地等耕作技术

（　　）病虫害防治等生物化学技术（　　）灌溉、排水等技术（　　）种子、新品种培育、种植技术（　　）先进机械技术（　　）收割技术（　　）其他_____（最多可选 3 项）

7. 您是否参加了专业合作社等协会组织：是（　　）否（　　）

8. 您主要哪些途径购买种子：种子公司（　　）村委会（　　）乡镇集市（　　）专业合作社等协会（　　）大学或科研单位（　　）乡镇农技站（　　）其他（　　）_____（最多可选 3 项）

9. 您认为种植新品种，最大的担忧和风险来自：不懂新品种的种植技术（　　）市场价格难以预测（　　）新品种的产量难以保证（　　）销售渠道不畅（　　）自然环境不适应（　　）其他（　　）_____（最多可选 3 项）

五、农户粮食销售、储存行为

1. 您家生产粮食的用途：自家使用_____%，其中食用占_____%，牲畜占_____%；出售_____%，若出售粮食，您采取的方式：一次性售粮（　　）储粮，分批售粮（　　），年均销售_____次

2. 您家年购买粮食量为_____斤，购买主要品种为：_____

3. 您储粮的主要目的是：留作口粮（　　）粮食安全考虑（　　）作为家禽、牲畜的饲料（　　）等待价格上涨，获得更多收益（　　）收购现价太低，储粮观望（　　）其他（　　）_____（最多可选 3 项）

4. 粮食储存量占总量的比例为：0～10%（　　）10%～30%（　　）30%～50%（　　）50%～80%（　　）80%以上（　　），近年来储粮的比例变化情况：大幅度提高（　　）小幅度提高（　　）不变（　　）小幅度降低（　　）大幅度降低

（　　　）

5. 您储粮的主要有方式是：粮仓（　　　）木柜（　　　）瓦罐（　　　）其他（　　　）_____

6. 您储粮过程中损失量大约占储存总量的比例_____%

7. 您是否需要储粮新技术：是（　　　）否（　　　）

8. 您家粮食主要是通过哪些渠道销售：销售给粮食"经纪人"（　　　），送到当地的粮库（　　　）粮食专业合作组织（　　　）参与订单农业（公司＋农户的模式）（　　　）粮食收购商贩（　　　）直接卖给消费者（　　　）其他途径（　　　）_____（最多可选3项）。近年来销售粮食的渠道是否有变化：①无（　　　）；②有（　　　），以前的主要销售渠道是_____

9. 您在选择售粮渠道时主要考虑的影响因素是：

销售价格（　　　）销售的运输等成本（　　　）保持长期的粮食销路（　　　）降低销售风险（　　　）储存损失（　　　）其他因素（　　　）_____（最多可选3项）

10. 您是通过哪些渠道获得售粮行情：看当地市场行情（　　　）听周围身边人的宣传（　　　）粮食商贩的报价（　　　）经纪人或协会（　　　）政府部门发布的信息（　　　）网络等新闻媒体（　　　）在外地亲戚朋友帮忙打听的（　　　）其他（　　　）_____（最多可选3项）

附录3：种粮大户粮食生产经营调查问卷

问卷编号

　　您好，本调查问卷旨在了解种粮主体粮食生产经营行为，主要包括土地利用行为、粮食生产行为、技术选择行为、粮食储藏行为和粮食销售行为五个方面，调查数据按照匿名性和保密性原则供学术研究使用，不会对被调查者产生不利影响，在"＿＿＿＿＿"上填写或者在适当的选项后"（　　　）"内打"√"反映您的真实情况和真实想法即可，真诚地感谢您的合作！

一、种粮大户基本情况

　　1. 您家位于＿＿＿＿＿县（市区）＿＿＿＿＿乡（镇）＿＿＿＿＿村（社区）

　　2. 您的性别是：男（　　　）女（　　　）

　　3. 您的年龄为：

　　30岁以下（　　）30～45岁（　　）45～60岁（　　）60岁及以上（　　）

　　4. 您的文化水平是：

　　小学及其以下（　　）初中（　　）高中（　　）大专及以上（　　）

　　5. 您的户籍所在地：本村镇农业户（　　）本乡镇城镇户（　　）本县农业户（　　）本县城镇户（　　）非本县农业户（　　）非本县城镇户（　　）

　　6. 种粮之前，您的就业类型：

一直务农（　　）外出打工（　　）个体工商户（　　）村组干部（　　）农技员（　　）企业职工（　　）党政及教科文从业人员（　　）其他（　　）_____

二、种粮大户耕地利用情况

1. 您现有土地的情况是：自有承包地_____亩，流转_____亩，其中田_____亩，流转价格_____元/亩，土_____亩，流转价格_____元/亩。流转形式为：邻里交换、代种（　　）直接租入（　　）入股（　　）村集体或小组返租倒包（　　）其他（　　）

2. 流入土地最主要的原因是：种地效益高（　　）无流转费用（　　）流转费用低（　　）流入土地耕作条件好（　　）其他（　　）_____；土地流入后主要用途是：种植粮食作物（　　）种植经济作物（　　）发展养殖业（　　）其他（　　）_____

3. 近三年的土地经营规模：大幅度增加（　　）小幅度增加（　　）不变（　　）小幅度下降（　　）大幅度下降（　　）

4. 未来几年土地经营规模：
保持现有规模不变（　　）扩大经营规模（　　）压缩经营规模（　　）

5. 您对耕地的利用态度：想方设法多生产（　　）顺其自然（　　）保护性利用（　　）

6. 您认为近年来耕地质量有何变化：变好很多（　　）变好（　　）不变（　　）变差很多（　　）变差（　　）

7. 您认为近年来道路、水利等耕地条件：变好很多（　　）变好（　　）不变（　　）变差很多（　　）变差（　　）

三、种粮大户粮食种植行为

1. 您家粮食种植面积和种植情况

	水稻	小麦	玉米	豆类	薯类	其他
面积（亩）						
亩平产量（斤）						
亩平产值（元）						
亩平成本（元）						
其中：劳动力成本（元）						
生产资料成本（元）						

2. 您近年粮食播种面积是否有增加：

①增加（   ）。增加播种面积的品种：水稻（   ）小麦（   ）玉米（   ）豆类（   ）薯类（   ）其他（   ）_____。主要原因是：获得耕地容易（   ）粮食市场价格上涨、种粮收益增加（   ）国家保底收购价格提高，种粮风险降低（   ）当地灌溉等农业基础设施较完备（   ）其他（   ）_____（最多可选3项）

②不变（   ）。

③减少（   ）。减少播种面积的品种：水稻（   ）小麦（   ）玉米（   ）豆类（   ）薯类（   ）其他_____。主要原因是：获得耕地很难（   ）缺少劳动力、资金等生产要素（   ）粮食价格低、获利水平低（   ）农资涨价、种植成本上升（   ）土地价格上涨（   ）从事其他行业收益更高（   ）其他_____（最多可选3项）

3. 近年来粮食生产方式：

更加粗放（   ）没有变化（   ）更加精细（   ）机械化程度提高（   ）

4. 您目前在生产经营中最需要什么：资金（   ）耕地（   ）新技术（   ）信息（   ）销售渠道（   ）劳动力（   ）晾晒、烘干设施（   ）仓储设施（   ）其他_____（最多可选3项）

5. 您在粮食生产经营过程中是否享受过政策支持：

①没有（　　　）；②享受过（　　　），主要包括：基础设施建设及维护（　　）土地流转费用补贴（　　）粮种补贴（　　）农机购置补贴（　　）销售渠道搭建（　　）产品收购价格支持（　　）税收优惠（　　）保险补贴（　　）其他（　　）_____（最多可选3项）

6. 您最希望得到的支持政策是：基础设施建设及维护支持（　　）土地流转费用补贴（　　）粮种补贴（　　）农具购置补贴（　　）销售渠道拓展支持（　　）产品收购价格支持（　　）技术培训支持（　　）税收优惠（　　）融资政策支持（　　）保险补贴（　　）其他（　　）_____（最多可选3项）

7. 您对政府种植粮食支持力度：非常满意（　　）较满意（　　）满意（　　）不满意（　　）非常不满意（　　）

8. 您在经营过程中是否享受过社会化服务：

①无（　　）；②有（　　），主要包括：种植培训（　　）种子等生产原料供应（　　）劳动力供应（　　）农机具配套服务（　　）销售服务（　　）品牌建设（　　）其他（　　）_____（最多可选3项）

9. 您目前获取社会化服务是否有困难：①无（　　）；②有（　　），主要有哪些困难：技术（　　）信息（　　）销售（　　）劳动力（　　）品牌（　　）金融（　　）其他（　　）_____（最多可选3项）

10. 您最希望得到的社会化服务是：种植培训（　　）种子等生产资料供应（　　）劳动力供应（　　）农机具配套服务（　　）销售平台供应（　　）品牌建设供应（　　）其他（　　）_____（最多可选3项）

11. 您在种植粮食过程中是否存在借贷行为：

①无（　　）；②有（　　）。借贷渠道：亲戚朋友（　　）

金融机构（　　）信贷公司（　　）民间借贷（　　）其他
（　　）

12. 近年来，您的借贷金额变化趋势：大幅增加（　　）增加
（　　）基本不变（　　）降低（　　）大幅降低（　　）

13. 近年来，您觉得借款的成本如何：升高（　　）保持不变
（　　）降低（　　）

14. 近年来，您觉得借款难度变化：大幅度增加（　　）增加
（　　）基本不变（　　）降低（　　）大幅度降低（　　）

15. 您家有_____人参与了粮食种植过程。您在种植过程中
有无雇人：无（　　），有（　　）。平均雇佣_____人/天，成
本_____元/人/天，年共支付雇工费用_____元

16. 您家雇佣的人员大都来自：本村（　　）周边临近村镇
（　　）城镇郊区（　　）城镇（　　）

17. 您在雇佣劳动力时考虑最多的因素主要是：自己拥有的机
械和人手是否能忙过来（　　）成本高低（　　）农忙时节雇人
的难易（　　）有些活一般人会不会干（　　）其他因素（　　）
_____（最多可选3项）

四、种粮大户种粮技术行为

1. 您是否愿意参加粮食生产经营技术培训或辅导：愿意
（　　）不愿意（　　）

2. 您是否接受过新技术培训或辅导：
①否（　　）；②是（　　），您获得新技术的渠道是：自己摸
索，凭经验（　　）跟着其他农户干（　　）合作的农业龙头企
业、协会（　　）媒体宣传（　　）政府农技推广站的农技人员
（　　）其他_____（最多可选3项）

3. 您是否愿意采用新技术：
①愿意（　　）。您对新技术采用的态度是：有新技术，马上

采用（　　）看看效果，稍后采用（　　）其他人都采用了，我再采用（　　）

②不愿意（　　）。主要原因是：新技术对提高种粮收益无效（　　）不懂有哪些新技术（　　）新技术投入成本高、风险大（　　）其他（　　）

4. 您采用新技术的主要目的是：提高产量（　　）减少劳动力投入（　　）为长期从事种植业做准备（　　）提高农产品品质（　　）响应地方政府的号召（　　）其他＿＿＿＿（最多可选3项）

5. 影响您采用新技术的制约因素为：经济基础（　　）技术投入成本（　　）技术投入风险（　　）对技术了解、掌握程度（　　）其他＿＿＿＿（最多可选3项）

6. 您最需要的粮食生产技术：松土、翻地等耕作技术（　　）；病虫害防治等生物化学技术（　　）灌溉、排水等技术（　　）种子、新品种培育、种植技术（　　）先进机械技术（　　）收割技术（　　）其他＿＿＿＿（最多可选3项）

7. 您是否参加了专业合作社等协会组织：①是（　　）②否（　　）

8. 您主要通过哪些途径购买种子：种子公司（　　）村委会（　　）乡镇集市（　　）专业合作社等协会（　　）大学或科研单位（　　）乡镇农技站（　　）其他（　　）（最多可选3项）

9. 您认为种植新品种，最大的担忧和风险来自：不懂新品种的种植技术（　　）市场价格难以预测（　　）新品种的产量难以保证（　　）销售渠道不畅（　　）自然环境不适应（　　）其他＿＿＿＿（最多可选3项）

五、农户粮食销售、储存行为

1. 您售粮的方式：一次性售粮（　　）储粮，分批售粮（　　），年均销售＿＿＿＿次

2. 您储粮的目的：粮食安全考虑（　　）等待价格上涨，获得更多收益（　　）收购现价太低，储粮观望（　　）其他_____（可多选）

3. 粮食储存量占总量的比例：0~10%（　　）10%~30%（　　）30%~50%（　　）50%~80%（　　）80%以上（　　），近年来储粮的比例变化情况：大幅度提高（　　）小幅度提高（　　）不变（　　）小幅度降低（　　）大幅度降低

4. 您储粮的方式主要有：自有储藏设施（　　）租赁储藏设施（　　）

5. 您储粮过程中损失量大约占储存总量的比例_____%

6. 您是否需要新的储粮的技术：是（　　）否（　　）

7. 您目前销售粮食的主要渠道：销售给粮食"经纪人"（　　），送到当地的粮库（　　）粮食专业合作组织（　　）参与订单农业（公司+农户的模式）（　　）粮食收购商贩（　　）超市直销（　　）消费者订购（　　）自建营销店（　　）网络平台销售（　　）其他（　　）_____（最多可选3项）近年来销售粮食的渠道是否有变化：①无（　　）；②有（　　），以往主要销售渠道是_____

8. 您在选择售粮渠道时主要考虑的影响因素是：

销售价格（　　）销售的运输等成本（　　）保持长期的粮食销路（　　）降低销售风险（　　）劳动力不足（　　）其他因素（　　）_____（最多可选3项）

9. 您获得售粮行情的渠道：看当地市场行情（　　）听周围身边人的宣传（　　）粮食商贩的报价（　　）经纪人或协会（　　）政府部门发布的信息（　　）网络等新闻媒体（　　）在外地亲戚朋友帮忙打听的（　　）其他（　　）_____（最多可选3项）

附录4：农民专业合作社粮食
生产经营调查问卷

问卷编号

您好，本调查问卷旨在了解种粮主体粮食生产经营行为，主要包括土地利用行为、粮食生产行为、技术选择行为、粮食储藏行为和粮食销售行为五个方面，调查数据按照匿名性和保密性原则供学术研究使用，不会对被调查者产生不利影响，在"_____"上填写或者在适当的选项后"（　　）"内打"√"反映合作社的真实情况和真实想法即可，真诚地感谢合作社的合作！

一、被调查人及合作社基本情况

1. 合作社位于_____县（市区）_____乡（镇）_____村（社区）

2. 本合作社的类型：生产合作型（　　）流通合作社（　　）土地合作社（　　）服务合作社（　　）其他（　　）_____
_____

3. 合作社登记注册情况：

工商注册（　　）主管部门登记备案（　　）未经工商注册（　　）

4. 本合作社成立于_____年，合作社规模为_____亩

5. 您在合作社的身份是：社长（　　）主要管理员（　　）普通成员（　　）生产大户、龙头企业（　　）村干部（　　）其他（　　）_____

6. 您的性别是：男（　　）女（　　）

7. 您的年龄为：

30 岁以下 （　　　） 30 ~ 45 岁 （　　　） 45 ~ 60 岁 （　　　） 60
岁及以上 （　　　）

8. 您的文化水平是：

小学及其以下 （　　　） 初中 （　　　） 高中 （　　　） 大专及以
上 （　　　）

9. 您在组建合作社前，就业类型：一直务农 （　　　） 外出打
工 （　　　） 个体工商户 （　　　） 村组干部 （　　　） 农技员 （　　　）
企业职工 （　　　） 党政及教科文从业人员 （　　　） 其他 （　　　）
_____

二、合作社耕地情况

1. 合作社现有土地的情况是：拥有耕地_____亩，流转
_____亩，其中田_____亩，流转价格_____元/亩，土
_____亩，流转价格_____元/亩。流转形式为：入股 （　　　）
租赁 （　　　） 其他 （　　　） _____

2. 合作社近三年的土地经营规模：

大幅度增加 （　　　） 小幅度增加 （　　　） 不变 （　　　） 小幅
度下降 （　　　） 大幅度下降 （　　　）

3. 合作社未来几年土地经营规模：

保持现有规模不变 （　　　） 扩大经营规模 （　　　） 压缩经营规
模 （　　　）

4. 对耕地的利用态度：想方设法多生产 （　　　） 顺其自然
（　　　） 保护性利用 （　　　）

5. 合作社认为近年来耕地质量有何变化：

变好很多 （　　　） 变好 （　　　） 不变 （　　　） 变差很多
（　　　） 变差 （　　　）

6. 合作社认为近年来道路、水利等耕地条件：

变好很多（　　）变好（　　）不变（　　）变差很多
（　　）变差（　　）

三、合作社粮食种植行为

1. 合作社粮食种植面积和种植情况：

	水稻	小麦	玉米	豆类	薯类	其他
面积（亩）						
亩平产量（斤）						
亩平产值（元）						
亩平成本（元）						
其中：劳动力成本（元）						
生产资料成本（元）						

2. 合作社近年粮食播种面积是否有增加：

①增加（　　）。增加播种面积的品种：水稻（　　）小麦
（　　）玉米（　　）豆类（　　）薯类（　　）其他（　　）
_____。主要原因是：获得耕地容易（　　）粮食市场价格上
涨，种粮收益增加（　　）国家保底收购价格提高，种粮风险降低
（　　）当地灌溉等农业基础设施较完备（　　）其他（　　）
_____（最多可选 3 项）

②不变（　　）。

③减少（　　）。减少播种面积的品种：水稻（　　）小麦
（　　）玉米（　　）豆类（　　）薯类（　　）其他_____。
主要原因是：获得耕地很难（　　）缺少劳动力、资金等生产要素
（　　）粮食价格低、获利水平低（　　）农资涨价、种植成本太高
（　　）土地价格上涨（　　）其他（　　）_____（最多可选 3 项）

3. 近年来粮食生产方式：

更加粗放（　　）没有变化（　　）更加精细（　　）机械

化程度提高（　　　）

4. 合作社目前在生产经营中最需要什么：资金（　　　）耕地（　　　）新技术（　　　）信息（　　　）销售渠道（　　　）劳动力（　　　）晾晒、烘干设施（　　　）仓储设施（　　　）其他（　　　）_____（最多可选3项）

5. 合作社在经营过程中享受过哪些政策补贴：

①没有（　　　）；②享受过（　　　），主要包括：基础设施建设及维护（　　　）土地流转费用补贴（　　　）粮种补贴（　　　）农机购置补贴（　　　）销售渠道搭建（　　　）产品收购价格支持（　　　）税收优惠（　　　）保险补贴（　　　）其他（　　　）_____（最多可选3项）

6. 合作社最希望得到的政策支持是：基础设施建设及维护支持（　　　）土地流转费用补贴（　　　）粮种补贴（　　　）农具购置补贴（　　　）销售渠道拓展支持（　　　）产品收购价格支持（　　　）技术培训支持（　　　）税收优惠（　　　）融资政策支持（　　　）保险补贴（　　　）其他（　　　）（最多可选3项）

7. 合作社对种植粮食支持力度评价：

非常满意（　　　）较满意（　　　）满意（　　　）不满意（　　　）非常不满意（　　　）

8. 合作社在经营过程中是否享受过社会化服务：

①无（　　　）；②有（　　　），主要包括：种植培训（　　　）种子等生产原料供应（　　　）劳动力供应（　　　）农机具配套服务（　　　）销售服务（　　　）品牌建设（　　　）其他（　　　）_____（最多可选3项）

9. 合作社目前获取社会化服务是否有困难：①无（　　　）；②有（　　　），主要有哪些困难：技术（　　　）信息（　　　）销售（　　　）劳动力（　　　）品牌（　　　）金融（　　　）其他（　　　）_____（最多可选3项）

10. 合作社最希望得到的社会化服务是：

种植培训（　　　）种子等生产资源供应（　　　）劳动力（　　　）农机具配套服务（　　　）销售平台供应（　　　）品牌建设供应（　　　）其他（　　　）＿＿＿＿＿＿＿（最多可选3项）

11. 合作社在种植粮食过程中是否存在借贷行为：

①无（　　　）；②有（　　　），借贷渠道为：亲戚朋友（　　　）金融机构（　　　）信贷公司（　　　）民间借贷（　　　）其他（　　　）

12. 近年来，合作社的借贷金额变化趋势：大幅增加（　　　）增加（　　　）基本不变（　　　）降低（　　　）大幅降低（　　　）

13. 近年来，合作社觉得借款的成本如何：升高（　　　）保持不变（　　　）降低（　　　）

14. 近年来，合作社觉得借款难度变化：

大幅度增加（　　　）增加（　　　）基本不变（　　　）降低（　　　）大幅度降低（　　　）

15. 合作社在种植过程中平均雇佣＿＿＿＿＿＿人，成本＿＿＿＿＿＿元/天

16. 合作社家雇佣的人员大都来自于：

本村（　　　）周边临近村镇（　　　）城镇郊区（　　　）城镇（　　　）

17. 合作社在雇佣劳动力时考虑最多的因素主要是：自己拥有的机械和人手是否能忙过来（　　　）成本高低（　　　）农忙时节雇人的难易（　　　）有些活一般人会不会干（　　　）其他因素（　　　）＿＿＿＿＿＿＿（最多可选3项）

四、合作社技术选择行为

1. 合作社是否愿意参加粮食生产经营技术培训或辅导：愿意（　　　）不愿意（　　　）

2. 合作社是否接受过新技术培训或辅导：

①否（　　　）；②是（　　　）。获得新技术的渠道是：凭成员经

验（　　）跟着其他合作社学习（　　）合作的其他农业龙头企业、协会（　　）媒体宣传（　　）政府农技推广站的农技人员（　　）其他（　　）＿＿＿＿＿＿＿＿

3. 合作社是否愿意采用新技术：

①愿意（　　）。对新技术采用的态度是：有新技术，马上采用（　　）看看效果，稍后采用（　　）其他人都采用了，我再采用（　　）

②不愿意（　　）。主要原因是：新技术对提高种粮收益无效（　　）不懂有哪些新技术（　　）新技术投入成本高、风险大（　　）其他（　　）

4. 采用新技术的主要目的是：提高产量（　　）减少劳动力投入（　　）为长期从事种植业做准备（　　）提高农产品品质（　　）响应地方政府的号召（　　）其他＿＿＿＿（可多选，最多可选3项）

5. 影响合作社采用新技术的制约因素为：经济基础（　　）技术投入成本（　　）技术投入风险（　　）对技术了解、掌握程度（　　）其他＿＿＿＿（最多可选3项）

6. 合作社最需要的粮食生产技术包括哪些：松土、翻地等耕作技术（　　）病虫害防治等生物化学技术（　　）灌溉、排水等技术（　　）种子、新品种培育、种植技术（　　）先进机械技术（　　）收割技术（　　）其他＿＿＿＿（最多可选3项）

7. 种植新品种最大的担忧和风险来自：不懂新品种的种植技术（　　）市场价格难以预测（　　）新品种的产量难以保证（　　）销售渠道不畅（　　）自然环境不适应（　　）其他＿＿＿＿（最多可选3项）

8. 合作社是否有自己的农机械：①无（　　），②有（　　）。如果有，是否提供对外服务：①否（　　），②是（　　）

9. 合作社为社员提供哪些服务：统一供种（　　）、统一供肥

（　　　）、统一种植技术（　　　）、统一生产劳动（　　　）、统一收割（　　　）、统一销售（　　　）统一品牌（　　　）其他（　　　）_____

五、合作社粮食销售、储存行为

1. 合作社售粮的方式：一次性售粮（　　　）储粮；分批售粮（　　　），年均销售_____次

2. 合作社储粮的目的：粮食安全考虑（　　　）等待价格上涨，获得更多收益（　　　）收购现价太低，储粮观望（　　　）其他（　　　）_____（可多选）

3. 粮食储存量占总量的比例：0～10%（　　　）10%～30%（　　　）30%～50%（　　　）50%～80%（　　　）80%以上（　　　），近年来储粮的比例变化情况：大幅度提高（　　　）小幅度提高（　　　）不变（　　　）小幅度降低（　　　）大幅度降低

4. 合作社储粮的方式主要有：自有储藏设施（　　　）租赁储藏设施（　　　）

5. 合作社储粮过程中损失量大约占储存总量的比例_____%

6. 合作社是否需要新的储粮的技术：①是（　　　）；②否（　　　）

7. 合作社销售粮食的主要渠道：销售给粮食"经纪人"（　　　），送到当地的粮库（　　　）粮食专业合作组织（　　　）参与订单农业（公司＋农户的模式）（　　　）粮食收购商贩（　　　）超市直销（　　　）消费者订购（　　　）自建营销店（　　　）网络平台销售（　　　）其他（　　　）_____（最多可选3项）近年来销售粮食的渠道是否有变化：①无（　　　）；②有（　　　），以往主要销售渠道是_____

8. 合作社在选择售粮渠道时主要考虑的影响因素是：

销售价格（　　　）销售的运输等成本（　　　）保持长期的粮食

销路（　　）降低销售风险（　　）劳动力不足（　　）其他因素（　　）＿＿＿＿＿（最多可选3项）

9. 合作社获得售粮行情的渠道：看当地市场行情（　　）听周围人的宣传（　　）粮食商贩的报价（　　）经纪人或协会（　　）政府部门发布的信息（　　）网络等新闻媒体（　　）在外地亲戚朋友帮忙打听的（　　）其他（　　）＿＿＿＿＿（最多可选3项）

参 考 文 献

［1］［美］西奥多·W. 舒尔茨. 改造传统农业［M］. 梁小民，译. 北京：商务印书馆，1987.

［2］白舒婕. 对种粮行为发生变化的思考［N］. 新农村商报，2011－08－03.

［3］曹斌. 农业全球化发展战略背景的粮食安全——经济转型期中国农业全球化发展战略学术研讨会综述［J］. 改革，2014（3）.

［4］常子豪，方俊森，栾敬东. 农业生产经营主体投资行为的实证分析——以安徽省5个区县为例［J］. 华东经济管理，2014（7）.

［5］陈海磊，史清华，顾海英. 农户土地流转是有效率的吗？——以山西为例［J］. 中国农村经济，2014（7）.

［6］陈洁，罗丹. 种粮大户：一支农业现代化建设的重要力量［J］. 求是，2012（3）：32－33.

［7］陈洁. 加快培育新型种粮主体［J］. 中国党政干部论坛，2012（3）.

［8］陈律. 美国粮食安全战略对中国的影响及应对之策［J］. 湖南人文科技学院学报，2012（4）.

［9］陈锡文. 粮食安全面临三大挑战［J］. 中国经济报告，2014（2）.

［10］陈锡文. 中国粮食政策调整方向［J］. 中国经济报告，2015（12）.

［11］陈晓红，汪朝霞．苏州农户兼业行为的因素分析［J］．中国农村经济，2007（10）．

［12］程丹，崔晓，张彩坋，等．种粮大户与粮食生产合作社促进我国粮食生产安全的分析［J］．河北农业科学，2014（6）．

［13］程名望，黄甜甜，刘雅娟．农村劳动力外流对粮食生产的影响：来自中国的证据［J］．中国农村观察，2015（6）．

［14］仇焕广，李登旺，宋洪远．新形势下我国农业发展战略的转变——重新审视我国传统的"粮食安全观"［J］．经济社会体制比较，2015（4）．

［15］仇焕广，柳海燕，徐志刚．农户借贷与粮食仓储设施条件对粮食销售行为的影响研究［J］．农产品加工业，2011（5）．

［16］代云琼．基于农业技术推广中的农户技术选择行为研究［J］．中国农业信息，2015（16）．

［17］邓大才．理性应对不同类型的粮食安全问题［N］．中国社会科学报，2010－07－27．

［18］邓大才．粮食安全的模型、类型和选择［J］．华中师范大学学报（人文社会科学版），2012（1）．

［19］丁声俊．中国粮食能否自给自足的探讨——简评布朗《谁来养活中国》［J］．高校社会科学研究和理论教学，1996（9）．

［20］丁守海．当前粮食安全形势：评估、比较及建议［J］．财贸经济，2008（9）．

［21］董鸿鹏，吕杰，周艳波．农户技术选择行为的影响因素分析［J］．科技与教育，2007（8）．

［22］董巍．我国粮食安全保障制度的变化与绩效评价：基于制度经济学视角的研究［D］．东北财经大学，2011．

［23］杜志雄，王永春，张梅林．我国粮食生产困境及解决思路［J］．中国党政干部论坛，2015（3）．

［24］杜志雄，王永春，张梅林．我国粮食生产困境及解决思

路 [J]. 中国党政干部论坛, 2015 (3).

[25] 范东君, 朱有志. 农户粮食生产行为的博弈论解释 [J]. 求索, 2013 (3): 32-33.

[26] 冯艳芬. 农户土地利用行为研究综述 [J]. 生态经济, 2013 (11).

[27] 高帆. 中国粮食安全研究的新进展: 一个文献综述 [J]. 江海学刊, 2005 (5).

[28] 高铁生. 我国粮食安全形势与政策建议 [J]. 经济研究参考, 2013 (28).

[29] 耿玉环, 张建军, 田明中. 论我国耕地保护与粮食安全 [J]. 资源开发与市场, 2007 (10).

[30] 顾海兵, 余翔, 沈继楼. 我国粮食安全研究的新架构 [J]. 国家行政学院学报, 2008 (3).

[31] 顾和军, 纪月清. 农业税减免政策对农民要素投入行为的影响——基于江苏省句容市的实证研究 [J]. 农业技术经济, 2008 (3).

[32] 顾焕章, 王曾金, 许朗. 建立粮食供求预警系统 稳定我国的粮食生产和市场 [J]. 农业经济问题, 1995 (2).

[33] 韩俊. 从小规模均田制走向适度规模经营 [J]. 调研世界, 1998 (5): 8-9.

[34] 郭红东, 王长川. 新型粮食经营主体发展方向: 家庭农场和综合性粮食服务合作社 [J]. 地方财政研究, 2014 (10): 13.

[35] 郭晓鸣, 蒲实. 警惕可能触动耕地保护红线的新动向 [J]. 中国乡村发现, 2012 (2).

[36] 国家粮食局. 2014 中国粮食年鉴 [M]. 北京: 经济管理出版社, 2014.

[37] 国家粮食局门户网站. 国家粮食局局长任正晓在全国粮食流通工作会议上的报告 [EB/OL]. www.chinagrain.gov.cn, 2016-01-26.

［38］国家统计局陕西调查总队课题组. 农村土地制度变化对粮食生产影响的实证分析［J］. 调研世界，2015（4）.

［39］国务院法制办. 中华人民共和国土地管理法［EB/OL］. http：//www. chinalaw. gov. cn/article/fgkd/xfg/fl/200409/20040900052441. shtml，2004 - 09 - 09.

［40］韩俊. 中国人的饭碗必须牢牢端在自己手中［J］. 求是，2003（8）.

［41］何蒲明，娄方舟. 我国粮食综合生产能力分析——基于劳动投入与重量收益的视角［J］. 农业技术经济，2014（4）.

［42］贺振华. 劳动力迁移、土地流转与农户长期投资［J］. 经济科学，2006（3）.

［43］胡鞍钢，地力夏提·吾不力，鄢一龙. 粮食安全"十三五"规划基本思路［J］. 清华大学学报（哲学社会科学版），2015（5）.

［44］胡继亮. 中部农户粮食种植行为的影响因素探析——基于湖北省农户的调查［J］. 经济前沿，2009（10）.

［45］胡瑞法，冷燕. 中国主要粮食作物的投入与产出研究［J］. 农业技术经济，2006（3）.

［46］胡小平. 关于我国粮食供给保障战略的理论思考［J］. 中国社会科学，1996（6）.

［47］胡小平. 宏观政策是影响中国粮食生产的决定性因素［J］. 中国农村经济，2001（11）.

［48］黄季焜. 中国的食物安全问题［J］. 中国农村经济，2004（10）.

［49］黄珺. 我国粮食专业合作社发展研究［J］. 中国行政管理，2009（9）.

［50］黄露莹，麻祖清，罗峦. 耕地利用形式变化对我国粮食安全的影响研究［J］. 南方农村，2014（8）.

[51] 黄宗智. 华北的小农经济与社会变化 [M]. 北京：中华书局，1986：65 - 228.

[52] 黄祖辉，胡豹. 经济学的新分支：行为经济学研究综述 [J]. 浙江社会科学，2003 (2).

[53] 贾贵浩. 基于粮食安全的耕地流转问题研究 [J]. 宏观经济研究，2014 (8).

[54] 江涌. 国有企业可以有效抗衡跨国资本的垄断与扩张 [J]. 经济研究参考，2012 (18).

[55] 姜松，王钊，黄庆华，等. 粮食生产中科技进步速度及贡献研究——基于 1985 ~ 2010 年省级面板数据 [J]. 农业技术经济，2012 (10).

[56] 姜长云. 改革开放以来我国历次粮食供求失衡的回顾与启示 [J]. 中国农村观察，2006 (2).

[57] 姜长云. 关于我国粮食安全的若干思考 [J]. 农业经济问题，2005 (2).

[58] 姜长云. 农户分化对粮食生产和种植行为选择的影响及政策思考 [J]. 理论探讨，2015 (1).

[59] 蒋辉. 我国人口预测分析 [J]. 科技管理研究，2005 (11).

[60] 蒋黎，祝福守. 我国主产区粮食生产现状和政策建议 [J]. 农业经济问题，2012 (12).

[61] 蒋永穆，鲜荣生，张尊帅. 工商资本投资农业的现状、问题及对策建议——一个基于四川省省际调研的样本分析 [J]. 农村经济，2015 (4).

[62] 金兆怀. 我国农业社会化服务体系建设的国外借鉴和基本思路 [J]. 当代经济研究，2002 (8)：38 - 41.

[63] 晋洪涛. 农户行为"四化"：粮食安全潜在危机与政策建议——基于河南 24 县 455 户农民调查 [J]. 经济问题探索，2010

（12）.

［64］晋洪涛．政府"要粮"和农民"要钱"目标的兼容性——基于粮食生产社会效率和私人效率的考察［J］.经济经纬，2015（9）.

［65］靳宗振，魏同洋，王西睿，等．粮食安全下农户粮食销售行为分析［J］.新疆农垦经济，2009（6）.

［66］康云海．农业产业化中的农户行为分析［J］.农业技术经济，1998（1）.

［67］柯炳生．中国农户粮食储备及其对市场的影响［J］.中国软科学，1997（5）.

［68］黎东升，曾靖．经济新常态下我国粮食安全面临的挑战［J］.农业经济问题，2015（5）.

［69］李光泗，钟钰．我国粮食生产与消费的预测分析［J］.统计与决策，2015（11）.

［70］李国祥.2020年中国粮食生产能力及其国家粮食安全保障程度分析［J］.中国农村经济，2014（5）.

［71］李国祥．实施好新形势下的国家粮食安全战略［J］.农村工作通讯，2014（12）.

［72］李慧．我国化肥利用率提高2.2个百分点［N］.光明日报，2015-12-03.

［73］李竣，杨旭．跨国粮商冲击下的粮食收储参与主体决策分析［J］.世界农业，2015（1）.

［74］李立清，江维国．农民专业合作社"失真"问题研究：基于粮食安全视角［J］.中州学刊，2015（4）：40-45.

［75］李敏．论我国的粮食安全与可持续发展［J］.未来与发展，2006（5）.

［76］李楠．影响农村劳动力资源配置的因素及对策［J］.南方农村，2008（1）.

［77］李效顺，蒋冬梅，卞正富．基于粮食安全视角的中国耕

地资源盈亏测算 [J].资源科学,2014 (10).

[78] 李妍霏.农村新型种粮主体发展现状调查与思考 [J].作物研究,2014 (7).

[79] 李艳芬.关于农户技术选择行为的研究综述 [J].中小企业管理与科技,2015 (12).

[80] 李志强,赵忠萍,吴玉华.中国粮食安全预警分析 [J].中国农村经济,1998 (1).

[81] 联合国粮食及农业组织.作物前景与粮食形势 [J].2012 (4).

[82] 林毅夫.制度、技术与中国农业发展 [M].上海:格致出版社、上海人民出版社,2014.

[83] 刘成武,黄利民.农地边际化过程中农户土地利用行为变化及其对粮食生产的影响 [J].地理研究,2015 (12).

[84] 刘怀宇,李晨婕,温铁军."被动闲暇"中的劳动力机会成本及其对粮食生产的影响 [J].中国人民大学学报,2008 (6).

[85] 刘慧.新型农业经营主体储粮意愿上升"藏粮于民"悄然变化 [N].经济日报,2014 - 07 - 30.

[86] 刘亮,章元,高汉.劳动力转移与粮食安全 [J].统计研究,2014 (9).

[87] 刘露霞.河南种粮大户的现状与期盼 [J].调研世界,2014 (1):33.

[88] 刘洛,徐新良,刘纪远,等.1990～2010年中国耕地变化对粮食生产潜力的影响 [J].地理学报,2014.

[89] 刘清娟.黑龙江省种粮农户生产行为研究 [D].吉林:东北农业大学,2012.

[90] 刘顺国.对农民种粮积极性的分析与思考 [J].调研世界,2009 (8).

[91] 刘喜波,张强,刘恩财.辽宁省种粮大户发展现状与对

策建议 [J]. 农业经济，2015（2）：28.

[92] 刘晓梅. 关于我国粮食安全评价指标体系的探讨 [J]. 财贸经济，2004（9）.

[93] 刘铮. 世界粮食危机挑战中国粮食安全 [J]. 经济学家，2009（12）.

[94] 罗丹，陈洁. 我国粮食生产方便转变的多位选择：3400 种粮户例证 [J]. 改革，2014（7）.

[95] 罗光强，刘纯阳，刘白石. 新型粮农行为对粮食生产安全影响的研究——基于湖南的调查 [J]. 调研世界，2009（11）.

[96] 罗孝玲，张妤. 中国粮食安全界定与评估新视角 [J]. 求索，2006（11）.

[97] 罗拥华. 国家粮食安全的微观基础——农户种粮投入行为 [J]. 价格月刊，2012（8）.

[98] 吕新业，王济民，吕向东. 我国粮食安全状况及预警系统研究 [J]. 农业经济问题，2005（s1）.

[99] 马斌，田萌. 发达国家劳动力资源配置的特点及其启示 [J]. 华南师范大学学报，2004（4）.

[100] 马九杰，张象枢，顾海兵. 粮食安全衡量及预警指标体系 [J]. 管理世界，2001（1）.

[101] 马磊，余振华. 农户投资研究文献综述 [J]. 西安财经学院学报，2008（11）.

[102] 毛泽东文集（第7卷）[M]. 北京：人民出版社，1999.

[103] 门可佩，官琳琳，尹逊震. 基于两种新型灰色模型的中国人口预测 [J]. 经济地理，2007（11）.

[104] 倪国华，郑风田. 粮食安全背景下的生态安全与食品安全 [J]. 中国农村观察，2012（4）.

[105] 农村经济社会调查司. 我国粮食安全评价指标体系研究 [J]. 统计研究，2005（8）.

[106] 农业部市场与经济信息司课题组．农户储粮行为变化情况调查 [J]．农产品市场周刊，2014（4）：26-29．

[107] 欧阳进良，宋春梅，宇振荣，等．黄淮海平原农区不同类型农户的土地利用方式选择及其环境影响——以河北省曲周县为例 [J]．自然资源学报，2004（19）．

[108] 彭建仿，杨爽．共生视角下农户安全农产品生产行为选择——基于407个农户的实证分析 [J]．中国农村经济，2011（12）．

[109] 彭克强，刘枭．2020年以前中国粮食安全形势预测与分析 [J]．经济学家，2009（12）．

[110] 彭小辉．农业政策变化与农户行为研究——以中国六省为例 [D]．上海：上海交通大学，2014．

[111] 齐振宏，喻宏伟，王培成，等．农户粮食生产中的技术选择——以湖北省稻农水稻品种的技术选择为例 [J]．经济评论，2009（6）．

[112] 钱贵霞，李宁辉．不同粮食生产经营规模农户效益分析 [J]．农业技术经济，2005（4）．

[113] 乔金亮，韩长赋．破除生态环境和资源条件"紧箍咒" [N]．经济日报，2015-8-20．

[114] 秦中春．完善我国粮食储备管理制度的建议 [N]．中国经济时报，2009-12-18．

[115] 人民网．习近平提出中国经济新常态的3个特点及带来的4个机遇 [EB/OL]．http：//politics. people. com. cn/n/2014/1109/c1024-25998809. html，2014-11-09．

[116] 任晓娜．种粮大户经营现状与困境摆脱：五省155户证据 [J]．改革，2015（5）：98-99．

[117] 上海市物价局成本调查队．新农村新经济组织种粮效益浅析——对上海市种粮合作社成本与收益的调查 [J]．价格理论与

实践，2009（1）：60 – 61.

[118] 盛国勇，陈池波. 习近平国家粮食安全战略思想探析 [J]. 探索，2015（4）.

[119] 史清华，陈凯. 欠发达地区农民借贷行为的实证分析——山西 745 户农民家庭的借贷行为的调查 [J]. 农业经济问题，2002（10）.

[120] 史清华，徐翠萍. 农家粮食储备：从自我防范到社会保障——来自长三角 15 村 20 年的实证 [J]. 农业技术经济，2009（1）.

[121] 史清华，卓建伟. 农户家庭粮食经营行为研究 [J]. 农业经济问题，2005（4）.

[122] 史清华，卓建伟. 农户粮作经营及家庭粮食安全行为研究——以江浙沪 3 省市 26 村固定跟踪观察户为例 [J]. 农业技术经济，2004（5）.

[123] 四川农业信息网. 省粮食局副局长黎明谈 "加强宏观调控确保粮食安全" [EB/OL]. http：//www. sc. gov. cn/10462/10464/10465/10574/2013/1/17/10244897. shtml，2010 – 01 – 17.

[124] 四川农业信息网. 四川省农业厅副厅长牟锦毅接受省政府网站专访文字实录 [EB/OL]. http：//www. sc. gov. cn/hdjl/zxft spzb/snyt_mjy /wzsl/201011/t20101110_1071444. shtml，2010 – 11 – 10.

[125] 四川省粮食局课题组. 四川粮食产销衔接运力保障机制研究 [J]. 粮食问题研究，2013（1）.

[126] 四川省人民政府网站. 省粮食局副局长黎明接受省政府网站专访文字实录 [EB/OL]. http：//www. sc. gov. cn/10462/10910/12379/12382 /2013/1/ 17/10244860. shtml，2013 – 01 – 17.

[127] 宋圭武. 农户行为研究若干问题述评 [J]. 农业技术经济，2002（4）.

[128] 宋军，胡瑞法，黄季．农民的农业技术选择行为分析 [J]．农业技术经济，1998（6）．

[129] 速水佑次郎，神门善久．农业经济论 [M]．北京：中国农业出版社，2003．

[130] 孙鲁平．耕地占补平衡现状及发展趋势 [N]．中国国土资源报，2010－07－16．

[131] 滕明雨．种粮大户国内研究综述 [J]．北京农业职业学院学报，2015（1）．

[132] 田甜，李隆玲，武拉平．新形势下中国粮食安全问题及与其他粮食主产国的比较 [J]．世界农业，2015（12）．

[133] 田先红，陈玲．"阶层地权"：农村地权配置的一个分析框架 [J]．管理世界，2013（9）．

[134] 王琛，吴敬学．农户粮食种植技术选择意愿影响研究 [J]．华南农业大学学报，2016（1）．

[135] 王大为，郑风田．新形势下中国粮食安全的现状、挑战与对策——第五届中国经济安全论坛综述 [J]．河南工业大学学报（社会科学版），2015（2）．

[136] 王见，陈正华．粮食合作社带动粮食产业化发展的调查与思考 [J]．粮食科技与经济，2012（6）．

[137] 王锐，王新华．2003年以来我国粮食进出口格局的变化、走向及战略思考 [J]．华东经济管理，2015（12）．

[138] 王雅鹏，吕明，范俊楠，等．我国现代农业科技创新体系构建：特征、现实困境与优化路径 [J]．农业现代化研究，2015（2）．

[139] 王雅鹏，马林静．农村劳动力转移对粮食安全的影响 [J]．中国党政干部论坛，2015（6）．

[140] 王跃梅，姚先国，周明海．农村劳动力外流、区域差异与粮食生产 [J]．管理世界，2013（11）．

［141］威廉·恩道尔．粮食危机［M］．北京：知识产权出版社，2008．

［142］卫新，胡豹，徐萍．浙江省农户生产经营行为特征与差异分析［J］．中国农村经济，2015（10）．

［143］翁贞林，王雅鹏．国家粮食安全：现实挑战与路径选择［J］．商业研究，2013（10）．

［144］翁贞林．农户理论与应用研究进展与述评［J］．农村经济问题，2008（8）．

［145］吴娟，王雅鹏．我国粮食储备调控体系的现状与完善对策［J］．农业现代化研究，2011（11）．

［146］吴文斌，杨鹏，唐华俊，等．一种新的粮食安全评价方法研究［J］．中国农业资源与区划，2010（1）．

［147］吴珍彩，张军民．粮食生产中利益相关者之间演化博弈分析［J］．统计与决策，2015（22）：63－64．

［148］谢琼，王雅鹏．从典型相关分析洞悉我国粮食综合生产能力［J］．数理统计与管理，2009（6）．

［149］辛翔飞，秦富．影响农户投资行为因素的实证分析［J］．农业经济问题，2005（10）．

［150］新华社．关于第二次全国土地调查主要数据成果的公报［EB/OL］．http：//www. gov. cn/jrzg/2013－12/31/content_2557453. htm，2013－12－31．

［151］新华网．中华人民共和国农民专业合作社法（全文）［EB/OL］．http：//news. xinhuanet. com/fortune/2006－10/31/content_5273564. htm，2006－10－31．

［152］新华网．中央经济工作会议：认识、适应、引领新常态是我国经济发展大逻辑［EB/OL］．http：//news. xinhuanet. com/politics/2014－12/11/c_127297091. htm，2014－12－11．

［153］星焱，胡小平．中国新一轮粮食增产的影响因素分析：

2004～2011 年［J］. 中国农村经济, 2013 (6).

［154］徐逢贤, 唐晨光, 程国强. 中国农业扶持与保护实践·理论·对策［M］. 北京: 首都经济贸易大学出版社, 1999.

［155］徐雪高. 农户粮食销售时机选择及其影响因素分析［J］. 财贸研究, 2011 (1).

［156］许静. 我省粮食生产实现"七连增"［N］, 四川日报, 2013 - 11 - 12.

［157］许庆, 尹荣梁, 章辉. 规模经济、规模报酬与农业适度规模经营——基于我国粮食生产的实证研究［J］. 经济研究, 2011 (3).

［158］杨军, 程申, 杨博琼, 等. 日韩粮食消费结构变化特征及对我国未来农产品需求的启示［J］. 中国软科学, 2013 (1).

［159］姚洋. 中国农地制度: 一个分析框架［J］. 中国社会科学, 2000 (2).

［160］姚增福. 黑龙江省种粮大户经营行为研究［D］. 陕西: 西北农林科技大学, 2011.

［161］宜宾市粮食局. 融入长江经济带, 推进粮食铁水联运——省粮食局在宜召开现场推进会［EB/OL］. http: //www. yibin. gov. cn/public/detail. jsp? classId = 700108&newsId = 378596, 2014 - 03 - 24.

［162］易小兰. 粮食安全保障体系下农户粮食储备行为研究——以南京为例［J］. 粮食科技与经济, 2013 (8).

［163］尹惠斌. 粮食安全视域下的湖南粮食专业合作社发展研究［J］. 湖南财政经济学院学报, 2012 (5).

［164］尤小文. 农户: 一个概念的探讨［J］. 中国农村观察, 1999 (5).

［165］臧武芳, 潘华顺. 论粮食安全与城市化［J］. 社会科学, 2011 (3).

［166］翟虎渠. 关于中国粮食安全战略的思考［J］. 农业经济

问题，2011（9）.

[167] 张安良，马凯，史常亮．粮食价格与农户家庭储粮行为的响应关系研究［J］.价格理论与实践，2012（11）.

[168] 张改清．粮食最低收购价政策下农户储售粮行为响应及其收入效应［J］.农业经济问题，2014（7）.

[169] 张桂文．二元经济转型视角下的中国粮食安全［J］.经济学动态，2011（6）.

[170] 张建杰．粮食主产区农户粮作经营行为及其政策效应［J］.中国农村经济，2008（6）：46.

[171] 张建武，朱琪．宏观劳动力配置［M］.北京：中国劳动社会保障出版社，2006.

[172] 张蕾，陈超，展进涛．农户农业技术信息的获取渠道与需求状况分析［J］.农业经济问题，2009（11）.

[173] 张利庠，彭辉，靳兴初．不同阶段化肥施用量对我国粮食产量的影响分析——基于1952～2006年30个省份的面板数据［J］.农业技术经济，2008（4）.

[174] 张瑞娟，武拉平．基于资产选择决策的农户粮食储备量影响因素分析［J］.中国农村经济，2012（7）.

[175] 张士杰．专业合作社：粮食产业化经营的现实选择［J］.中央财经大学学报，2008（4）.

[176] 张兴华．耕地非农化对粮食安全影响的重新考察［J］.开发研究，2015（4）.

[177] 赵冬缓，邓小刚．我国农村社会化服务供求探析［J］.中国农村经济，1992（3）.

[178] 郑风田，王大为．《粮食法（送审稿）》九大问题［J］.河南工业大学学报（社会科学版），2015（1）.

[179] 郑风田，张曼．土壤退化挑战粮食安全［J］.社会观察，2014（7）.

[180] 郑风田. 确保粮食安全 端牢中国人的饭碗 [J]. 价格理论与实践, 2014 (1).

[181] 郑轩, 赵志强. 农户科学储粮探析 [J]. 农村经济, 2007 (6).

[182] 中国网. 全国新增 1000 亿斤粮食生产能力规划 (2009 ~ 2020 年) [EB/OL]. http: //www. china. com. cn/policy/txt/2009 - 11/ 04/content_18823297_3. htm, 2009 - 11 - 04.

[183] 中华粮网. 2011 年粮食安全风险指数发布 [EB/OL]. http: //www. cngrain. com/Publish/produce/201109/501274. shtml, 2011 - 09 - 02.

[184] 中华粮网. 粮食计划署: 公布粮食安全风险指数 中国中度风险 [EB/OL]. http: //www. cngrain. com/Publish/news/201009/ 462147. shtml, 2010 - 09 - 01.

[185] 中华人民共和国国务院新闻办公室. 《中国的粮食问题》白皮书 [EB/OL]. http: //www. people. com. cn/GB/channel2/ 10/20000908/224927. html, 2000 - 09 - 08.

[186] 中华人民共和国环境保护部. 环境保护部和国土资源部发布全国土壤污染状况调查公报 [EB/OL]. http: //www. zhb. gov. cn/gkml/hbb/qt/201404/t20140417_270670. htm, 2014 - 04 - 17.

[187] 中华人民共和国农业部. 农业部关于开展主要农作物生产全程机械化推进行动的意见 [EB/OL]. http: //www. moa. gov. cn/govpublic/NYJXHGLS/201508/t20150817_4793353. htm, 2015 - 08 - 17.

[188] 周强, 夏显力. 粮食主产区农户种粮行为及其影响因素分析——以山东省安丘市为例 [J], 广东农业科学, 2012 (5).

[189] 周曙东, 朱红根, 卞琦娟, 等. 种稻大户订单售粮行为的影响因素分析——基于江西省 8 县 591 个农户样本数据 [J]. 农村技术经济, 2008 (5).

［190］朱民，尉安宁，刘守英. 家庭责任制下的土地制度和土地投资［J］. 经济研究，1997（10）.

［191］朱泽. 中国粮食安全状况研究［J］. 中国农村经济，1997（5）.

［192］邹彩芬，王雅鹏，罗忠玲. 民间粮食储备研究综述及其政策启示［J］. 乡镇经济，2005（7）.

［193］邹伟，孙良媛. 土地流转、农民生产效率与福利关系研究［J］. 江汉论坛，2011（3）.

［194］A. Alchian, H. Demselz. The property rights paradigm［J］. Journal of Economic History, 1973.

［195］Avner Ahituv, Ayal Kimhi. Off-farm Work and Capital Accumulation Decisions of Farmers Over the Life-cycle: the Role of Heterogeneity and State Dependence［J］. Journal of Development Economics, 2002（2）: 329 - 353.

［196］Bardhan, P. and Udiy, C.: Development Microeconomics, Oxford University Press, USA, 1999.

［197］Bela Mukhoti. Agrarian Structure in Relation to From Investment Decision. s and Agricultural Productivity in a Low-Income Country - The Indian Case. J. Farm Econ. 1996（48）: 1210 - 1215.

［198］Cassman KG, Harwood RR. The nature of agricultural systems: Food security and environmental balance. Food Policy, 1995（20）: 439 - 454.

［199］Charlotte Goodburn. Learning from Migrant Education: A Case Study of the Schooling of Rural Migrants Children in Beijing［J］. International Journal of Educational Development, 2009（5）: 495 - 504.

［200］Eric F. Lambina, B. L. Turner, J. Samuel. The causes of land-use and land-cover change: moving beyond the myths. Global Environmental Change, 2001, 11: 261 - 269.

［201］ Francisco A, Jose M S, Carlos R. On Farmers' Objective: A Multi – Criteria Approach ［J］. uropean Journal of Operational Research, 1996, 96: 64 –71.

［202］ H. Hengsdijk, B. A. M. Bouman, A. Nieuwenhuyse, et al. Quantification of land use systems using technical coefficient generators: a case study for the Northern Atlantic zone of Costa Rica. Agricultural Systems, 1999 (61): 109 – 121.

［203］ Hill, B. 1991, Measuring Farmers' Incomes and Business Performance: Farm – Level (FADN) Data Analysis, Present and Future, Green Europe 3 /91. Ames, Iowa State University Press.

［204］ Huang, J. and Rozelle, S. Technological Change: Rediscovering the Engine of Productivity Growth in Chain's Agricultural Economy, Journal of Development Economics, 1996 (49): 337 – 369.

［205］ J. L. Hernanz, R. L. pez, L. Navarrete, V. Sanchez – Giron. Long-termeffects of tillage systems and rotations on soil structural stability and organic carbon stratification in semiarid central Spain. Soil & Tillage Research 2002, 66: 129 – 141.

［206］ Jacques Imbernon. Pattern and development of land-use changes in the Kenyan highlands since the 1950s. Agriculture, Ecosystems and Environment, 1999, 76: 67 –73.

［207］ Kaivan Munshi, Social Learning in a Heterogeneous Population: Technology Diffusion in the Indian Green Revolution, Journal of Development Economics, 2004 (1): 185 –213.

［208］ Lee, L. K. , W. H. Stewart. Land Ownership and the Adoption of Minimum Tillage ［J］. Amer. J. Agr. Econ, 1983 (65): 256 –264.

［209］ Leggesse David, Michael Burton, Adam Ozanne. Duration Analysis of Technological Adoption in Ethiopian Agriculture ［J］. Journal of Agricultural Economics, 2004, 3.

[210] Lisa C. Smith, A mani E. El Obeid and Helen H. Jensen. The geography and causes food insecurity in developing countries [J]. Agricultural Economics, 2002, 22 (2): 199 – 215.

[211] Liu, E. and Huang, J. : Risk Preferences and Pesticide Use by Cotton Farmers in China, Journal of Development Economics, 2013 (1): 202 – 215.

[212] Mancinelli Susanna, Mazzanti Massimiliano, Piva Nora and Ponti Giovanni. Education, Reputation or Network? Evidence on Migrant Worker Employability [J]. Journal of Socio – Economics, 2010 (1): 64 – 71.

[213] Maria Luz C. George. Effective Grain Storage for Better livelihoods of African Farmers Project [R]. Completion Report, June 2008 to February 2011, Submitted to: The Swiss Agency for Development and Cooperation (SDC) May, 2011.

[214] Nilsson, J. , Kihlén, A. and Norell, L. 2009, "Are Traditional Cooperatives an Endangered Species? About Shrinking Satisfaction, Involvement and Trust", International Food and Agribusiness Management Review, 12: 101 – 121.

[215] OECD – FAO. OECD – FAO Agricultural Outlook 2013 ~ 2022, OECD Publishing, www. oecd-ilibrary. org, 2013.

[216] Ole Borgen, S. , 2001, "Identification as a Trust – Generating Mechanism in Cooperatives", Annals of Public And Cooperative Economics, 72: 209 – 228.

[217] Phillips J, Marble R. Farmer education and efficiency: A frontier production function approach [J]. Economics of Education Review, 1986 (3): 257 – 264.

[218] Productivity in a Low-Income Country – The Indian Case, J. Farm Econ. 1996 (48): 1210 – 1215.

[219] Reardon, Thomas; Crawford, Eric; Kelly, Valarie: Links Between Nonfarm Income and Farm Investment in African Households: Adding the Capital Market perspective J. Farm Econ. 1994 (76): 1172 – 1176.

[220] Rosenzweig Mark and R. Stark, Consumption Smoothing, Migration, and Marriage: Evidence from Rural India, Journal of Political Economy, 1989 (4): 905 – 926.

[221] Rozelle, S.; Taylor, J. E. and de Brauw, A.: Migration, Remittances and Agricultural Productivity in China, American Economic Review, 1999 (2): 287 – 291.

[222] Salon, Ezra, The Investment Behavior of a Farm Firm Operating Under Risk, J. Farm Econ. 1970 (52): 494 – 504.

[223] Smith, L., A. Obeid & H. Jensen. The Geography and Causes of food insecurity in Developing Countries [J]. Agriculture Economics, 2000 (22): 199 – 215.

[224] Stone, G. D.; Flachs, A. and Diepenbrock, C.: Rhythms of the Herd: Long Term Dynamics in Seed Choice by Indian Farmers, Technology in Society, 2014 (2): 26 – 38.

[225] Taylor T, Shonkwiler J. Alternative stochastic specifications of the frontier production function in the analysis of agricultural credit programs and technical efficiency [J]. Journal of Development Economics, 1986, (1): 149 – 160.

[226] Tian W, Wan G H. Technical Efficiency and its Determinants in China's Grain Production [J]. Journal of Productivity Analysis, 2000, 13 (2): 159 – 174.

[227] Wu, Hany X. and Meng, Xin. The Direct of the Relocation of Farm Labor on Chinese Grain Production, China Economic Review 1997 (2): 105 – 122.

后　记

光阴似箭，日月如梭。在本书即将出版之际，没有刚进入大学校园时的激动，也没有刚参加工作时的憧憬，更多的是感慨、感悟与感谢。

感慨的是，作为生在农村、长在农村的我，自己的所看、所感和所想，有一天也能通过书这样的载体与大家分享。小时候家里穷，虽不至于穷得揭不开锅，但对于身处以米饭为主食地区的我而言，每到冬天妈妈总会把米饭做成南瓜饭、玉米饭、红苕饭等，在爸爸外出帮工的时候甚至煮个红苕片汤就对付一顿。可能有的读者会奇怪，红苕不是用来喂猪的吗？对，那时的红苕在农村主要是用来饲养牲畜的，家里的红苕除了装满苕窖之外还会堆上大半间屋子，其中大部分会经过我的手进入猪肚子里，不过每天做完家庭作业切红苕的时候我总会把觉得好吃的咬上一两口，因为我知道妈妈是担心来年粮食不够，这样晚饭的时候就可以少吃点。那个时候是担心家里粮不够、吃不饱，现在虽然也担心粮食问题，但担心的是细粮吃得太多、粗粮细粮不均衡的问题，担心的是种粮的土地减少、粮食不能满足需求的问题。

以我家所在的那个生产队（组）为例，我读中小学的时候在110人左右，目前常年在家的包括"386199"在内一共不到20人，可以说，乡亲们选择了"用脚投票"。老一代农民种不动粮，现在的农民不愿种粮，新生代农村劳动力种不来粮，那我们生活的必需品—粮食从何而来？我们作为人口大省、人口大国的粮食安全如何来保障？每当回到家乡，看到以前种粮的地里草比人还高，想起以前邻里常常因为一丁点地的问题而争吵，心里就十分难受。农民对土地的感情淡了！对种粮增收的希望破了！

感悟的是，作为一名从事"三农"研究工作的科研人员，虽然无力改变粮食安全现状，但至少要用自己所学为提高粮食安全保障能力尽一份绵薄之力。众所周知，农业是弱质产业，农民是弱势群体，在实地调研的时候常听到基层干部讲，搞农业工作的干部在干部队伍中也是弱势群体，因为农业对 GDP 的贡献小、对税收的贡献小，大多是需要财政净投入的事项，如此这般，那我们做科研的是否也是一样？难怪涉农部门进人不好进，涉农专业招生不好招！记得考上大学时，亲朋好友祝贺时说得最多的是"终于跳出农门了"，"再也不用面朝黄土背朝天了"。虽然从硕士到博士学的都是产业经济学，成为财政全额拨款事业单位的科研人员，但毅然从事着"三农"科研工作，行走在田间小道、座谈于农家院坝、置身于农民之中，总有一种亲切感、踏实感。

虽户口早不是农村户口，身份不再是农民身份，职业更不是农业生产，但我可以通过深入基层的研究成果引起对粮食安全等现实问题的关注，我还可以通过深思熟虑的政策建议转化为政府部门的措施，只是能力有限，不敢妄言。虽对自身严格要求，但自感在教室和图书馆留下的身影还太少；虽有众多良师益友在旁，但总觉有太多学习请教的机会尚未充分利用；虽在工作上孜孜以求，但常常有书到用时方恨少之感。

感谢的是，作为一名地地道道的"农 N 代"，虽然不敢像中国改革总设计师、同样生长在四川的小平同志那样自豪地说"我是中国人民的儿子"，但让我从小养成了脚踏实地、吃苦耐劳、坚韧不拔的品格，给予了我战胜前进道路上一个个困难的勇气和信心。本书是在博士论文基础上修改而成的，在即将出版之际，首先向我的导师何永芳教授致以最深的谢意。自就读硕士研究生以来，何永芳老师对我学习、成长给予了很大的帮助。尤其是在本书写作期间，何永芳老师在选题、论文结构完善、论文内容修改等方面都付出了大量的心血。他兢兢业业的工作精神、学术研究的严谨作风、对待生活的朴实态度和平易近人的为人之道都对我的学习、工作和生活产生了深深的影响，不仅是学业上的导师，更是以身作则的榜样。在博士就读期间，聆听了罗珉、吴潮、刘军、赵曦、庞皓等众多老师的精彩授课，在论文开题、写作及预答辩之中，郭元晞教授、赵振铣教授、李一鸣教授等给予了精辟的指导和中肯的建议。在此，向读博期间所有教导、关心、帮助过我的老师致以最诚挚的感谢。同时，衷心感谢黄惠英、张广宇、刘楠楠、张霞、黄睿等同学的帮助和支持。

感谢我的工作单位—四川省社会科学院为我提供的工作平台，感谢单位领导和同事长期以来的指导、关心和帮助，尤其是副院长郭晓鸣研究员、所长张克俊研究员在工作上的悉心指点和在生活上的亲切关怀。感谢为完成本书提供调研支持的成都新津县、德阳广汉市、自贡荣县、宜宾筠连县、广元苍溪县，特别感谢以上地区农委（办）领导和相关人员的帮助，感谢所有接受问卷调查和深度访谈的普通农户、种粮大户和合作社的信任和支持。家人对我的支持让我甚为感动，你们默默的支持和无私的付出是我顺利完成学业、潜心科研工作的坚强后盾，感谢我的父母、妻子和儿女以及所有长期以来关心我、支持我的亲戚和朋友。

在本书的写作过程中，引用了国内外大量文献，各位前辈和同行的研究成果让我拓展了视野、深化了认知、丰富了论证，在此向各位作者表示衷心的感谢，书中若有标注不周之处，敬请海涵。感谢经济科学出版社的各位编辑和排版老师，你们对书稿认真负责的审阅和修改完善的建议，让本书增色不少。

拙作即将付印，由于经验欠缺、能力有限，书中不足之处敬请批评指正！以便在后续研究中加以完善和深化，不胜感激！

虞 洪

2017 年 2 月